JN174612

近世熊野の民衆と地域社会

Kasahara Masao
笠原正夫

清文堂

近世熊野の民衆と地域社会　目次

第二章　生産・流通の発展と山村開発

第三章 交流と地域社会の動向

装幀／森本良成

近世熊野の民衆と地域社会

序　章

一　近世熊野史研究の軌跡

(1)　先行研究の成果と問題点

熊野に関するこれまで明らかになった内容と研究成果についてあげてみたい。

近世熊野の研究は、伊東多三郎氏が「近世封建制度成立過程の一形態―紀州藩の場合―」[(1)]を発表された研究から始まっている。次に、浅野幸長が慶長六年(一六〇一)に実施した紀伊国総検地時の奥熊野地方の検地に関して考察した速水融氏の「近世初期の検地と百姓身分の形成―慶長六年紀州検地帳の研究」および、「封建領主制確立期における浅野氏」と、検地に反対して弾圧された土豪層の抵抗の意義を考証した「紀州熊野一揆について」の研究が挙げられる[(2)]。そこでは、検地と家改めを実施して、浅野氏による地方知行制が、熊野地方でも確立して行く過程を明解に論述している。

浅野氏の後へ入国した徳川頼宣は、紀伊国のほぼ全域と伊勢国の約三分の一を所領とする五五万五〇〇〇石余の大名であるが、熊野と伊勢の統治には配慮した。安藤直次を田辺に、水野重仲を新宮に置いたので、紀伊徳川家の所領は分割して口熊野と奥熊野が生まれ、口六郡と同様に郡奉行・御代官を任じて統治にあたらせた。伊勢は勢州奉行の配下に郡奉行が支配する松坂・田丸・白子の三領と久野家の田丸領があった。

紀伊徳川政権は、郡の下位に「組」を置き大庄屋に支配させた。領主権力の浸透の早かった紀ノ川流域などでは、寛永十一年（一六三四）九月から十二年八月ごろに設置されているが、未設置の郡も併存していた。田辺領では、寛永十四年九月に安藤家が、田辺・南部・富田の三組に大庄屋を任命している。いずれも浅野左衛門佐から公文職に任じられ、五石の公文給を与えられていた有力土豪であった。[3]『紀伊南牟婁郡誌』掲載の正保二年（一六四五）の徳川頼宣の「仰出」に、「大庄屋は絹紬・女房共同前」とあり、慶安三年（一六五〇）十月の「法度」が、相野谷組大庄屋森本杢右衛門に宛てられていることから、[4]新宮領や奥熊野では、田辺領よりさらに数年ほどおくれたと考えられる。

こうして紀伊徳川政権は、平山行三氏が明らかにされたように、十七世紀後半に、郡御奉行御代官―大庄屋―庄屋という系列化による農村支配機構を整えながら、領国統治を進めるようになった。[5]

元禄十二年（一六九九）十月に、「被仰付候郷組仕上ル一札之事」（郷組一札）が発表され、[6]領民が遵守すべき条規を村々で徹底させるために、大庄屋に責任を持たせることを制度化した。農村行政に大庄屋の役割を重視した背景には、元禄期に目立って来た財政の建て直しと、郷役米制度を活用した用水工事の増加や用水施設の管理の問題があった。[7] 農村の実態を熟知している大庄屋に権限を持たせて支配下の農村を掌握させ、郷組の機能を活用しながら農村統治を進めるための農政を確立した。

「御国并勢州三領共郡々覚記」と「諸色覚帳」の二冊の調査記録が、元禄十二年二月に作成されている。[8] 紀伊領と伊勢三領（松坂・田丸・白子）についての精度の高い調査記録であるが、郡奉行御代官の配下に大庄屋─庄屋を軸とする農村統治が確立したことにより、このような調査記録の作成が可能であった。

紀州領では、正保三年（一六四六）に今高制が実施された。伊東多三郎氏が注視されて以来紀伊徳川政権の初期の改革で、『和歌山市史』第二巻『田辺市史』第二巻にも取りあげられている。[9] 領内の各給所村では、家臣の名目上の知行高（元高）を変えないで、実質は縮小された高（今高）で給与された。この元高と今高の差額を「上ケ知」と称して蔵入りにして、領主側の財源にした。今高制の実施により、元高で推定して八万五〇〇〇石程が領主財源に入っている。このとき家臣の知行地の割替え（給所替え）が大幅に行われた。

「牟婁郡之内口熊野奥熊野不残御蔵入ニ而田辺新宮之外諸士知行ニハ渡リ不申候[10]」とあり、口熊野と奥熊野へは、口六郡と違って一般家臣の知行地は置かなかったので、その「上ケ知」は生じていない。しかし、安藤家の知行地（田辺領）と水野家の知行地（新宮領）は、今高制の対象となっており、田辺領では、元高の五〇八石余、新宮領では、元高の六二〇四石余が削減されている。両家の知行地は、「割替」をしなかったから、「上ケ知」と記されて残っている。

また安藤家と水野家には、紀伊徳川家の直臣の身分のままで、「田辺与力」と「新宮与力」と称して赴任した家臣がいた。田辺与力は三六人で、全与力知七二〇〇〇石（一人二〇〇〇石ずつ）を給せられていたが、今高制によって一三八三石が上ケ知されている。新宮与力は当初二一人で五三〇〇〇石であったが、正保二年には一三人になり、三七〇〇〇石（六〇〇〇石一人、五五〇〇石一人、三〇〇〇石五人、二〇〇〇石三人、一五〇〇石三人）になった。跡目の絶えた八人の与力の知行高一六〇〇〇石は「明ケ知」として蔵入りになっているが、翌三年の今高制により、与力知三七〇〇〇石は、さらに六九四石削減されている。嘉永六年（一八五三）十二月、海防強化にあてる費用の捻出という理由で、田辺領の「上ケ知」と新宮領の「上ケ知」と「明ケ知」が、紀伊徳川家より返還されるまで削減が続いていた[11]。

　耕地が乏しく、農業生産が振わない熊野地方ではあるが、近世以前の熊野参詣による貨幣経済の進展があり、豊富な森林資源の開発や漁業生産の向上と海運業の発達が新たな流通機構を創り出した。それゆえ、経済史からの分析は近世の熊野を知るために重要な問題となる。

　その先鞭をつけた安藤精一氏は、田辺領内の新庄・朝来などで農民の商人化がすすみ、在方商業が発展して田辺町方の商人を軸とする流通機構と対立しながら凌駕していく問題[12]と新宮の神倉社を崇めて神倉講を結成している新宮鍛冶仲間の問題をとらえた。寛文八年（一六六八）に水野重良から特権を与えられて新鍛冶町に居住して、「家釘、船釘、惣而鉄類打物之座」を形成し、幕末まで存続して生産にたずさわっていた。幕末期の異国船の接近により、紀伊半島も海防問題が起こると、江戸で政治的手腕を発揮していた水野忠央は、尾張徳川家の大脇寅之助を指導者に新宮へ招聘し、安政三年（一八五六）九月、新宮城下の船町元御役所の下川原で新宮鍛冶仲間を駆使して軍艦丹鶴丸の新造に着手して、翌年六月に建造した。

続いて万延元年（一八六〇）には、二之丹鶴丸も新宮の池田で建造している。
また慶応四年（一八六八）には、紀伊徳川家の明光丸と薩摩島津家の軍艦春日丸の修理をしており、新宮鍛冶仲間は、高度な技術水準にまで到達していた。僻辺の熊野新宮地方ではあるが、幕末の特需の中で、既に「近代工業の前夜の段階に到達している」と、安藤氏は評価をしている。[13]
近世の経済思想史について一貫した見解を発表される藤田貞一郎氏は、文化五年（一八〇八）の「進達書」[14]から、紀伊領の専売制度である御仕入方役所について考察し、熊野地方での「小百姓自立確保の原則」と関連をもつ「御救」の概念を導き出した。熊野地方に設置された御仕入方役所のほとんどは、「御救」の色彩が濃厚であるが、近世後期になると物資の集散する要衝の御仕入方では、木材、熊野炭などを国産品として専売化する「国益」の概念の強い性格も帯びて来る。[15]
海岸線の長い紀伊半島では、近世初期から船舶業や漁業によって多くの人々が生活していた。
近世の廻船業は、商品流通を前提として大量輸送により、近世的合理性を備えた輸送手段として発展していく過程を解明した上村雅洋氏の『近世日本海運史の研究[16]』があげられる。大坂・江戸間の南海路を開いて定期的に就航した菱垣廻船は、日高、比井など紀州の廻船が中核となって編成していた。風波の荒れる枯木灘から熊野灘にかけての海域を熟知している紀州廻船の参画により、それが可能であった。また沿岸の浦方を基盤に難船救助体制が整備された。
木材・炭など山産物の集散地である新宮には、新宮廻船があり、対岸の鵜殿廻船とともに廻船集団を形成して、江戸市場へ大量の熊野炭を販売した。口熊野では日置、周参見、古座、奥熊野では尾鷲、長島などの諸港にも小規模な廻船があり、紀伊本藩領の山産物を江戸市場へ販売した。木材・熊野炭は江戸市場で変動する木炭相場の情報をうけて出荷しており、江戸と熊野を直結する経済機構ができていた。

羽原又吉氏は、『日本漁業経済史』中巻二の「第二篇中世乃至近世漁業及び漁民生活の実證的研究」（承前）で、紀州領の多彩な近世漁業を解明し、下巻の「紀州藩の漁業及び漁村」で九か漁村の漁業を調査している。[17]

また近世を通じて沿岸浦村の統治に機能した浦組制度と紀伊半島の漁湯争論や漁場利用の慣行などから、漁村の共同体を考えた研究もある。[18]

近世中期以降、文人墨客が多く熊野を訪れるようになるが、文人画の祖といわれた祇園南海は、紀伊徳川家の儒臣であったことから、桑山玉洲・野呂介石らの文人画家が和歌山城下で育った。彼らは奇勝名所の多い熊野へ足を運んで多くを描き、作風を安定させて佳画を残した。[19] 天明六年（一七八六）三月、京都の絵師円山応挙の高弟長澤盧雪が南紀を訪れて、短期間で古座の成就寺、串本の無量寺、富田の草堂寺、田辺の高山寺の四か寺で屏風絵、襖絵など二七〇余点の障壁画を描いている。熊野を画題に描いていないが、黒潮洗う雄大な熊野の風光に接した蘆雪は、応挙風の写実と文人画の精神を融合させた独自の画風を生み出した。[20]

服部英雄氏の「いまひとすじの熊野道―小栗街道聞書」[21] は、「信仰の道」として小栗街道を取りあげている。熊野への参詣道は、院政期の「御幸道」が注目されるが、小栗街道は、小栗伝承にかかわる熊野への道で、「乞食道」あるいは「癩病道」と呼ばれる。「中右記」や「御幸記」にも「盲者」、「盲女」と出会ったことが記されているように、重度の障害者が難路を熊野へ向っていた。熊野参詣は、これら差別の対象とされた人々も迎え入れた。

杉中浩一郎氏は、広く熊野全域に視野を広げ、庶民生活を中心にした丹念な聞き取りをしながら、熊野で生活を送る人々の目線で問いかける。民俗学が専門であるが、文献、記録による裏づけを重視するので、近世分野の研究も目立つ、参詣道に関係する問題、熊野を来訪した歌人文人、漂着した唐人墓碑、漂流して異国を見て来た熊野人など、人の交流をとらえ開かれた熊野に視点をあてている[22]。

小山譽城氏著『徳川御三家付家老の研究[23]』は、徳川家康が政権をより強固にするために最近親者を御三家として大名に取りたてたが、そのとき家康に付けられた別格の家臣（付家老）五家の考察である。五家のうち安藤・水野両家は熊野に所領を有していた。付家老の所領支配や大名志向の問題などを解明しながら、設置された経緯と意義を徳川政権がかかえる内部の問題とも関連づけて述べている。

(2) 近世関係史料集の刊行と課題

『熊野那智大社文書』全五巻（他に索引一冊）の刊行は、熊野研究に大きな役割をはたした。所収されている文書は一五一七点（中世一三二九点、近世一八八点）で、女良文書（実報院）、潮崎稜威主文書（廊之坊）、潮崎万良文書（龍宝院）、橋爪文書などで、熊野那智大社全山の組織と熊野信仰の状況を知る史料集である[24]。

本書の圧巻は檀那文書であるが、檀那（信者）は那智山の檀越（施主）となり、御師（祈願師）をとおして師檀関係を成立させたことが明らかにできる。当初は、貴族や武士階級によっていたが、室町時代中ごろからは、熊野三山に関係のある多くの修験僧や比丘尼が、檀那の勧募のために全国各地を巡り、国人・土豪僧や富裕商人を掌握して先達（導師職）となり、熊野へ案内して来た。こうして檀那—先達—御師の師檀組織が成立したが、このとき作成されたのが「願文」で、個人が神仏に祈願する文書である。

師檀制度は、十六世紀中ごろになって衰微しはじめるが、その後も三山の参詣が続いていた。熊野権現の分社が全国に三〇〇〇余社も存在して、熊野信仰の基盤は失われていなかった。

平成十八年に刊行された『熊野本願所史料』(25)は、新宮本願庵主文書三一二点、熊野新宮神倉本願妙心寺文書一三二点、熊野那智山本願中出入証跡記録一二五点を解読して内容別に分類し、年代順に配列している。適切な史料解説を付した行き届いた史料集である。解説の「総説」に書かれた「熊野本願略史」は、熊野本願についての概説である。所収されているのは近世史料が多く、中世末〜近世初期の熊野三山の本願と社家との勢力関係や熊野信仰の様相を解明する道を拓いたといってよい。本書の編さん者による個別研究も進められている。

薗田香融編著『南紀寺社史料』(26)は、紀伊半島における仏教宗派の展開過程を知る史料群の翻刻と、それを分析した解説からなっている。野上谷の小川八幡神社と野上八幡神社、和歌山城下の真光寺、日高郡の由良興国寺、新宮の宗応寺の二社三寺院の文書が所収されている。

紀伊半島には、伊勢神宮・高野山・熊野三山が巨大な宗教勢力を形成しているが、鎌倉期になると曹洞宗の僧侶が熊野へ入り、新寺を建立して、本寺との間で本末関係を成立させ、曹洞宗の教壇組織を形成して宗派を発展させた。

同書の「解説」の宗応寺の「由緒書上」によると、慶長二年(一五九七)に越前の永平寺から牟婁郡中の曹洞宗寺院の触頭に任じられている。浅野忠吉が当寺を現在地へ移して寺領一〇〇石を寄進したが、同十一年に浅野忠吉が早生した長子を葬ったとき、法名をとって宗応寺と改称した。元和五年(一六一九)に水野重仲が新宮に入ると寺領を没収したが、曹洞宗触役は継承し、寛永十二年(一六三五)に有馬安楽寺と共同で牟婁郡の曹洞宗を支配した。

寛文五年(一六六五)ごろから、宗応寺も寺院の本末関係の調査を始めるが、その本末関係史料から、本書では、曹洞宗の各寺庵の所在を地図にみごとに復元して、本州最南端の辺境地域の隅々まで寺院が張り巡らされている状況を一目瞭然に記している(27)。

臨済宗法灯派の寺院である興国寺の、元禄七年(一六九四)の末寺帳に記載された九五か寺のうち、七か寺が無住であり、文政十一年(一八二八)には、全一三六か寺のうち、三三か寺が廃壊寺院、五二か寺が無住寺院と記され、その後も寺院の廃壊、無住化は進んでいる。寺院経営規模も小さいため僧侶の常住は困難であった。また中世末~近世初期に活動した熊野比丘尼が絵解きのなかで禅宗と関係の深い施餓鬼の功徳を述べて、亡者供養の部門を担っており、禅宗が熊野信仰と結びついていく。このように興国寺文書は、臨済宗法燈派の熊野地方の伝播や那智山内の状況の解明や那智山研究に必要な史料である。

以上二書の宗教関係の史料とは違い、田辺市には、「万代記」、「御用留」、「町大帳」の近世田辺の民衆の生活状況を知ることのできる史料が残されている。

「万代記」は田辺町大庄屋も兼ねていた田辺組大庄屋田所家の記録で、文明三年（一四七一）から天保十年（一八三九）まで三六八年間、一〇五冊からなる（うち巻一六・一七・二〇の三冊は欠本）。巻一～巻七・八までは、七代大庄屋田所八郎左衛門顕意（八悟）が編さん清記している。(28)「御用留」は、「万代記」に続くもので、天保十一年から明治二年までの三〇年間の記録で四四冊からなるが、「万代記」のように清記されていない。(29)

「田辺町大帳」は、田辺町会所の記録で、天正十年（一五八二）から慶応二年（一八六六）までの二八四年間の記録である。田辺城下に町奉行所の管轄下に大年寄が詰める町会所があり、物書（書記）が町方の出来事を書き留めた「町会所大帳」を基に整理したのが「田辺町大帳」である。(30)

「万代記」、「御用留」、「田辺町大帳」は、田辺市の闘雞神社に保管されているが、すべて全文が解読されており、『田辺市史』をはじめ、紀南地方の自治体史の編さんに活用されているが、地域史研究だけでなく、広くわが国の歴史研究に使用できる。

昭和四十年代から、熊野地方でも自治体史（誌）の編さんが盛んになった。田辺・新宮の二市と東・西牟婁郡で刊行した市町村史（誌）のうち、一三自治体が刊行した史（資）料編は、三一冊の多きに及ぶ。(31)そこに所収されているぼう大な史料群から、紀伊徳川政権下の政治や熊野の人々の生態、生業、文化、慣習などを知ることが可能になった。

このように熊野に関する近世史研究においても、研究史に位置づけられるすぐれた研究や熊野を理解できる貴重な史料集を含め、私たちは、多彩な研究成果を共有している。しかし、どちらかといえば、政策や制度などについてや熊野信仰に関する問題が多い。もちろんそれらの研究を抜きにして熊野の理解は不可能であるが、本書では、近世熊野の土地に根ざして生活している人々と地域社会の実態を熊野の特殊性と普遍性を念頭に置いて描くことに心がけた。そのためには、こうした研究史の成果と意義をうけて、それをさらに推し進める研究でなければならないと考える。

二　問題の所在

熊野は、十一世紀中ごろ「熊野三山」と称する巨大な霊場となり、院政期には、京都からの貴紳の熊野参詣によって盛況を迎えた。その後鎌倉期には、上級武士階級の参詣、室町期以降は、地方武士や富裕農民らの参詣の地へと変遷して行った。それに伴ない熊野三山の組織化も進んで、山内の法令や儀式が整備された。

そうしたところから、熊野史研究は熊野三山とかかわって着手され、多くの優れた成果が発表された。したがって、熊野信仰に基づいた先駆的な研究を抜きにして熊野を語ることができないのである。平成十六年（二〇〇四）八月に、熊野が、「紀伊山地の霊場と参詣道」として、世界遺産に登録された背景には、熊野信仰に関する分厚い研究が積み重ねられていたのは周知のことである。

また熊野は、畿内とは距離的に離れていないにもかかわらず「異郷」、「辺境」とする認識がある。紀伊山地の山岳地が全域を覆い、三方が海に囲まれた地勢で、けわしい山を越えて通じる陸路を軸に考えると閉鎖的な地域である。こうした地理的な要因が、熊野信仰から来る聖域観と重なって異郷観、辺境観を生んでいるが[32]、そうした見方は、熊野参詣に訪れた人々の側からのものであり、熊野で生活している人々は、自分たちの住む熊野を「異郷」「辺境」とは思っていない。そこには、山深い山林に入って働き、荒海で漁稼ぎや船稼ぎをして生活する地域が存在した。

その熊野も、「蟻の熊野詣」といわれた熊野参詣の盛況による貨幣経済の刺激をうけて、人々の生活が激しく変動していったが、しかし、熊野という地域に根ざして生活している人々と、そこに形成されている地域社会を対象とした研究がきわめて少ないことに気づく。そこで本書は、熊野の各地に所蔵されている史料を駆使して、近世社会に生きた熊野の人々と地域社会が抱える問題について考察する。

十六世紀末に熊野に勢力を伸ばして来た豊臣政権は、天正十四年（一五八六）八月に「熊野牢人衆」の一揆[33]を制圧しつつ、同十八年ごろから、年貢徴収と軍役賦課を目的にした検地を実施した[34]。また大坂城や方広寺など城郭や大寺院の建築用材に使用するために、熊野の山々の巨木に着眼して大量に伐採したので、熊野の村々は、伐採や搬送のための過酷な課役を課せられて苦しんだ。熊野の山々からの木材の収奪は、関ヶ原役後、紀伊国を領した浅野家統治期まで二十数年間も続き、熊野の山林は枯渇した。

慶長十八年（一六一三）六月の「紀伊州検地高目録」には、「室郡」として村数が三九五か村、八万八九七三石余が記されている[35]。浅野幸長が、慶長六年に実施した総検地によって掌握した村々で、浅野政権期の熊野の範囲である。「紀伊州検地高目録」に記載されている村々は、十五世紀末ごろには、農民が共同体を形成して用水を管理し、稲作栽培をしていたと推測される[36]。また浅野政権は、検地と人改めを実施して旧来の在地勢力を制圧し、新たな支配秩序を固めて行くが、先進的な農村構造を形成している紀の川流域とは違い、中世的遺制の残る熊野の統治は、さまざまな問題を残していた。

本書は、主として約二五〇年に及んだ紀伊徳川政権下の熊野について考察するが、前述の先行研究に多くを学びながら、次のような視角から叙述したい。

第一点は、紀伊徳川政権の統治基盤の確立の側面から熊野について考えた。初代徳川頼宣は、安藤直次を田辺に、水野重仲（央）を新宮に配して、一定の統治権を認めたので、熊野は紀伊徳川家が統治する口熊野と奥熊野および田辺領と新宮領に四分割された統治形態になり統治が安定した。その結果、元禄期に精度の高い調査記録を作成したり、文化～天保期（一八〇四～四五）に、儒学、国学、本草学の第一線級の学者を動員して『紀伊続風土記』を編さんしている。そこに、私たちは自ずからの領国の実態を正確に把握しようとした紀伊徳川政権の強い意志を知ることができる。また、熊野には、全国的にも例のない県域の飛び地の存在している点についても考えたい。

第二点は、林業と漁業、船舶業が主たる産業である熊野に対する紀伊徳川政権の産業政策と、流通機構の整備による経済発展について考えた。熊野の木材と薪炭は、中央市場（江戸）への供給地として開発された。また、鰹漁や捕鯨業も西日本の海域へ出漁した熊野の漁民により伝えられた[37]。熊野の産業は諸国との交流の中で発展したが、本書では、山林の開発を中心に考察した。巨木の伐採や筏を急流で流す仕事や、荒波の熊野灘での捕鯨業は、危険と隣りあわせの仕事である。熊野には、高度な技能・技術を身につけた杣、筏師や漁師が生活していた。分業体制を確立し、合理的な労務組織が機能する村落共同体が存在している状況をさぐりたい。

第三点は、産業の発展と人の交流や商品流通の広がりの中で、広い熊野は経済発展の差異を含みながら地域社会が変貌していくのに注視した。

紀伊半島南部一帯には、近世以前から地域経済の拠点となり、物資の集散地となった港湾が多く存在している。海上交通が盛んとなり、商品流通も増加して地域社会も変化した。近世社会に入り、熊野三山を基に形成されて来た経済構造に代わって地域経済圏の再編が進行した。徳川政治体制（徳川幕府）の宗教統制によって弱体化している熊野三山の支配から抜け出て、新しい地域社会を形成していく熊野の実情についての解明が必要と考える。その積み重ねにより、熊野信仰を基にした熊野とは違った熊野の歴史を描けるのではないだろうか。

〔注〕
（1）『社会経済史学』第十一巻七号　一九四一年刊。
（2）『三田学会雑誌』第九巻第二号、第五一巻第七号、第五二巻第一二号。（なお安藤精一編『近世和歌山の構造』（名著出版　一九七三年刊）には、「紀州熊野一揆について」と「封建領主制確立期における浅野氏」が所収されている）。
（3）拙著『紀州藩の政治と社会』（清文堂出版　二〇〇二年刊）一四七～一六三頁、第二章第一節「『公文』から『大庄屋』」の項参照。
（4）『紀伊南牟婁郡誌』上巻（名著出版　一九七一年刊）三五一～三五三頁。
（5）平山行三著『紀州藩農村法の研究』（吉川弘文館　一九七二年刊）一九八頁。

(6) 前掲『紀州藩農村法の研究』一九二〜一九五頁。
(7) 前掲『紀州藩農村法の研究』二〇〇頁。
(8) 「御国并勢州三領共郡々覚記」は『和歌山県史』近世史料五、「諸色覚帳」は『和歌山県史』近世史料三に所載。
(9) 『和歌山市史』第二巻(和歌山市　一九八九年刊)、一九二〜一九三頁「今高制」の項。『田辺市史』第二巻(田辺市　二〇〇三年刊)九〇〜九五頁「今高と上ゲ知」「与力知の今高」の項、廣本満著『紀州藩農政史の研究』(宇治書店　一九九二年刊)の「第三章紀州藩の今高制」の項。および、芝英一「近世田辺領の今高制、上ケ知、上ケ米制序説」(紀南文化財研究会『熊野』一四四号一四五号一四六号〈二〇一三年六月、二〇一三年一二月、二〇一四年六月刊〉)
(10) 『和歌山県史』近世史料一(和歌山県　一九七七年刊)八一九頁「紀伊御法度集」の項。
(11) 三木俊秋「嘉永六年の紀州藩新宮領加増について」(『和歌山県史研究』八　和歌山県　一九八一年一月刊)。
(12) 安藤精一著『近世在方商業の研究』(吉川弘文館　一九五八年刊)二七七〜二九八頁の「第四章第三節第二田辺城下町と在方商業」参照。
(13) 安藤精一著『近世都市史の研究』(清文堂出版　一九八五年刊)三一三〜三三一頁の「第三章第二節紀州藩新宮の鍛冶仲間」参照。
(14) 『南紀徳川史』第十二冊(名著出版　一九七一年刊)三七〇〜三七二頁。
(15) 藤田貞一郎著『近世経済思想の研究』(吉川弘文館　一九六六年刊)一三四〜一八四頁の「第五章専売制と『国益』思想―和歌山藩」参照。
(16) 上村雅洋著『近世日本海運史の研究』(吉川弘文館　一九九四年刊)一〇六〜一五二頁の「第四章菱垣廻船再興策と紀州廻船」、「第五章紀州廻船業者の在村形態」一八一〜一九七頁「新宮鵜殿廻船と炭木材輸送」参照。
(17) 羽原又吉著『日本漁業経済史』中巻二に、「紀伊国潮岬会合」、「関東漁業の揺籃期」、「関東漁業の近世的発達と上方漁民の役割」があり、下巻の「紀州藩の漁業及び漁村」が所載されている。

(18) 拙著『近世漁村の史的研究—紀州漁村を素材にして』（名著出版　一九九三年刊）。

(19) 和歌山県立博物館『特別展文人墨客—きのくにをめぐる—』（二〇〇七年刊）所載。安永拓也「きのくに文人交友録」。

(20) 和歌山県立博物館『南紀寺院の長澤蘆雪画』（一九七四年刊）の和高伸二「蘆雪芸術の実像追求への試み」。

(21) 服部英雄著『峠の歴史学—古道をたずねて—』（朝日新聞二〇〇七年刊）に「いまひとすじの熊野道—小栗街道聞書」が所載されている。

(22) 杉中浩一郎著『熊野の民俗と歴史』（清文堂出版　一九九八年刊）の「近世の熊野」、および『南紀熊野の諸相・古道・民俗・文化—』（清文堂出版　二〇一二年刊）。

(23) 小山譽城著『徳川御三家付家老の研究』（清文堂出版　二〇〇六年刊）。

(24) 『熊野那智大社文書』（熊野那智大社　一九七八年刊）の解題。

(25) 熊野本願文書研究会『熊野本願所史料』（清文堂出版　二〇〇三年刊）「解説編」は「熊野略史」のほか、熊野新宮本願庵主文書、熊野新宮神倉本願妙心寺文書、熊野那智山本願中出入証跡記録の解説と熊野本願寺院の遺跡と遺物、熊野本願年表からなっている。

(26) 薗田香融編著『南紀寺社史料』（関西大学出版部　二〇〇八年刊）、「解説」は「序論」（紀伊半島における仏教諸派の伝播）で、史料集の基本的視角をあげ、宗派分布の概観と特色、宗派伝播の歴史的経過を述べる。次に「新宮宗応寺文書と紀南曹洞宗」、「近世における紀伊国由良興国寺末寺と那智山」、「野上八幡宮所蔵『御託宣記』について」、「小川八幡神社所蔵大般若経について」の調査対象の寺社の概要をまとめている。

(27) 前掲『南紀寺社史料』三一一頁。

(28) 『田辺市史』第二巻（田辺市　二〇〇三年刊）四五三～四五五頁。

(29) 前掲『田辺市史』第二巻　四五〇～四五二頁。

(30) 前掲『田辺市史』第二巻　四五〇～四五三頁。

(31) 拙稿「熊野地方の市町村史刊行の概観」(『熊野誌』第六十号 二〇一三年刊)。

(32) 野本寛一著『熊野山海民俗考』(人文書院 一九九〇年刊)、「総じて熊野の地形は閉塞所」である状況(序章4閉塞と開放)、「迂回を必要とする閉塞性と目的地までの険阻な道や隔離性は他所からすれば異郷意識・聖域感を高揚させてやまなかった(序章5熊野の信仰環境)とある。また、藤井弘章「熊野の世界遺産登録によせて」(『国學院大學日本文化研究所報』Vol41、NO3、二〇〇四年九月二十五日刊)において、「熊野に暮らす人々にとっては、熊野全体が異界であるということはありえない。彼らにとっても信仰の場でもあるが、なによりも生活の場そのものである。」と記している。

(33) 多聞院日記(『増補続史料大成』)。

(34) 『鵜殿村史』通史編(鵜殿村 一九九四年刊)一三五~一三七頁(播磨良紀氏執筆の稿)。

(35) 『和歌山県史』近世史料三(和歌山県 一九八一年刊)三~三三頁。

(36) 『紀和町史』下巻(紀和町 一九九三年刊)七六三~七七〇頁、「丸山村の千枚田」の項参照。

(37) 『和歌山県史』近世(和歌山県 一九九〇年刊)四四四~四六七頁「第三節水産業の発展」の項参照。

第一章　領国統治と熊野の地域性

第一節　「口熊野」と「奥熊野」の成立

はじめに

「牟婁郡」は、古代律令制下でも使用された郡名で、「牟漏」・「無漏」・「武漏」・「室」などとも記された由緒ある地名である。(1) 慶長六年（一六〇一）に浅野幸長が実施した紀伊国総検地で明らかになった村数と総石高を整理した「紀伊州検地高目録」では、名草・那賀・伊都・海士・有田・日高・牟婁の七郡にまとめている。(2) したがって「牟婁郡」は十七世紀当初の紀州の正式の郡名（行政上の名称）になった。紀伊徳川家の所領に「口熊野」や「奥熊野」が触書にもよく見られるようになり、熊野の人々にも次第に馴染んだ呼称となっていた。

そこで本節は、「口熊野」・「奥熊野」の呼称について、使用されるようになる時期とその領域を明らかにしながら、どうした時代的背景の中から生まれて来たのか、それが、紀伊徳川家の熊野地方の統治にどのように機能しているのかについて検討する。また明治期以降においても、「口熊野」・「奥熊野」に関心を持った識者が、それぞれ自説を展開しているが、その主張する趣旨についても考察することにする。

一　「口熊野」と「奥熊野」の設置

慶長十八年（一六一三）の「紀伊州検地高目録」は、浅野幸長が慶長六年に実施した紀伊国惣検地の結果をまとめており、紀伊国は一〇七五か村、三七万六五六二石五斗八升六合（小物成共）である。名草・那賀・伊都・海士・有田・日高・牟婁の七郡からなっている。また、徳川林政史研究所所蔵の慶長六年の熊野地方の各村々の検地帳には、村名の上に付せられている郡名は、「室之郡」「室郡」「牟婁郡」「無漏郡」となっていて、「口熊野」や「奥熊野」は浅野氏統治時代に使用されていた形跡はない。

慶長六年九月、浅野幸長は紀伊国に入国すると、浅野左衛門佐を田辺へ、浅野右近大夫を新宮に配置して統治させたが、その年十一月に、左京（浅野幸長）が「室郡百姓中」にあてて出した書状[3]には、郡中で代官給人が非法を犯したときに、新宮に近い所は浅野右近大夫へ、和歌山に近い所は浅野左衛門佐へ訴えるように命じている。新宮と田辺を牟婁郡支配の要としたが、その双方の支配の境目の一つに、熊野灘沿岸の下田原と浦神の間が考えられる。すなわち、同十年に江戸城修築を命じられた浅野長晟は、熊野地方に石船の建造を課したが、古座川流域の村々は浅野左衛門佐が管轄しており、左衛門佐は古座川の東側も支配している[4]。下田原あたりまでを支配していたのであろう。

元和五年（一六一九）に入国した徳川頼宣は、付家老として随伴した安藤直次と水野重仲（央）を田辺と

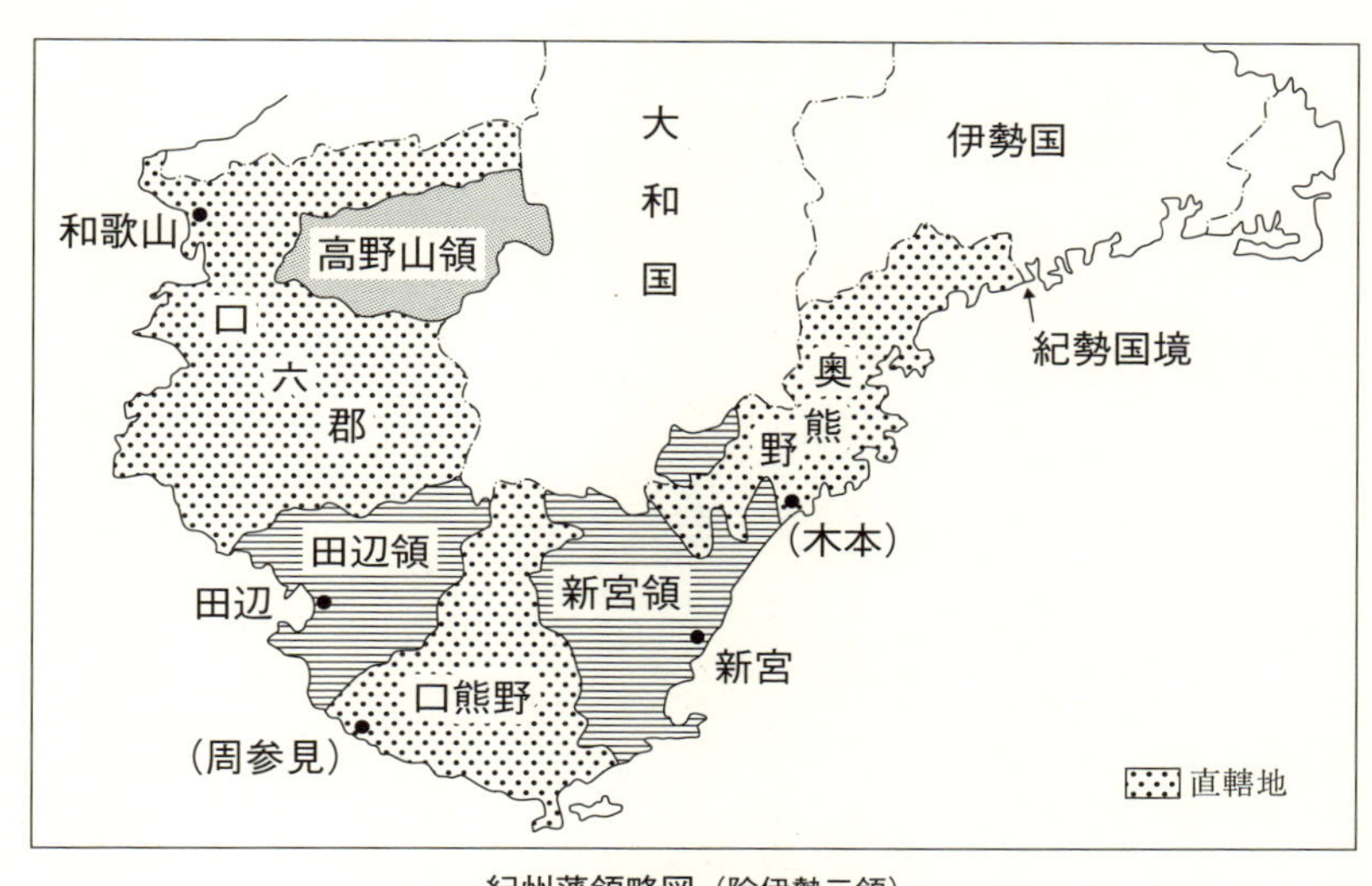

紀州藩領略図（除伊勢三領）

新宮に配置して、不安定な状況が続いていた熊野地方の統治の安定化を図った。安藤氏の知行地は、承応二年（一六五三）の「田辺領目録帳」[5]によると、牟婁郡内で二万三二六二石余、名草郡内で三三二四石余、有田郡内で九九一石余、日高郡内で二五〇三石余で、合わせて二万九九八二石余が直轄地であり、ほかに田辺与力（三六人）の知行地の二〇〇石も含んでいた。一方水野氏の知行地は、「土佐守殿御知行所沿革畢竟」[6]の「元和元高」に、高三万一五石余とあり、牟婁郡の内で二万五八二七石余、名草郡の内で一七四三石余、有田郡内で九二九石余、日高郡内で一五一四石余が直轄地であった。ほかに新宮与力知五三〇〇石があった。

安藤家と水野家の所領は、紀伊徳川領（以下本藩領）から一定の独立性が認められ、支藩的な性格があったから、牟婁郡の支配は四分割された形態となった（略図参照）。こうして二分された牟婁郡のうち、新宮領以東伊勢領までの間の本藩領を木本浦に置いた郡奉行御代官

（郡奉行と郡代官の職掌は分かれており、役所も別々に置かれていた）が支配し、新宮領と田辺領に狭まれている本藩領を古座浦に置いた郡奉行御代官が支配した[7]（元禄末期に周参見浦へ移転）。前者が「奥熊野」であり、後者は「口熊野」である。つまり和歌山に近い本藩領が「口熊野」であり、遠い方の本藩領が「奥熊野」である。もっともこの呼称は、「熊野は封内の僻遠にして奥熊野は其最極辺也、……紀人にして熊野を知るは十中一・二を必し難し」[8]とあるように、熊野をほとんど知らない「紀人」（和歌山に居住する人）の側から言った呼び方であり、決して、牟婁郡（熊野）に居住している人びとから言い出した呼称ではない。牟婁郡に住む人びとは、自分の住む場所について「口」や「奥」を付けて呼ぶことは絶対にないからである。

「口熊野」と「奥熊野」の呼称は、紀伊徳川家が熊野地方を統治するにあたって、古座浦と木本浦に置かれた郡奉行と代官の支配する領域に付けたことに始まるとすれば、その時期はいつ頃であろうか。

『日本林制史資料―和歌山藩―』所収の寛永十三年（一六三六）十二月の「奥熊野山林御定書并先年之触書」[9]の「奥能野」の文言は、文献上で確認できる最も古い事例であるが、そこから「奥熊野郡奉行御代官所」（法令触書には、すべて「郡奉行御代官」の書式で記されている）が設置された時期の推測が可能である。

「紀州伊都郡々奉行衆姓名録」[10]によると、初代の伊都郡々奉行の任命は、寛永二年（一六二五）の菅沼善右衛門と堀権大夫である。近世体制が比較的早く整った紀ノ川流域とは異なり、中世遺制が残った熊野地方では少しおくれたと考えられる。つまり紀伊領国では、寛永初期に郡奉行御代官が口六郡から順次設置され、両熊野は寛永後期ごろ設置されたと推測したい。管見する文書の「口熊野郡奉行御代官」の初見は、明暦三年（一六五七）に郡奉行西村八兵衛、代官鈴木三之丞が初代として記されている。[11]

寛文七年（一六六七）五月に御浦廻衆坂井八郎兵衛と伴作平が浦伝いに陸路を通って田辺へ到着した。地高・漁船・漁役・廻船・山手役・口前（二分口）のほか、各地や大坂・江戸への道程と運賃などを詳細に報告している。このとき提出した二通の「差上申書附之事」の一通には、「紀州牟婁郡田辺庄町、安藤帯刀知行所」とあり、他の一通には、「紀州牟婁郡田辺庄江川浦、安藤帯刀知行所」と記されている。[12]田辺領の「町」＝城下町と「江川浦」は、安藤家の支配地であるから、本藩領の口熊野に入らない。したがって「牟婁郡田辺庄」である。

『紀州田辺万代記』の寛文三年（一六六三）三月五日に「奥熊野郡奉行西村清左衛門殿、三倉貞右衛門殿」とある。[13]口熊野の方は、ややおくれて天和二年（一六八二）九月二十五日に、江田組大庄屋が各大庄屋にあてて出した書状に「口熊野江田組之内大川村」[14]が記されている。また貞享二年（一六八五）九月二十九日に田辺領江川浦と本藩領瀬戸浦の漁場争論を裁定するために、「口熊野郡御奉行衆」が田辺へ来て、田辺領の役人と相談しているように、[15]天和・貞享期（一六八一～八七）になると、領国の定書や法令などにも「牟婁郡」が消え、「口熊野」や「奥熊野」の使用が一般的になっている。

紀伊徳川家は、延宝五年（一六七七）に総合的な農村法といえる定書を制定したが、この定書には、郡奉行の裁決権を従来より強く与え、郡奉行を農村支配体制の要に置いて統治させようとした。[16]そのため、多様化しつつあった郡単位の行政の整備が行われた。和歌山城下から遠隔地にある牟婁地方の状況は、十分に把握しにくいことが多かったから、口熊野と奥熊野を口六郡と同等に扱い、郡奉行御代官を配置することによって統治の確立をはかった。時代の経過とともに、郡奉行・御代官の職掌も増大し、複雑化するが、和歌山から遠いだけに、口熊野、奥熊野の郡奉行・御代官所の役割は大きかった。

「元禄七戌年より同十四巳年迄在方被仰渡帳」[17]には、八一点の法令が所収されている。紀伊領国では、元禄十年（一六九七）前後の短期間に大量の農村法が作成され、農政の基準ができたと考えられる。これらの法令は、勘定方から各郡奉行・御代官所に宛てて出されたが、その宛先は「紀州・勢州」がもっとも多く、「口六郡」、「紀州」、「伊勢三領」の宛名も多い。「口熊野」は三通あるが、「奥熊野」のみを対象とした法令は一通も出されていない。「両熊野」と「口六郡・両熊野」にあてたのが四通ずつあり、「海士・有田・日高・両熊野」にあてたのが二通出されている。[18]全領国を対象にした法令が多いのは当然であるが、熊野は特別に意識されていた。

元禄十二年の「御国并勢州三領共郡々覚記」[19]は、検地の実施状況、貢租の取り立て方、諸雑税の賦課、家数、男女人口、牛馬数、主要河川、堤、産物などを郡別に記録しており、紀伊領の概要を知る貴重な覚書である。「口熊野」と「奥熊野」が他郡と同列に記され、別に「牟婁郡」を設け、「水野土佐守安藤内膳知行所田辺新宮付之在々者右両人ゟ支配ニ付様子しれがたく御座候」とある。「口熊野」と「奥熊野」は紀伊領の統治機構の中に位置づけているが、田辺領と新宮領は入っていない。

慶長六年の熊野地方の各村々の検地帳の表紙の村名の前に付せられているのは、「室之郡」・「室郡」・「牟婁郡」・「無漏郡」などであるが、「元禄十弐年卯年卯三月」の「口熊野周参見組和深川村名寄帳」[20]とあるように、元禄十一年頃から作成された地詰検地帳や名寄帳には、「口熊野」・「奥熊野」が記されるようになる。

二　幕末維新期の「口熊野」と「奥熊野」の解釈

幕末維新期の知識人の「口熊野」と「奥熊野」の見解をさぐってみよう。

文化三年（一八〇六）から始まった『紀伊続風土記』の編さんは、同十二年に紀北四郡（名草・海士・那賀・伊都）の調査を終えて中断した。その後二四年の中断期間を経て、天保二年（一八三一）に再開され、天保十年に全一九二巻が完成した。[21]

天保四年九月下旬から熊野地方の調査が始まっているが、編さん総裁の仁井田模一郎（好古）から、「此度風土記調順在御用ニ付、近々牟婁郡江仁井田源一郎、加納古仙（諸平）同道罷越候間、両熊野並新宮領組々大庄屋案内ニ出諸事無之様取計候……」との先触が両熊野の各組々へ廻されている。[22] 仁井田模一郎は、加納諸平、仁井田源一郎を同伴して口熊野から調査に入ったが、三尾川組平井村では九月晦日付で、「就風土記御用調帳」を作成して提出している。[23] その後、十月から新宮領に入って、新宮川（熊野川）流域の調査にかかり、北山川を遡って紀和両国の国境を踏査し、十一月二十一日に川丈の調査を終えた。十二月朔日まで新宮に滞在して雲取越えで帰和した。翌五年も九月十五日に和歌山を出発して二回目の熊野の調査に入り、二十五日から北山川左岸の新宮領の調査をしてから、奥熊野の沿海部を紀勢国境まで調査している。

こうした調査を基に、『紀伊続風土記』は、牟婁郡を「其地の大きなるより、大名も自から二に分れて東の方を奥熊野と称し、西の方を口熊野と称す。其奥口の界大抵郡の中央にてわかる。郡中第一の大嶽を大塔峯といふ。此山奥口の中央に在て、東西を隔絶して蟠根は十里の外に跨がり、其枝峯蔓嶺遠く弥延するを以て中間十里許の地人行絶えて通せず、其勢東西を分ちて口奥の称を立さる事を得ず[24]」と、郡内最高峯の大塔山とその西に延びる支脈でもって、口熊野と奥熊野を二分すると解釈している。しかし、大塔山系は、枝峯が複雑に入り組んでいるので、明確な境界になりにくい。

他に、大田荘の項に、「当荘は口熊野奥熊野の界にして奥熊野西南隅なり」とし、下田原浦の項にも、「此村大田荘の西の端にありて是より東を奥熊野とす[25]」と、大塔山系と全く関係のない熊野灘沿岸の「太田荘」でも口熊野と奥熊野の境界を問題にしている。さらに内陸部の「三里郷」(近世の三里組)では、「東は花井・入鹿二郷に接し、西は口熊野四番荘に接し[26]」と、口熊野と奥熊野の境界と見ている。

大塔山系による区分は地誌的な区分の意味あいが強いが、他は行政区画の側面からの見方である。広い熊野地方だけに地域によって違った見解があるのは当然であろう。

十九世紀前半の紀伊領の状況を記した「十寸穂の薄[27]」には、「牟婁郡口熊野といふは、田辺より本宮に距り、下は大辺地潮の御崎に及ふ」と記して、その境界を『紀伊続風土記』とは別の解釈をしている。また、「牟婁郡奥熊野と唱、新宮府より東海道に赴く奥路錦浦迄の間をいふなり」と、紀勢国境の錦浦と新宮までの間の地域を奥熊野としている。

『紀伊国名所図会[28]』は、「見超嶺」(三越峯)の項で、「此嶺まで奥熊野といい、是より先を口熊野ト云」とあり、その境界を三越峠に置いている。幕末期には、口熊野と奥熊野の範囲と境界は結構論議の対象になっているが、統一した見解はなかったようである。

嘉永元年（一八四八）十二月、奥熊野代官に任じられた仁井田源一郎が著した「郡居雑誌[29]」では、牟婁郡を「東熊野」と「西熊野」に分け、東側の本藩領七組（木本・尾鷲・相賀・長島・入鹿・本宮・北山）一〇〇か村と、「水大夫采地」（新宮領）一六組（新宮・佐野・那智・太田・色川・成川・有馬・相野谷・尾呂志・浅里・三ノ村・大山・請川・三里・敷座・川之内）一三二か村を合わせて「奥熊野」としており[30]、西側の本藩領五組（周参見・江田・古座・三尾川・四番）一三二村と「安大夫采地」（田辺領）七組（田辺・秋津・三栖・富田・朝来・芳養・三番）六〇か村を合わせて「口熊野」としている。本来は、本藩領の統治の関係からの行政単位として生まれてきた「口熊野」と「奥熊野」であるが、郡代官として熊野地方の統治にたずさわる行政担当者から、熊野灘側の本藩領と新宮領を合わせて「奥熊野」とし、紀伊水道側の本藩領と田辺領を合わせて「口熊野」と解釈する見解も出ていた。また、天保六年（一八三五）九月の「奥熊野新宮領上知相野谷組平尾井村本田之内当未傷毛荒畝高改帳[31]」とあるように、新宮領の「上ケ知」の村を奥熊野に入れる考え方もあった。

明治二年（一八六九）の改革によって各郡の代官所は民政局と改められた。牟婁郡では周参見浦と木本浦に民政局が設置されたが、周参見民政局が管轄するのは「牟婁上郡」、木本民政局が管轄するのは「牟婁下郡」と呼ばれた。もちろん田辺領と新宮領は含まれていない。このとき牟婁下郡事に任じられた堀内信は、「日高郡下村以東新宮川に至るを口熊野とす、内に田辺領あり、新宮川以東鵜殿成川より伊勢境錦浦迄を奥熊野と云ふ」と、新宮川で二分し、「口熊野」には紀伊半島西側の本藩領と田辺領・新宮川以西の新宮領を含み、「奥熊野」は新宮川以東の新宮領と紀伊徳川領を合わせた領域としている。さらに「廃藩置県に至り新宮川より東北即奥熊野度会県に属し、又之を南北牟婁郡に改めらる。口熊野亦分て東西牟婁とし、和歌山県に属する」(32)と述べて、度会県設置による別の解釈をしている。明治四年の廃藩置県で、新宮川と支流の北山川が県境に定められ、旧紀州領国の紀伊国が二分され、木本代官所の管轄する奥熊野と新宮藩領のうちの熊野川東岸の四六か村は度会県に入っている。

めまぐるしい行政区域の編成がえの中で、第一線の地方行政官として民政にたずさわっていた堀内信は、「口熊野」と「奥熊野」の領域に関心をもち、新宮川を境界にする彼独自の見解を出したが、それは、牟婁上郡と牟婁下郡の設置と、廃藩置県のとき新宮川が県境と定められた事実を念頭に置いたうえでの判断であった。堀内信は、奥熊野地方について、「風土は大概伊勢国に似たれども壌地甚広からす、山谷嶮く田畑少く米穀払底故他国船の運漕を待て養とす、故に凶年いたれば、米価高直にて諸国の売米不至土人椎柴の実に世を渡る仕事も尽て忽飢餓に及」(33)と述べ、どちらかというと奥熊野は、風土上は伊勢国に似ているが、耕地が乏しいのでたえず食糧危機におびやかされており、同じ熊野でも新宮以南の地域とは状況が違う点をとらえていた。

牟婁地方に住む人々も、時代とともに交流も広がり、生活にも変化が起こっていた。それが地域的に差異を生み、その認識の違いが、「口熊野」と「奥熊野」の解釈にあらわれた。幕末期~明治初期の識者たちは、こうした地域の状況を十分にふまえたうえで自説を説いたが、「口熊野」と「奥熊野」は郡名ではないだけに、統一的なものにはならなかった。

三　明治期以降の「口熊野」と「奥熊野」の諸説

「口熊野」と「奥熊野」については、『紀伊続風土記』の編さん以来、多くの識者が関心を持ってきた。『紀伊続風土記』が述べている解釈と奥熊野郡奉行を勤めた仁井田源一郎が説いている解釈は前述したが、それ以外の諸説を列記してみよう。

明治初期の田辺の篤学湯川退軒は、[34]「侯家（安藤氏所領）提封ノ地、其多クハ本州ノ中部ニ在リ、大古牟漏ノ国ト称シ中世口熊野ノ名アル者蓋シ是ナリ」と、「中世」（近世以前）に「口熊野」の呼称が使われていたように伝えているが、管見のかぎり、文献上では中世に「口熊野」が使用されていたかどうか定かでない。むしろ「牟婁郡」と「熊野」であったと思われる。だが、このことから、「口熊野」・「奥熊野」についての論議が、明治維新期にあったことが想像される。

大正・昭和初期の新宮の碩学小野芳彦は、[35]「口熊野、奥熊野の称は地方人の呼び習はせる所にかゝり、公制に出でしものにあらず」と述べたあとで、「地勢の上よりすれば、北方は現に東西牟婁の郡界を成す大塔峰を以てし、南方は潮岬の辺を以て限界となすべきものの如くなる」とする『紀伊続風土記』の説に対して、「堀内氏、浅野氏、水野氏等の領域いづれも下里町大字浦神を以て限とし、田原村大字下田原より彼方は和歌山藩領たりし……」と、紀伊徳川領と新宮領の境を重視して、下田原と浦神との境界を口熊野と奥熊野の境界とした。そのうえで、「藩政時代の公文にも口熊野奥熊野の名称を用ひるに至り、公制の称呼の如くなるなり」と述べる。つまり、「口熊野」・「奥熊野」は公制から出たのではなく、地方人から出た呼称であり、のちに「公文」（役所）が使ったことにより公称となった、と鮮やかに論じている。

昭和初期の古座の郷土史家中根七郎も[37]「口熊野」・「奥熊野」に関心をもった一人である。中根は、「新宮藩の東に本藩領七組一一〇か村があり、……此本藩領と新宮藩領とを合わせて奥熊野と謂うた。而して新宮領と田辺領との間に五組一三二ケ村の本藩領が介在してあった。……此領地と田辺領とを合わせて口熊野と称せられた」と述べ、木本代官所が管轄する本藩領と水野家の支配地（新宮領）をあわせて奥熊野、また周参見代官所が管轄する本藩領と安藤家の支配地（田辺領）をあわせて口熊野としている。中根は、口熊野・奥熊野は本藩領のことであるのを認識していたが、安藤・水野両家の所領は本藩領とは別で、独立していることには気づいていなかった。

大正六年（一九一七）刊行の『紀伊東牟婁郡誌』[37]は、田原慶吉が編さん主任となって編さんされたが、明治四十二年（一九〇九）の発足時には小野芳彦も編さんに加わっていた。

口熊野・奥熊野の称は、「公制」（公称）から生まれたものではないとした上で、郡中第一の大塔山とその山系により、口熊野と奥熊野を境界とする『紀伊続風土記』の説を肯定して、「安藤・水野二氏治下以外の牟婁の地、即ち牟婁郡に於ける本藩領の地には、周参見に口熊野代官所を、木本に奥熊野代官所を置きて之を統治したるにより、遂に公文にも奥・口の名称を用ゐるに至り、自ら公制の如くなりしものなり」と、田辺領と新宮領以外の紀伊徳川家の直轄領であるのを指摘しているのは注目に価する。

同書は、十八世紀以降、紀伊領の藩法や触達など公式の書状にも「口熊野」・「奥熊野」が使用されるし、村々からの願状にも書かれるようになり、「公制」になったと適確に記している。いずれにしても「牟婁」・「室」が本来の呼称で、「口熊野」と「奥熊野」は、紀伊領の統治がすすめられる過程で行政側がつくり出した呼称であると述べている。

まとめ

近世の紀伊領には、「口六郡・両熊野」という呼称がある。名草・那賀・伊都・海士・有田・日高が「口六郡」、口熊野・奥熊野が「両熊野」で、それぞれ郡奉行、御代官が置かれる行政的名称である。徳川頼宣統治の寛永期には、まだその呼称が正式に使用されていなかったようであるが、十七世紀後半に領国全域の行政制度の整備が行われ、郡奉行・御代官の下で農村の支配体制が確立し、口熊野と奥熊野の郡奉行・御代官所が、口六郡と同格に位置づけられてから、熊野地方の地域社会に溶け込んだ呼称となった。文化~天保期に編さんされた『紀伊続風土記』によると、「口熊野」と「奥熊野」の境界について、編者たちはかなり関心を持っており、広い熊野地方でも人々に馴染んだ呼称となっていた。『紀伊続風土記』の編さんのための調査が、多くの識者の注視を呼び、「口熊野」・「奥熊野」について自説を主張するようになった。

「口熊野」と「奥熊野」の呼称は、牟婁郡のうちの田辺領と新宮領を除いた紀伊徳川領の、口熊野郡奉行・御代官所と奥熊野郡奉行・御代官所が統治した領域の呼称に起因しており、藩法などに使用される過程で公称になったのであろう。明治二十二年（一八八九）の郡制実施にともなう、東牟婁郡、西牟婁郡の設立とは直接結びついていない。

〔注〕

（1）『和歌山県史』古代史料一（和歌山県　一九八一年刊）所収史料に多く見られる。
（2）『和歌山県史』近世史料三（和歌山県　一九八一年刊）三～三三頁。
（3）『紀伊東牟婁郡誌』上巻（東牟婁郡役所　一九一七年刊）四〇三～四〇四頁。
（4）浅野家文書『清光公済美録』巻之六。
（5）『田辺市史』第五巻（田辺市　一九九〇年刊）二八〇～二八二頁。
（6）『新宮市史』史料編上巻（新宮市　一九八三年刊）二五五～二九八頁。
（7）紀伊徳川政権は、勘定方の配下に郡奉行と代官をおいて、郡政を担当させた。郡奉行所と代官所は近くに設置した。両者の職掌は明らかではないが、発布されている法令・触書などから、郡奉行は行政面、代官は年貢など徴税面を担当したと考えられる。寛政十一年（一七九九）一月十九日に郡奉行を欠役にし、代官のみとしている（『和歌山市史』第十八巻四三五頁）。
（8）『南紀徳川史』第十一冊（復刻版）（名著出版　一九七一年刊）二九五頁。
（9）『日本林制史資料―和歌山藩―』（農林省編　一九三一年刊）。
（10）前掲『和歌山県史』近世史料三　九四～九六頁。
（11）『すさみ町誌』上巻（すさみ町　一九七八年刊）三一三頁。
（12）『紀州田辺万代記』第一巻（清文堂出版　一九九一年刊）一七一～一七二頁。
（13）前掲『紀州田辺万代記』第一巻　一四五頁。

(14) 前掲『紀州田辺万代記』第一巻 二四五頁。
(15) 『紀州田辺町大帳』第一巻（清文堂出版 一九八七年刊）五五頁。
(16) 平山行三著『紀州藩農村法の研究』（吉川弘文館 一九七二年刊）一八四頁。
(17) 『南紀徳川史』第十冊（復刻版）（名著出版 一九七一年刊）四二九頁。
(18) 拙著『紀州藩の政治と社会』（清文堂出版 二〇〇二年刊）六二頁。
(19) 『和歌山県史』近世史料五（和歌山県 一九八四年刊）九四九～九六二頁。
(20) 前掲『すさみ町誌』上巻 三〇六頁。
(21) 『和歌山市史』第二巻（和歌山市 一九八九年刊）四二六～四二九頁。
(22) 前掲『和歌山県史』近世史料五 八八～八九頁。
(23) 『古座川町史』近世史料編（古座川町 二〇〇五年刊）五六五～五六六頁。
(24) 『紀伊続風土記』第二輯 六〇五頁。
(25) 『紀伊続風土記』第三輯 三五頁。
(26) 前掲『紀伊続風土記』第三輯 一八一頁。
(27) 前掲『南紀徳川史』第十一冊 六五九頁。
(28) 『紀伊国名所図会』下巻（貴志康親編 一九三七年刊）七五〇頁。
(29) 前掲『南紀徳川史』第十一冊 三四六頁。
(30) 「紀州勢州和州御領分御高并村名帳」（『南紀徳川史』第十一冊所収）によると、北山組は本藩領一六か村と新宮領七か村からなるが、「郡居雑居」には新宮領北山村の分が抜けている。新宮領は一七組一三六か村とすべきである。
(31) 三重県南牟婁郡紀宝町平尾井区有文書。
(32) 前掲『南紀徳川史』第十一冊 二九五頁。

(33) 前掲『南紀徳川史』第十一冊　六五九頁。
(34) 湯川退軒『田辺沿革小史記事本末』（紀南文化財研究会　一九六五年刊）。
(35)『小野翁遺稿熊野誌』（再刊）（熊野史再刊委員会　一九七三年刊）五～六頁。
(36)『古座史談』（復刻版）（古座町　一九七九年刊）一〇五頁。
(37)『紀伊東牟婁郡誌』上巻（東牟婁郡役所　一九一七年刊）一二頁。

第二節　元禄期の所領調査に見る熊野と伊勢

はじめに

紀伊領国では、元禄十二年（一六九九）二月書上げの「御国并勢州三領共郡々覚記」[1]（以下「郡々覚記」）と、これとほぼ同じ時期に作成された「諸色覚帳写」[2]の二冊の調査記録を残している。紀伊徳川家が直轄支配する紀伊領および伊勢三領（松坂・田丸・白子）についての精度の高い調査記録である。

この二つの調査記録に記された内容から、元禄期の領国の実態を知ることができる。

広大な紀伊領は、和歌山城下と直結する紀ノ川流域の穀倉地帯と、紀伊水道に面して多彩な農水産業の展開する地域で構成する口六郡（名草・那賀・伊都・海士・有田・日高）、紀伊半島の山岳地帯の広がる南部に位置する両熊野（口熊野・奥熊野）、および伊勢三領という地域的に差異のある三地域から成っている。

二冊の調査記録が作成された元禄後期は、二代領主徳川光貞から三代領主徳川綱教への代替わりの時期になり、初代徳川頼宣が、紀伊国領主として統治を始めてからほぼ一世紀を経た領国支配の節目の時期になっている。財政の健全化をはかり支配機構の整備と農政担当官の強化をはかりながら[3]、領民に農業技術の向上のための指導を行ない、大規模な灌漑用水の建設にも着手して新田開発をしている。

元禄九年（一六九二）十一月、公儀（幕府）は、国絵図と郷帳の作成を命じた。勘定所がそれを掌握して公儀の政治に生かそうとしたからである。また交通制度も領国を越えて国家管理とする意図で宿駅制を確立させている[4]。こうした公儀の諸施策の示唆を受けつつ、紀伊領国でも検地を行ない、名寄帳の整理もされ、伝馬制の整備も行われている。藤田貞一郎氏は、「家綱、綱吉政権期を画期に、大名領主権力は一定の土地、人民を事実上踏襲的に支配する封建制政治権力として、領知を一個の経済圏と把握して、長期的視点に立った経営に乗り出す[5]」と述べられるように、領主権力が自身の所領の実態を把握する必要性がおこって来たのである。

本節では、紀伊徳川政権が、統治機構を駆使して作成した二冊の調査記録を比較しながら、十七世紀末～十八世紀初の領国統治の実状について考えてみたい。

一　領国一一郡（領）域の概況

元禄十二年の「郡々覚記」には、領内の村数が一一二七村あり、百姓家数大小九万四九八〇軒余、男女八歳以上は四九万四九四〇人余と記されている。「但し田辺新宮付ノ在々人数ハ右之内へハ不入」とあり、田辺領と新宮領の在々と人数は含まれていない。これとは別に、「若山町中去卯総人数」の男女八歳以上四万二三一〇人余が和歌山城下に居住していた。それらを紀伊と伊勢別にしたのが表1で、紀勢両国の比率は、ほぼ三分の二と三分の一である。なお「郡々覚記」は、「御領分在々ハ勿論町内之人数毎年増申候、年ニ6千人弐千人或ハ三・四千人増申候」とあり、元禄期は経済発展期であった。

表1　紀州勢州別比較表

	紀州	勢州	合計
百姓家数	61,881	33,098	94,980（軒）
八歳以上	336,119	158,829	494,948（人）
牛	17,567	8,854	26,421（頭）
馬	3,192	4,484	7,676（頭）

「郡々覚記」より作成

表2　領国内の各名称ごとの数（単位略）

	数		数		数
池	3,504	川船	1,411艘	地士	250人
大川水取井関	24	海船	4,526艘	六十人者	52人
御留山	183	網	6,462張	須田組	4人
御留藪	56	社	3,775	根来者	112人
御留渕	7	寺	1,977	大庄屋	64人
御留川	3	庵	215	山家同心	90人
新規普請	72	堂	687	山廻り	33人
見立普請	386町8反	伝馬所	38		

「諸色覚帳写」より作成

一方「諸色覚帳写」に記されている村数、家数、人数、牛馬数は「郡々覚記」の数値とあまり違いがないが、それ以外に二三項目にわたる幅広い調査も記録している（表2）。とくに広大な紀伊半島沿岸の海村に存在する船舶と漁網を徹底して調査している。川船一四一一艘とは別に、海船数四五二六艘を一六種別にまとめているが、廻船業と水産業に大別される（表3）。廻船の六一九艘は、強大な紀州廻船の規模を裏づけており、多種の小規模廻船の存在は、地域に密着して地域経済の発展とかかわる状況を記している。

漁船は二六四一艘であるが、それ以外の

表3　藩内海船別の船数

船種	数（艘）	船種	数（艘）	船種	数（艘）
廻船	619	漁船	2,641	魚船	7
いさハ船	490	小船	317	はしけ船	10
伝馬船	56	鯨船	55	柴船	70
瀬取船	37	鯨網船	6	肥し船	7
ちはろ船	99	鯨浮樽船	1		
小用運ひ船	66	鰹船	45	計	4,526

表4　藩内の漁網種別の網数（張）

網名	網数（張）	網名	網数（張）	網名	網数（張）
鰯網	137	名吉はまち網	27	持網	13
まかせ網	43	名吉敷網	38	大網	7
地引網	197	ほら網	24	小網	9
八太網	106	鰹取網	35	敷網	6
四艘帳網	27	鰯餌網	169	高置網	3
立網	1,602	海老網	2,007	鯛こき網	1
手繰網	159	鯨網	240	高置網	3
大魚網	39	いるか網	2	打網	1
鯖網	20	このしろ網	9	いさぎ網	2

「諸色覚帳写」より作成

鰹船や鯨船、鯨網船などを加えると、全船数の六〇%を超えた数になる。紀伊領国内に存在する全網数六四六二張は二七種に分類して記され（表4）、紀伊半島沿岸の海域で展開する多彩な漁業の操業状況を示している。紀伊半島西部の海士・有田・日高各郡の海域では、鰯網、地引網、まかせ網、八太（はちだ）網が多く、鰯漁が盛んである。口熊野には、鰹取網・鰯餌網があり、鰹漁のさかんな状況を示しているが、古座には、鯨方役所があり、鯨漁も行われていた。また、奥熊野でも鯨漁が盛んであった。口熊野から伊勢田丸領にかけての紀伊半島東海岸一帯は諸漁網が多く、多種の漁業が展開している。

日高郡には網の種類が最も多く集まっており、瀬戸内の海域と黒潮洗う紀伊水道南部の海域との境目に

あたり、多種の魚類が生息しているからであろう。(6)

「諸色覚帳写」には、作成年が記されていないが、「郡々覚記」と比較すると、ともに口六郡と両熊野と伊勢三領を合わせた一一郡(領)域別に調査内容が列記され、記述内容にも類似性が多く、書き写されたと思われる箇所もあり、ともに、元禄十二年に調査された実態であると判断してよいであろう。

紀州領国は、紀伊半島の山岳地帯の大半を占めているため、山畑が多く、雑穀類(あわ・ひえ・そば)とだいこん・ごぼう・いもなどの根菜類や果樹(みかん・かき)・茶・たばこ・藍などの商品作物とともに、漆・紙木・椎茸・くず・炭・木材・薪などの山産物がていねいに記述されている。また紀ノ川流域から海士郡あたりの平野部では、真綿・嶋木綿などの工芸用作物や沿岸の海村での漁獲物など、多様な産物も記され、家居・家並みの状況と人びとの暮しぶりや人柄・気質から貢租の納入状況の良否も記述している。

一方「諸色覚帳写」には、領内一一郡(領)域を、一位那賀、二位有田、三位伊都、四位名草、五位海士、六位日高、七位奥熊野、八位白子、九位松坂、一〇位田丸、一一位口熊野と、評価順位を決めているのがたいへん興味深い(表5)。

大まかにいって、口六郡のうちの紀ノ川下流域(名草・那賀)がもっとも評価が高く、次いで紀ノ川中流域の伊都と紀伊水道北部沿岸の海士・有田・日高の三郡域の評価が高い。その一方で、地域のほとんどが山間地で、平野が乏しく、耕地に恵まれない口熊野と奥熊野の評価はともに低い。

表5により、領内一一郡(地)域の農作物の栽培状況をみると、口六郡は全般的に「家居」「家並」がよく、米・麦の出来柄がまずまずで、木綿の栽培も盛んである。それに比して両熊野は、田畑の状況はあ

表5　紀州藩郡別（含伊勢三領）農村状況

郡	家居・人柄・田畑状況調べ	郡の順位
伊都	家居・人柄（上）、風俗（上々）、田畑土地（上）、米（上）、麦（中）、木綿（上、多）	3
那賀	家居・人柄・風俗（宜）、田畑土地（宜）、米（上）、麦（中の上）、木綿（上、多）	1
名草	家居・人柄（宜）、百姓（不宜）、田畑土地（上）、米（中）、麦（上々）、木綿（上、多）	4
海士	家居・人柄（宜）、百姓（不宜）、田畑土地（宜）、米（中）、麦（上々）、真綿・嶋もめん・かせ糸（少々）	5
有田	家居・人柄（宜）、田畑（中）、米（中の上）、麦（中）、木綿（少々）	2
日高	家居・人柄（中）、田畑土地（中より劣）、米（上々）、麦（下）、木綿（わずか）	6
口熊野	家居・人柄（不宜）、土地悪く田畑半分宛、米（下）、麦（下々）、木綿（作らず）	11
奥熊野	家居・人柄（中）、土地悪く田畑半分宛、米（下）、麦（下々）、木綿（作らず）	7
田丸	家居・人柄（中）、田畑土地（中）、米（中）、麦（下）、木綿（作らず）	10
松坂	家居・人柄（宜）、田畑土地（中より少し宜）、米（中）、麦（下）、木綿（少々）	9
白子	家居・人柄（中）、米（中）、麦（下）、木綿（少々）、山方麦田（多）	8

（注）「諸色覚帳写」より作成、なお元禄12年2月「御国并勢州三領共郡々覚記」の11郡ごとの記述は同じである。

まり良くない。また米麦の出来柄も悪く、木綿は栽培していない。伊勢三領は、その中位に評価されている。

「諸色覚帳写」は、各郡別に本役、半役、無役の割合を記している[7]が、紀ノ川下流域の名草・那賀の両郡は、山間地も比較的少なく耕地が広い、豊かな農村地帯である。本役の割合が高く、半役・無役の割合が低い。紀ノ川中流域の伊都郡と、有田川を大動脈とする有田郡は、農業地帯で、次に本役の割合が高い。口熊野・奥熊野は本役の割合が低く、半役・無役の割合がかなり高くなっている。伊勢三領の田丸領は、本役の割合が名草郡並みに高く、松坂領、白子一志領域の本役は、紀伊領の平均とほぼ同じ程度であるが、松坂領の無役は、口熊野、奥熊野並みに高い。元禄期になって開発が進んだ伊勢三領は、農民の生活状態が紀伊領と差があり、評価は低くなっている。

「地方の巧者」大畑才蔵が、元禄十一年（一六九八）春に記した「勢州にて覚書」[8]には、「勢州ハ土軽ク立毛出来易ク候得共実入悪敷、其内黒ふく所三ケ一も有之、紀州とハ弐わり方も悪所と奉存候」と、田畑の土質が悪く米麦の出来柄が低いので、人々の生活状態が紀州より劣っていると評価をしていた。さらに、「勢州ハ江戸方々商方へ一村より五十・百人つゝ参候を能事と心得・作方につましき心入無之ゆへ下百姓多く」と、江戸などへの商い稼ぎに出る者が多く、農耕をおろそかにする百姓が増えていると述べている。

二　灌漑施設から見た熊野と伊勢

「諸色覚帳写」と「郡々覚記」には、領内の既設の灌漑施設と近年新たに普請に取りかかっている灌漑について記されている。熊野地方と伊勢地方の特徴を比較する意味から、紀伊領の全域の状況を先に述べてみよう。

既設の灌漑施設としてあげられているのは、「大川」一一河川（紀ノ川・有田川・日高川・富田川・日置川・古座川・新宮川〈熊野川〉・宮川　川俣川・切目川・坂田川）の本流に設けられた大井関と、その支流やその他の小河川に設けられた小井関である。大規模灌漑は紀ノ川流域の平野部に多く、有田・日高の平野部にも見られる。

伊都郡では、「大川井三ケ所」とあり、中飯降井（懸下六か村三〇〇〇石程）、新在家中（懸下三か村一八〇石程）、藤崎新井（懸下四か村石高未定）と、他に高野山寺領荒見と杉原との立合の井（懸下一八〇石程）が記されている。

那賀郡は「大川井五ケ所」とあり、紀ノ川から取水する藤崎井（懸下三五か村石高不明）と小倉井（懸下八か村三三五〇石余）、支流の野上川筋（現貴志川）には神戸井（懸下二か村八六〇石余）、丸栖井（懸下二か村四三〇石余）、佐々井（懸下四か村九六八石程）である。那賀郡二五か村を潤すための藤崎新井の延長普請が開始されている。

名草郡には「大川井三ケ所」とあり、宮井が一万六一〇〇石余（懸下は名草分二三か村一万二〇〇〇石余、海士郡分一八か村四一〇〇石余）であるが、その後の新規普請で四か村が懸下に加わっている。四ケ井（懸下七か村三〇七〇石程）、六ケ井一万石余（懸下名草分二三か村九五〇〇石余、海士分五か村五〇四石）があり、名草・海士両郡の村々へ行き渡るようになっていて、紀伊領最大の潅漑用水による水田地帯を形成している。

有田川と日高川の中・下流域も灌漑用水の発達した地域である。有田郡に「大川井六ケ所」とあり、庄村井（懸下一一か村、一三三九石余）、宮原井（懸下八か村、二一四六石余）、星尾井（懸下七か村、二七六〇石余）、井ノ口井（懸下二か村、四二石余）、糸我井（懸下二か村、六六八石余）、箕島井（懸下三か村、九二六石）がある。一方、日高郡では、「大川井四ケ所」で、六郷井（懸下七か村三六三五石余）、野口井（懸下一か村四一八石余）、若野井（懸下七か村一七〇四石余）、川原河井（懸下一か村八五石程）が見られる。

溜池は全部で三五〇四か池を数えるが、紀伊領は三二二一池、伊勢領は二八三池であり、各地域とも溜池の開発が進んでいる（表6）。このうち、「大池」は三〇池（伊都二、那賀九、名草二、海士五、有田六、日高六）をあげている。

伊都郡に、「毛を付其以後も雨降不申候得者旱損多所ニ御座候」とあり、「近年新規ニ申付候池井溝普請」として八か池をあげ、そのうちの六か池は古池の嵩上げ普請、二か池は新池普請である。那賀郡には、「近年新規ニ申付候普請」に一〇か池あり、そのうち、「池浚」「洩留」「嵩置」が八か池、新池普請は二か池である。名草郡には、「近年新規ニ申付候普請」として、井関の修復二か所と、「池浚築嵩置」と「洩留嵩置」を八か池で行っている。

紀ノ川流域には、中世以来荘園内で多くの溜池や井関が築造され、水田耕作は発展した。近世に入り、紀ノ川流域の村々では、すぐれた土木技術を駆使して古池の修復と拡張を行ない、新たに溜池の築造にも手がけている(9)。

また、これまで水の届きにくかった河岸段丘の水田化を視野に入れた溜池普請とともに、藤崎井や小田井のような大規模灌漑の拡張に取りかかっていた。「御領分諸色数并土地之事」(10)には、伊都

表6　領内郡別の溜池

郡（領）	元禄13	享保13
伊都	806	818
那賀	637	643
名草	329	321
海士	706	732
有田	312	311
日高	(408)	413
口熊野	14	14
奥熊野	9	9
田丸	110	98
松坂	85	46
白子一志	88	187
	3,096	3,592

（注）元禄13年は日高郡の池数は脱落していたが類推した。
享保13年は「御領分諸色数并土地之事」より作成。

郡は、「多池水ニテ耕作故、田畑水損ハなし」、那賀郡は、「池水之処、近年并水掛りニ普請いたし候故ニ日損ハなし」と、ともに溜池によって干害を防ぎ、名草郡は、「大川井水ニテ耕作故日損ハなし」と灌漑用水の発達が干害を防いでいる。

海士郡北部は、名草郡に隣接し灌漑用水による水田地帯を形成しているが、南部一帯は、「田畑大小池水ニて耕作なれ共日損なし」と、灌漑用水よりも溜池による水田耕作が発達している。新規の普請に「添築上置」「浚築重置」などを五か池あげている。

有田郡では、新規普請に「池前築重置」が三か池、「新池築造」が一か所、見立置新田六か所をあげ、日高郡では、新規普請に「池洩」「池浚」「池洩留築上置」が九か所、「新池築造」が九か所、「新堀溝」が二か所と小規模な見立置新田畑が四か所をあげている。水量の豊富な有田川と日高川を利用した潅漑用水によって旱魃被害を回避しているが、池懸りの水田は再三干害が発生した。その改修のため、大畑才蔵が、有田・日高両郡の見分にかかわって来るのは、元禄十五（一七〇二）〜十七年にかけてである[11]。

口熊野には、小規模な見立新田が五か所ある。しかし、溜池は一四か所で井関はない。近年新規に申付けられた古座川筋の新溝普請が二か所、新池の築造は、古座川筋と安宅川筋に各二か所ずつある。新田畑五か所（全一二町二反）である。

奥熊野は、井関はなく、池数は九か所、見立置新田畑が八か所（全一七町八反）で、熊野灘沿岸の新鹿から尾鷲にかけての地域と北山川沿いの山村に見られる。両熊野とも地形的に大規模な開発に不向きで、河川の流域でも井関や灌漑用水の設置は見られない。谷川から水を引く小規模灌漑用水による零細な新田が、広範に創設されていた。

『南紀徳川史』（十冊）に、「正徳三巳年、紀州牟婁郡四村荘下湯川村に暗渠を穿つ[12]」とあり、檜葉村松道から下湯川村水口までの用水路（三八五間）と山を掘り抜いた暗渠（六八間）が、和歌山の御奉行衆を駐在させて実施したのがもっとも古い。檜葉、下湯川、渡瀬の三か村の用水を目的にした工事であったが、「余り水」を利用して水車を懸け、杉葉粉の生産をした[13]。

伊勢国は、田丸領に「見立置新田場」が七か所あり、六〇町五反、三四二石程である。池数は一一〇か所、近年新規に申付けられた普請は、「新井切削」が一か所、「池嵩置」一か所である。「里方ハ大形水田ニ而土地悪、作物実悪し」とある。松坂領は、「見立新田畑」が一四か所、一七七町、一二八二石、他に川俣谷に新田高一〇四〇石余があり、本田高と合わせて六一〇〇石余である。「里方多、山方少、夫故水田多、然共田丸ゟハ土地宜作物ミのりよし」と、作柄は田丸領よりも安定している。新規の池普請は二か所あるが、潅漑用水はない。白子領・一志郡は、大川井が三か所である。「見立新田」は五か所で全一〇町、八三石余、伊勢三領のうちで灌漑用水がもっとも整い水田も安定している。

紀伊領国では、元禄九年（一六九六）から新田畑の開発を手がけるようになった。大畑才蔵らを普請手代に採用して和歌山の会所詰に任じ、勘定方の配下に配置して各地の開発にかかわらせた。大畑才蔵は、添奉行田代七右衛門に従い、両熊野の順見を皮切りに紀ノ川流域を全面的に見分して、翌十年には、二月と九月に二度伊勢領、七月には越前国丹羽郡の遠隔地の見分をしている。元禄十五年二月までの六年間に一〇回の伊勢三領の見分に出張し、長期間滞在して村々の灌漑設備の普請や改修に携わっているが、元禄十一年正月から四月にかけて、一志郡雲出川と支流の中村川の間の大規模用水（新井堰）の普請にかかわった。九月から十一月には、伊勢三領の新田開発の可能性のある村々を見分し、翌十二年と十三年にも伊勢国を訪れている。十四年三月から四月にかけて勘定方の大嶋伴六に従って訪れ、「勢州三領吟味之節、村々庄屋肝煎共へ書付」と、御普請諸入用木に関する「勢州在々松木改覚」[14]を著して、本格的な開削計画を作成した。

紀伊徳川政権は寛文十二年（一六七二）十二月から、それまでの松坂御代官を「松坂城代」と改称し、松坂城内の役所に常勤させて伊勢三領を統轄させた[15]。大名領が入り組み境界が複雑な伊勢地方で、統治体制が確立した元禄期ごろから本格的な開発に着手した。

享保十三年の「御領分諸色数并土地之事」によると、田丸領は、山田領、鳥羽領のうちの多気郡、津領・神戸領の度会県と接している二三一か村、六万二〇一三石余であり、松坂領は、山田領と津領のうちの飯高郡、久居領・大和領の一志郡と接して一四三か村、七万七三石余、また白子領は、山田領・津領・久居領・亀山領と接して七三か村、四万七八〇二石余で、三領合わせて四四か村一七万九八九三石余である。広大な伊勢平野は、紀伊徳川政権によって開発がすすんだ。

三　紀伊領の街道と伝馬

紀伊領の主要街道は、和歌山城下の京橋北詰を基点として城下町を離れる。紀ノ川筋をさかのぼって橋本に達し、大和国に入る。「諸色覚帳写」に、「往還筋ハ参宮人高野参詣人宿其外馬駕稼并大和へ商人荷物など持はこびの稼も有之候」とあるように、高野山への参詣や伊勢参宮の人々、諸運送業者が多く往来し、旅籠・馬駕稼ぎなどが繁盛した。大和国では、吉野郡にある紀伊領の越部・土田・鷲家を経て高見山を越えて伊勢国へ入り、櫛田川沿いに通じる川俣街道を通って松坂へ達する伊勢街道（伊勢では和歌山街道という）である。初期の紀伊徳川家の参勤交代に利用しており、紀勢両国に所領がまたがる紀伊徳川家には、統治上からもきわめて重要な街道であった。また伊勢では、櫛田川・宮川の船運とも連結して多様な交通体系をつくっている。伊勢側の街道の基点でもある松坂は、「参宮街道」との分岐点でもあり、伊勢地方の要衝であった。

紀泉国境を越えて堺・大坂へ至る上方街道は、城下町を出てから田井ノ瀬の渡しで伊勢街道と分かれて北へ伸び、山口伝馬所から和泉山脈を越えて和泉地方へつながった。

和歌山城下から熊野地方へ通じる熊野街道が南へ伸びている。城下町を出てから内原伝馬所に至り、黒江・日方・名高を抜けて中世以来の熊野参詣道に合流して藤白坂を越えた。海士郡加茂谷から有田・日高両郡を経て田辺領に到ると、田辺から山岳地帯に入って、険しい山道の中辺路を本宮へ通じている。和歌山と熊野三山や奥熊野の各地をつなぐ幹線となっていた。和歌山と奥熊野奉行・御代官所を結ぶ公用の書簡も、中辺路を通って運ばれた。本宮からは、険しくて難路の陸路よりも、新宮川を川船で新宮まで下る場合が多かった。川沿いの村々では、川船が生活手段として重要な役割をはたしており、川船稼業を生業にしている人々も多く生活していた(16)。

一方田辺で中辺路と分かれて海岸沿いを新宮へ通じているのが大辺路である。田辺を出た街道は、朝来・富田を経て富田坂を越えて、口熊野領域の周参見組へ入り、安宅川（現日置川）を渡って南下し、江田組を経て古座組に到る。西向浦で古座川を渡って口熊野の要衝古座浦に着く。さらに下田原までは熊野灘に沿って一里半、海辺を通るが、初期のころは、波打際の岩場付近を街道が繋がっているところもあった(17)。

新宮から伊勢方面に通じる街道は、熊野地方では「伊勢路」と称して熊野と伊勢を結ぶ往還路である。伊勢地方では「熊野往還路」と呼んでいた。「室郡之内里数付(18)」には、「新宮城下ゟ木ノ本浦へ通ル道筋」として、新宮城下～成川村、新宮川（熊野川）を渡って二町、成川村～鵜殿村五町、鵜殿村～阿田和村一里三〇町、阿田和村～有馬村二里三四町五〇間、有馬村～木本浦三一町三五間と記され、その間に一里塚が七か所設けられている。この街道は、木本浦で紀州領の奥熊野に入るが、新宮城下で大辺路と伊勢路は連結された。伊勢と熊野は近世以前から交流が深かったが、その途中の尾鷲への八鬼山越えが険しかった。

近世初期には、荷坂峠越えが整備され、伊勢と熊野を結ぶ街道として利用されるようになると、伊勢路は、荷坂峠から伊勢度会郡に入り、宮川支流の大内山川の上流部の急流に沿って、山間の村々を通り、宮川本流に合流するあたりで山間部を抜けた。栃原から参宮街道に入り田丸に至る。田丸は、熊野へ通じる伊勢側の拠点でもあった。伊勢路の伊勢側はすべて田丸領内にあり、久野家（田丸城主）が管轄した。伊勢路へ連結して太平洋沿岸まわりで、和歌山城下と伊勢田丸を直結したが、参勤交代はもちろん公用にも

表7　紀州藩領伝馬所と馬数

郡別	伝馬所（馬数）	伝馬所数
伊都	名手市場（18疋）、橋本（66疋）、土田（10疋）、鷲家（20疋）	4
那賀	岩出（21疋）	1
名草	新内（町より相立）、山口里（27疋）	2
海士	内原（13疋）、加茂谷（20疋）	2
有田	宮原（20疋）、湯浅（20疋）、井関（20疋）	3
日高	原谷（20疋）、小松原（19疋）、印南（19疋）	3
口熊野	野中（18疋）、近露（15疋）、高原（16疋）	3
奥熊野	本宮（人足・舟ニ而伝馬相勤）、二郷（同断）右の外在々村継	2
田丸	相鹿瀬（19疋）、栗生（17疋）、相可（10疋）、前村（10疋）川端（10疋）、駒（10疋）、阿曽（10疋）、天ケ瀬（10疋）	8
松坂	滝野（25疋）、七日市（15疋）、波瀬（15疋）、大石（30疋）、丹生（20疋）、粥見（馬数無極）、上多喜（〃）、須賀（〃）	8
白子・一志	上野（30疋）、白子（30疋）	2
計		38

（注１）「御領分諸色数并土地之事」には田丸と松坂に伝馬が設けられている。
（注２）田辺領・新宮領は独自の伝馬を設けている。

あまり利用されていない。田丸から宮川を渡って山田へ達するには「参宮街道」を通った。

一方北勢の四日市日永の追分で、東海道から分かれる「参宮街道」は、由緒ある伊勢国の街道で、紀州領の白子領から松坂領を南下して、山田で田丸から来る街道と合流した。伊勢神宮への「参宮街道」は、時代により幾ルートもあり、それが伊勢国外へも通じていた。[19]「諸色覚帳写」によると、伊勢三領の街道について、「往還筋ハ参宮人馬駕等々稼仕度」とあり、伊勢参宮でにぎわい、関連する仕事にたずさわる人が多く生活していた。

道路の整備にともない伝馬制が確立された。紀伊領では、紀勢両国の幹線になる街道に、三八か所の伝馬所を設けて伝馬と人足を常備させ、公的御用に提供する義務を課した（表7）。伝馬所が置かれた村には「伝馬役引」といって、二夫米・糠藁米・御役米の納入を免除された。伝馬所で扱う諸物資や書状は、次の伝馬所まで運んで継ぎ渡した。継ぎ渡さずに通して運ぶことはなかった。公用の輸送は原則として無賃であったが、超過して人馬を使役するときは御定賃銭を払った。御定賃銭は勘定方が管掌した[20]。

伊勢街道では、和歌山～橋本間と松坂領分の川俣街道および参宮街道などに置かれた伝馬所や、和歌山から南へ伸びる熊野街道の内原と加茂の二伝馬所は、郷役米引（郷役米負担の免除）を受け、さらに御用伝馬と人足の御定賃銀の給付も受けた。また上方街道の名草郡山口伝馬所と熊野街道の有田郡宮原から中辺路を経て、伊勢路の新宮領下市木までの間の紀伊領の一〇か所の伝馬所（宮原・湯浅・井関・原谷・小松原・印南・高原・近露・野中・市木）は馬が置かれており、二夫米・糠藁米、御役米の諸役引（免除）があったが、御定賃銀の給付はなかった。奥熊野の木本～二郷と口熊野の大辺路通りの伝馬所は、馬が置かれていなかったので、引高がなく、御定賃銭の給付もなかった[21]。大和の鷲家・土田・越部の三か所と伊勢の川俣谷（伊勢街道）は、「諸役御免の地」であるため、引高を設けていなかった。

田辺領と新宮領の伝馬所は、紀伊領とは別に独自に運営されていたが、紀伊領に準じて引高が認められており、御定賃銭も給せられていた[22]。田辺領では、熊野街道から中辺路にかけて南部・田辺・上三栖・芝の四伝馬所があり、紀伊領の高原伝馬所へ継いでいた。

一方大辺路には、朝来・富田の二か所に伝馬所が置かれていたが、この二か所の伝馬所は田辺領の管轄下にあった。

中辺路と大辺路の分岐点である田辺伝馬所では、大辺路方面への口熊野関係の諸荷物と中辺路を通って運ばれる奥熊野関係の諸荷物の仕分けと、逆に和歌山へ送られる諸荷物の積み替えなど、繁雑な任務があり、人足、伝馬の必要度は他の伝馬所とはかなり違っていた。そのため、田辺伝馬所を抱える田辺町には二〇〇石の役引きがあった。

しかし、元禄二年（一六八九）正月の条に、[23]「田辺御伝馬之儀、先年ゟ馬持来候者身体不如意ニ罷成、唯今御改相務候馬八・九疋ならで無御座候、上下御通御役人衆其外ニ往還之旅人馬入用之節、殊之外不自由ニ御座候」とあり、田辺伝馬所では、役馬がだんだん減って行くので、伝馬所の所務を勤めにくくなって、伝馬庄屋は困惑していた。そこで、田辺組大庄屋と町大年寄を通して、田辺町方奉行所へ、これまでの二〇〇石の役引きでは伝馬所の維持はできないとして、「乍恐散地高四百石御役米御引被為遊被下候ハヽ、丸馬拾八疋急度立置せ可申奉存候」と、四〇〇石の役引を増加してくれれば馬一八疋は確保すると願い出ている。その結果、「閏正月二日伝馬料引高弐百石御増被下、都合四百石ニ願之通被仰付候」とあり、[24]要求が認められている。二月十五日、「伝馬所役相定書上」によると、本町八疋、上長町六疋、下長町三疋、袋町一疋と町方（四町）で伝馬一八疋を抱えている。

新宮領では、伏拝に伝馬所があり、大居・切原・一本松に船継ぎの伝馬所が置かれ、紀伊領の本宮伝馬所へつないだ。本宮からは新宮領の請川・津荷谷（大津荷）・東敷屋・川合・志古（日足）・和気・田長・浅里・北檜杖・南檜杖と新宮川に沿う両岸の村々が船継ぎ所で、新宮へつながっていた。[25]

正徳二年（一七一二）四月の「覚」に、「近年口熊野御役所出来仕候ニ付、彼御役所ゟ御用村継人足周参見ニて相努候所、周参見殊之外迷惑仕」とあり、[26]口熊野代官所が古座浦から周参見浦に移されたため、周参見伝馬所の重要度が増し、御用村継人足を努めなければならなくなった。周参見より以南は、和深川・見老津・和深・有田・鬮ノ川・古座・下田原と口熊野の伝馬所が機能を発揮するようになり、新宮領へつないだ。新宮領では大田・浜ノ宮・宇久井・佐野・三輪崎の各伝馬所があり、新宮へ到達した。新宮からは成川・井田・阿田和・市木・有馬の伝馬所がつないで奥熊野の木本へ達した。

四　牟婁郡統治の状況

元禄十二年の「郡々覚記」[27]は、牟婁郡に「口熊野」と「奥熊野」の項を立てているが、それとは別に牟婁郡の項を立てて、「牟婁郡之内水野土佐守安藤内膳知行所田辺新宮付之在々者右両人ゟ支配ニ付様子しれがたく御座候」と記している。牟婁郡の内でも安藤陳武（内膳）の領する田辺領と水野重上（土佐守）の領する新宮領は、紀伊徳川家の内に入っていない。さらにまた、「牟婁郡之内両熊野ハ不残御蔵ニ而諸士知行ハ渡リ不申候、田辺新宮も室郡之内ニて御座候、是ハ土佐守内膳知行ニ御座候」とあり、両熊野はすべて紀伊徳川家の支配する御蔵領で、家臣の知行地は置いていなかった。

このように牟婁郡は、御蔵領と田辺領、新宮領に分割されており、御蔵領は新宮領を挟んで西側は口熊野、東側は奥熊野であった。

口熊野は、紀伊水道側に周参見組四〇か村、紀伊半島南端部に江田組二二か村、熊野灘側に古座組四三か村がある。内陸部は、古座川上流部に三尾川組二六か村、安宅川上流の四番組三〇か村を合わせて五組一六一か村で編成されて、西向浦に置かれた郡奉行所と中湊村に置かれた御代官所が支配していた（宝永期に周参見浦へ移転したと推定される）。

しかし、当初は四組であったようで、元禄十三年（一七〇〇）八月の「口熊野郡奉行中へ申渡す[28]」に、「口熊野は村数多候故大庄屋四人ニて諸事手廻不宜候付、壱人増し候筈に候間、大庄屋可勤者を御見立組分村数之儀御吟味候て書付出可有之候」とあり、村数が多いため大庄屋を一人増員して五人にすると申付けている。

元々古座組は、「紀伊州検地高目録」に記載されている村々のうちの古座川水系の五〇か村と、海岸部の「塩崎荘」の六か村に「大田荘」のうちの一か村を加えた五七か村からなる広大な組であったが、そのうち、本流上流部の「七川組」七か村と支流の佐本川沿いの「佐本組」八か村、小川沿いの「小川谷組」七か村と、本流の中流域とそこに合流する支流の三尾川の村々四か村を合わせた二六か村で三尾川組を構成し、大庄屋を一人置いて古座組から分離した。古座組の分割・再編は、渓谷が入り込み、森林の中に小集落が点在する山村では、森林資源の開発がすすめられており、口熊野の掌握を徹底するために、内陸部に大庄屋を新たに任命して統轄体制を固めた。

奥熊野の領域は、当初から大庄屋七人体制で近世をとおして変化はなかった。熊野灘に面した木本組二〇か村、尾鷲組一四か村、相賀組一一か村、長島組一三か村の四組五八か村と、内陸部には本宮組一二か村、入鹿組一四か村、北山組一六か村（別に新宮領の北山組七か村がある）の三組四二か村があり、合わせて七組一〇〇か村を木本浦に置かれた奥熊野郡奉行と御代官が管轄した。

口熊野と奥熊野はもちろん郡名でなく、紀伊徳川家が統治するにあたり、二分された牟婁郡に創設した行政区名であったが、口六郡と同等に郡奉行・御代官所を設置して、独立した行政単位として扱い、郡奉行と御代官を任命して統治にあたらせた（第一章第一節参照）。

新宮領と田辺領については、「諸色覚帳写」に「新宮附」（水野土佐守の直轄地）八九か村と、「上ケ知・明ケ知共」が二八か村、「同与力知」が二〇か村で、合わせて新宮領は一三七か村と記され、「田辺附」（安藤内膳の直轄地）六四か村と、「同上ケ知」が一九か村、「同与力知」が二〇か村で、合わせて田辺領は一〇三か村と記されている。

「紀州勢州和州御領分御高并村名帳[29]」によると、水野氏の直轄地は浅里組七か村、三ツ村組七か村、大山組九か村、敷屋組八か村、川ノ内組八か村、請川組一一か村、三里組七か村の「川丈七か組」と呼ばれた新宮川に沿う七組五七か村と支流北山川沿いの北山組七か村、および新宮組一か村、佐野組六か村、那智組六か村、成川組五か村、有馬組七か村の熊野灘に沿う二五か村を合わせた八九か村である。また「上ケ知」と「明ケ知」は、相野谷組七か村、尾呂志組七か村、大田組のうちの六か村、色川組のうちの三か村、有馬組三か村を合わせた二六か村であり、「与力知」が大田組のうちの一二か村と色川組のうちの七か村を加えて、新宮領は全一七組一三四か村である。

田辺領は、安藤氏の直轄地が田辺組六か村、芳養組一一か村、秋津組三か村、三栖組九か村、富田組一四か村、朝来組のうちの五か村、三番組九か村と牟婁郡のうちの七組五七か村と、日高郡の南部組のうちの五か村を合わせた六二か村である。「上ケ知」と「明ケ知」は南部組のうちの七か村、切目組のうちの五か村と、牟婁郡では四番組に二か村、周参見組に三か村、合わせて一七か村、与力知は南部組に一四か村、切目組二か村、朝来組二か村を合わせて一八か村で、田辺領は全一一組九七か村となる（新宮領・田辺領とも「諸色覚帳写」と一致しない）。

安藤家と水野家に付けられた田辺与力と新宮与力は、徳川家康に創設された横須賀党の出身者で、安藤・水野両家が紀州へ入国する以前から召し抱えられた者もいた。また元和五年（一六一九）に徳川頼宣の入国に、付家老として従った安藤直次・水野重仲に田辺与力・新宮与力として付けられた者もいた[30]。田辺与力は三六人で、田辺に居住したが、全員が、二〇石の低給であった。田辺の与力知は全部で七二〇〇石あり、日高郡で給された。新宮与力は、当初二一人で五三〇〇石であったが、正保二年には一三人で三七〇〇石（六〇〇石一人、五五〇石一人、三〇〇石五人、二〇〇石三人、一五〇石三人）になっている。跡目の絶えた八人の与力の知行地一六〇〇石は「明ケ知」として蔵入地になった[31]。与力は、無嗣絶家やその他の理由で欠員が生じたときは、田辺与力は欠員を補充して三六人体制を維持したが、新宮与力は補充せず、欠損の知行地を「明ケ知」として蔵入りにした。

正保三年（一六四六）、紀伊徳川家は財政再建のため、全家臣の禄制の改革に手を付け、今高制を実施した[32]。そのとき没収されて紀伊徳川家の御蔵入地になった家臣の知行地が「上ケ知」であり、田辺・新宮の与力知も対象になった。上ケ知領の村々は紀伊徳川家領の統治と同じになったが、毎年の毛見は田辺・新宮の上ケ知代官が行っていた。

郡奉行・御代官の他に「御目附」が古座浦・尾鷲浦と伊勢領の田丸城内、白子村の四か所に置かれていた。古座浦では二人が詰めていた。尾鷲浦は「勤方六ケ条口熊野之通」とあり、古座浦と同じ勤務状態であった。田丸と白子は一人役の常勤であった。御目附の最も大きい任務は難船時の対応で、抜荷・盗荷などに目を光らせ、御城米船の難船には付ききりで処理した。また一般の公事出入や郡奉行所での吟味、仕置のときには立会った。在中で発生した火災や往還筋で起こった不法事件で、大庄屋から注進があれば、処理をして郡奉行御代官に報告した。古座浦の御目附は、毎年在々の巡見を任務とし、尾鷲浦の御目附は、奥熊野郡奉行の代参で、本宮の熊野大社と新宮の速玉大社へ参詣した。これとは別に、熊野地方の銅山を管掌する銅山御目附が、「那智ノ勝浦」に置かれていた。

田丸・白子の御目附の任務も、古座・尾鷲浦の御目附と同じであった。両御目附は在中で発生している事件を逐次松坂城の御城代へ報告した。

和歌山からの目の届きにくい遠隔地にあるだけに、熊野と伊勢の郡奉行・御代官は、口六郡の郡奉行・御代官とは違い行政や徴税面のみに専念させ、治安・警察などは御目附の職掌として分担させた。その後、尾鷲浦の御目附は廃止されて、古座御目附がその職掌を引きついだ。

明治九年（一八七六）二月二十七日付で、和歌山県が下付した「牟婁郡宅地方地位村等級表」[33]によると、古座は新宮と並んで牟婁郡の最上級の一等級である。古座川左岸にあって古座に隣接する中湊と高池は四等級であり対岸の西向は六等級である。古座川河口の古座を中心とする地域は、明治初期においても熊野地方の中でも評価は高かったが、物資の集散量も多く、諸役所が集まっていた近世には、口熊野の要衝として繁栄していた。

時代が少し下るが、天保五年（一八三四）十二月の「紀伊国郷帳」によると、紀伊国の全村数は一三三七か村で、石高四四万八五八五石三斗八升余である。そのうち、牟婁郡の全村数は四四八か村で、紀伊領全体の村数の三三・五％であるが、石高は一〇万二八五七石八斗八升余で紀伊領全体の二三・三％にしかならない。牟婁郡の一村あたりの平均高は、紀伊領全体の一村あたりの村高のほぼ三分の二である。一〇石～二〇〇石台の村が圧倒的に多く、村高が一〇石未満が三か村、一〇石台は一七か村である。地域的には、口熊野の安宅川と古座川上流域の山間地帯や奥熊野の北部の熊野灘沿岸の海村の二地域に、石高の少ない村が集まっている。

元禄期の口熊野について、「郡々覚記」[34]には「田地土地悪敷大様田地半分ツ、水田多ゆへ、麦作者少キ方」と、耕地の条件に恵まれず二毛作も少ない。また、「在々不残山中ニ而先年者少々材木伐木多候処、段々伐尽し只今者山あせ山稼少し」と、森林の伐採が激しく山稼ぎも少ないとあり、沿岸の浦々は「漁事も近年不宜方、右之通ニ付、御納方も不宜御未進も出来仕候」と、不漁続きで年貢未進も多いと記している。そのため、「田畑不相応ニ人数多し、此段ハ外之稼も専ニ仕来候所々多御座候、家居人柄あしく百姓心をもあしく」と、人々の暮らしぶりも悪く、人柄も良くないとの評価をしている。

奥熊野も耕地は少なく、田畑の作方も悪い。山方・浦方とも口熊野の状況と似て景気が良くないが、「近年余程宜敷成申候」と、やや回復していると述べ、「家居人柄百姓心立宜方ニ付、山々もいまだ多あれ（荒）不申候、山稼多仕候、浦々漁稼不宜方ニ御座候」と、漁業は不振であるが、山稼ぎが盛況で村々の生活も安定していることを記している。

口熊野、奥熊野の山村には杣人・炭焼きなど林産業に携る人びとが多く生活している。口熊野では木材・炭・木地椀・椎茸・蜂蜜・石灰が生産され、奥熊野では木材・炭・櫓・舟具・鑓の柄など樫木類や本宮の紙漉き、長島のむしろ・曽根の石材などの特産の工芸品の産出が目立つ。また海岸線が長いだけに、両熊野とも漁船数・網数が多く、漁業は重要産業である。「諸色覚帳写」は、口熊野では古座浦を中心に鯨網船六艘・鯨船五五艘・浮樽船一艘・鯨網二四〇張とともに、鰹えさ網一〇五張・鰹取網七七張・奥熊野では鰹取網一八張が記されており、鯨漁と鰹漁が主要な漁業であった。伊勢田丸領にも鰹船四五艘と鰹餌網三一張がみられるが、遠く潮岬沖まで南下して鰹漁に従事した。奥熊野に地引網三五張・名吉敷網三八張がある。十二月〜翌三月がぼら漁の漁期であった。漁獲物は、東熊野の熊野灘沿岸で魚商人により売りさばかれた。

紀伊半島沿岸には、近世以前から海産物や林産物の集散地として、大小の船舶が集まる港町的な性格の漁村集落が存在して、地域経済の拠点となっていた。長島・尾鷲・古泊・木本・新宮・古座・周参見などである。また十七世紀中頃には、新宮川の川口で新宮廻船と鵜殿廻船の廻船仲間が生まれて、新宮川と支流の北山川の流域で産出される木材や炭、和州十津川地方から流下してくる木材を江戸や上方の市場へ搬送している。[35] 紀伊徳川家や新宮水野家は、これに着眼して取扱い、流域の村々の生産体制にも関与していた。

紀伊徳川家は、両熊野の全域を視野に入れ、物資の集散地に二歩口役所を設置して、熊野地方の地域的経済圏の掌握を行なったが、享保期には六三か所に二分口役所が設置されていた。[36] 大辺路と伊勢路が整備され、人々の交流が盛んになると、これまで船舶のみによっていた地域経済の拠点である物資の集散地を陸路で結びつけるのも可能になった。木材価格や出荷量の情報も早く伝えられた。

紀伊山地のなかにある熊野の山村は、河川が険しい山々の間を曲がりくねって流れ、渓谷が多い。こうした自然の中で狭隘な平地に小集落が形成されている。この集落をつないで道路が峠を越えて伸び、熊野の山中を網の目のように張り巡らされて生産の流通など経済活動や人々の交流や情報伝達のパイプ的役割を果した。

この道は、口熊野や奥熊野の奉行・御代官所や田辺・新宮の役所から管轄下の大庄屋へ通達を発したり、村々からの願書を大庄屋が提出するときや、春読み聞かせや毛見のため、郡奉行・代官所から役人が村々を巡在するときに通って行った。行政側の利用頻度も高くなり、熊野地方に住む人々の生活に密着している道路となった。これらの道路は、中辺路・大辺路にも直結する脇街道で、伝馬所は置かれていないが、庄屋宅に伝馬の機能が委託されていた。村々は道路の整備に努め管理した。

まとめ

十七世紀後半の紀州では、行政担当者が法治主義を尊び、系統的で、かつ実証性を重んじる意識が高まっていた[37]。また、そうした風潮は農村にも影響を及ぼし、農業栽培や土木技術での発展を生んだ。元禄期に「郡々覚記」と「諸色覚帳写」の二冊の調査記録が作成されている。紀伊徳川政権は、領国を一個の経済圏と把握して領国経営に乗り出すために、領内の実態を正確に掌握する必要があった。

紀伊徳川政権は、元禄期の後半から用水工事や用水施設管理に積極的に介入して旱魃の被害から耕地を守り、耕地を増加して農業生産を増大させ、貢組を確保しようとしている。一方郷組の機能を駆使することに着眼して、大庄屋・庄屋に郷役米の管理に深くかかわらせるなど、大庄屋の職掌にも手を加えていた。もともと農村支配は、勘定奉行の指揮を受けた郡奉行・御代官が担当してきたが、農村に居住し、民情にも通じている大庄屋を郷組支配の要に位置づけて農村統治を貫徹させるようにしたのである。[38]

精度の高い二冊の調査記録が作成できたのは、こうした大庄屋─庄屋を軸として確立した農村支配の組織を活用したからである。

「諸色覚帳写」は、郡単位で村数・家数・人数・牛馬数・船数・網数・井堰数・池数などを調査し、また耕地の栽培状況や米麦・雑穀・根菜・果樹・山産物を詳細に書き上げたうえで、百姓の人柄・心立て・風俗・財力の状況をまとめ、総合評価を下した。紀ノ川流域の評価は高く、熊野地方の評価は低かった。伊勢地方は開発途上であったから評価もあまり高くない。

領国の統治にたずさわる役人は、詳細に調査された資料を熟知して領国統治にたずさわった。

〔注〕

（1）『和歌山県史』近世史料五（和歌山県　一九七七年刊）九四九〜九六二頁。

（2）『和歌山県史』近世史料三（和歌山県　一九八一年刊）四七〜九三頁。文化五年の写で、本史料の製作年代は

記されていないが、史料の冒頭にある「辰年調、在々覚書」は元禄十三年であろう。
（3）拙著『紀州藩の政治と社会』（清文堂出版　二〇〇二年刊）四七～七〇頁。
（4）高埜利彦編『元禄の社会と文化』（吉川弘文館　二〇〇三年刊）六八頁。
（5）藤田貞一郎著『「領政改革」概念の提唱』（清文堂出版　二〇一一年刊）八一～八二頁。
（6）拙稿「近世中期の漁場争論と漁村」（『和歌山県史研究』一六号　和歌山県史編さん委員会　平成元年刊）
（7）『和歌山県史』近世（和歌山県　一九九〇年刊）二二七頁の　表33「紀州藩別本役・半役・無役数」を参照。
（8）大畑才蔵全集編さん委員会編『大畑才蔵』（橋本市　一九九三年刊）二六〇～二九六頁。
（9）前田正明「紀伊国桛田荘文覚井の開削時期をめぐって―近世・近代文書を含めた分析から明らかにできること―」（『日本史研究』五九九号（二〇一二年七月）および拙稿「天正の兵乱と近世高野山寺領の成立」（『鈴鹿国際大学紀要』第一六号〈二〇〇九年三月刊〉）。
（10）前掲『和歌山県史』近世史料三　三三～四六頁。
（11）前掲『大畑才蔵』の「才蔵日記」三～一四九頁。
（12）『南紀徳川史』第十冊（名著出版　一九七一年）五〇四頁。
（13）『本宮町史』通史編（本宮町　二〇〇四年刊）五三〇～五三一頁。
（14）前掲『南紀徳川史』第十冊　四四二～四四三頁。
（15）『松阪市史』第一一巻、史料篇　近世（一）政治（松坂市　一九八二年刊）一九三頁。
（16）『熊野川町史』通史編（熊野川町　二〇〇八年刊）七〇五～七一一頁。
（17）天和二年（一六八二）に記された「熊野案内記」（『松原市史研究紀要』第六号〈松原市役所　一九九六年刊〉）。
（18）前掲『熊野川町史』史料編1、七二～七六頁。
（19）長谷正起「近世街道の一思考―伊勢街道を事例として―」（『和歌山地理』第29号　二〇一〇年刊）の研究による。

(20) 廣本満『紀州藩農政史の研究』(宇治書店　一九九二年刊)二五九~二七八頁。
(21) 『和歌山県史』近世史料一(和歌山県　一九七七年刊)八三〇頁。
(22) 廣本満「田辺領における伝馬制」(『田辺市史研究』第七号　一九九五年刊)。
(23) 万代記六・七(田辺市教育委員会　一九六二年刊)六四頁。
(24) 前掲『万代記』六・七、六五~六六頁。
(25) 廣本満「新宮領の役引—伝馬役、船渡し、加子役について—」(『熊野誌』第42号　一九九七年刊)。
(26) 『万代記』十・十一(田辺市教育委員会　一九六四年刊)一九頁。
(27) 『和歌山県史』近世史料五(和歌山県　一九八四年刊)。
(28) 前掲『南紀徳川史』第十冊　四四九頁。
(29) 前掲『南紀徳川史』第十冊　一八一~二〇六頁。
(30) 小山譽城著『徳川御三家付家老の研究』(清文堂出版　二〇〇六年刊)一九二~一九三頁。
(31) 廣本満「新宮与力の異動と与力知」(『熊野歴史研究』第5号　一九九八年刊)。
(32) 『和歌山県史』近世(和歌山県　一九九〇年刊)は、「名目上の知行高は変化はないが、実質高を削減した高」とする。
(33) 明治九年二月二十七日の「牟婁郡田方地位村等級表」には、中湊は八等級、高池は九等級であるが、古座は記されていない。村域の平坦地は家が密集する街状を形成しており、田地がなかったと考えられる。
(34) 前掲『和歌山県史』近世史料五　九四九~九六二頁。
(35) 上村雅洋著『近世日本海運史の研究』(吉川弘文館　一九九四年刊)所収の「新宮鵜殿廻船と炭木材輸送」。
(36) 前掲「御領分諸色数并土地之事」。
(37) 前掲『紀州藩の政治と社会』四七~七〇頁。
(38) 平山行三著『紀州藩農村法の研究』(吉川弘文館　一九七二年刊)一九八~二〇六頁。

第三節　宝暦十年の巡見使と熊野

はじめに

「諸国巡見使」という名称の監察使の初見は、寛文七年（一六六七）閏二月十八日の史料である。[1] 御使番と小姓組番・書院番のうちから選ばれた三人一組、約一〇〇人程度の供ぞろいで、全国を国々に分けて監察した。各大名の領国統治の実態を監察するためであった。

巡見使に関する「覚」が二通出されている。[2] 御朱印以外の人足や馬は駄賃を払い、新たな道路や橋の普請や宿所・茶屋の新規の作事や畳の表替え・湯殿、雪隠などの造作は無用で、古いままでもよい。宿所にあてる家屋が村に三軒揃わなければ、寺院でも村を隔ててもよいなどと、領民に過度の負担を課さないように配慮をした触である。また、領民との対話を通して領民の生活を知り、領主の施政の状況をさぐろうとしており、この方針は、後々の巡見使まで継承されていた。

寛永十年（一六三三）の国廻を第一回の諸国巡見使とするが、全国を八地域に分けて将軍の代替わりごとに行なう形式が定着するのは、天和元年（一六八一）の諸国巡見使以降といわれ[3]、第一二代将軍徳川家慶の代替わりの天保九年（一八三八）まで続いていた。

紀伊領内各地の大庄屋宅や街道沿いの村々などに、巡見使関係の文書がよく残されている。いずれ将来、将軍代替りのとき訪れて来るであろう巡見使への対応に備えて、後世の人々のために書き留めたのである。

巡見使が、領民に質問したときの返答をまとめた「手鑑」[4]は、紀伊領国側で作成した巡見使対策の模範解答集のまとめである。領民が、領主側に不都合な発言をさせないために村々へ配布していた。公儀権力による各領主の統治の実態を把握するというねらいに対し、領主権力が抵抗を示していることを「手鑑」が物語っており、そこに公儀と領主権力との間の分権的側面をめぐる対峙を認めることができる。こうした結果、巡見使は近世以降儀式化していった[5]。

本節は、宝暦十年（一七六〇）の巡見使来訪時の新宮領の状況を取りあげるが、利用する「万覚留帳」は、請川組大庄屋須川善六が記した記録である[6]。通過を予想される村々では、これまでの来訪時の古い記録も参考にしながら、紀伊国へ入国後の巡見使の動向について、他郡の大庄屋からも情報を広く蒐集して、その対応策を講じていることや、本宮から川下りをしたときの巡見使への川丈（新宮川流域）の村々の対応の状況を記している。

巡見使の通過は、村々と農民に過大な負担を課していた。

一　巡見使の入国

宝暦十年十月十九日、新宮水野家の町奉行・郡役所（以下御奉行所）の嶋野半左衛門・矢田八左衛門・榎本太郎右衛門の三人連名の書状が、川丈の大庄屋にあてて出されている[7]。それには、近ぢか巡見使が来訪するが、「別紙之通若山ゟ被仰越候間、諸事差支無之様相心得させ可申旨御年寄衆被仰聞候」とあり、今後和歌山の紀伊徳川家の指示に従い手抜かりなく対処するように命じている。

巡見使は、当初の予定より大幅に遅れて、十二月十七日に大和国五條から国境を越えて紀伊国へ入った。橋本は最初の宿泊地で、この日から紀伊国の巡見が始まった。巡見使の一行は、御使番遠藤源五郎常住と小姓組山角市左衛門政国、書院番一色源五郎直次らの三人で[8]、従者は遠藤三二人、山角二八人、一色三〇人を率いた大集団であった。しかも所持する荷物も大量で、それを運ぶ御朱印人足が各八人ずつと、御乗物人足が各四人ずつ、御朱印伝馬一〇匹ずつが付せられていた（表1・表2）。またこの一行には、郡奉行などが自身の管轄内を随伴したが、その他に医師が橋本から奥熊野長島まで付け廻っていた。巡見使が到着する前に先触が着き、命じられた御朱印どおりの馬・人足などを準備しなければならなかった。それ以上に必要な馬・人足は、賃銭を支払うようになっているが、実際は、紀伊領で「馳走伝馬」として提供していた。その費用は領国側の負担で、後日組割で割賦して村々へ割り掛けられた[9]。

巡見使一行は、紀ノ川に沿って伊都・那賀の村々を監察しながら、伊勢街道（大和街道ともいう）を西進

表1　巡見使一行人数

	御上分	御中分	御下分	御人数	御朱印人足	御朱印伝馬
遠藤源五郎	9人	10人	13人	32人	8人	10匹
山角市左衛門	8人	8人	12人	28人	8人	10匹
一色源次郎	9人	8人	13人	30人	8人	10匹

（宝暦10年10月「万覚留帳」より作成）

表2　巡見使一行所持物

	御乗物人足	御長持	御具足	御茶弁当	御採箱持	両掛採箱	竹馬	御用人乗物	御乗掛	駄荷	御合羽籠
遠藤源五郎	4人	2棹	1荷	1荷	2人	2荷	2荷	2挺	5足	1足	—
山角市左衛門	4人	1棹	1荷	1荷	—	2荷	2荷	—	6足	1足	1荷
一色源次郎	4人	2棹	1荷	1荷	—	1荷	2荷	2挺	6足	2足	—

（宝暦10年10月「万覚留帳」より作成）

して和歌山に向い、城下町を巡見してから熊野街道の伝馬所に沿って南下し[10]、名草・海士・有田・日高の各郡を経て田辺へ到着している。その間、紀伊国到着以前の大和国などでの巡見の状況や、巡見使一行の動向について知り得たことを、その都度伊都・那賀の大庄屋たちが他郡へも通達した。那賀郡粉河組大庄屋から、十一月二十一日付で名草・海士・有田・日高の大庄屋御仲間衆中にあてて廻状が出されているが、郡域を越えた大庄屋同志の連絡網が形成されており、情報が次々と届けられていた。「十五日橋本御泊り之由、近露御仕入方岡本忠蔵ゟ申来候、左候得ハ廿四日本宮御泊ニ相見へ申候」とあるように、近露御仕入方を通して、本宮の到着は十一月二十四日との通達が新宮領の大庄屋たちへも入っている。また奥熊野郡奉行・御代官所が、和歌山の役所から「二ツ便」（至急便）で、十二月十七日に橋本で宿泊した旨の通達をうけたことを配下の大庄屋へ連絡している。橋本到着の正確な日時を知った本宮組大庄屋は、すぐ川丈の新宮領の大庄屋中へその旨を連絡している。このようにいくつもの連絡網の重層的な構造ができあがっていたから、僻辺の熊野地方の大庄屋たちもかなり正確な情報を知っており、大きな混乱は起こらなかった。十二月十七日付で、新宮領三里組大庄屋が請川組大庄屋に出した書状に、「弥御順見様ニも十七日橋本御泊り之由、左候へハ廿六日本宮と相見へ申候」と、本宮への到着の日時を十二月二十六日と予想して、各組とも人足や川船の準備に取かかるように指示している。

巡見使が通行する各郡の大庄屋たちを悩ませたのは、応対の仕方であった。巡見使が、道筋で領民に質問することも予想されたから、領主側は、「御領分被相通候節ゟ在々ニおいて巡見衆若被尋候品も候得者、あらハニ答申儀ハ勿論之事ニ候」と、表向きは「あらハ」（隠しごとなく）に答えるとしているが、「米捌之儀」のように、領主の政策にかかわってくる内容などについては、「あらわ」に答えることを認めていない。すなわち、「何事ニてもあの方より尋無之候へハ、此方ゟ申出候儀ハ曽而不被致筈候得共、此儀ハ別而左様相心得候……所々ニ有之候米改所並役人等之此儀ハ堅ク申間敷候」と、尋ねられないことを話さないように戒め、米改所やその役人に関して話すことを固く禁止している。万が一、年貢米などについて尋ねられたときには、御蔵米や御家中の知行米も十分に集まって来ないので、御家中も、百姓も、ともに困っていると述べ、そのため酒屋も、近年は他所米を買い求めて御国米と混じえていると答えよと指示している。領主側は、領内の米穀の生産や流通に関して巡見使に知られるのを極度に嫌っていた。

巡見使を迎えた那賀郡粉河組での対応策について聞いたことをまとめたのが、「粉河ニ而聞合覚」であるが、領内の各大庄屋の手元へ廻達されていた。それには、巡見使が最初に尋ねてくるのは村名・家数・

人数・耕地・免合・作方・宗門御改めなどである。また、宿所の食事は一汁一菜とし、従者の食事も同じものにする。夜など寄合をするときの夜食は酒・吸物も出し、寄合がないときは、夜食の必要がないかどうか伺いをたてよ。巡見使と面談するときは、正装で羽織・袴を着用する。御宿には、「何々様御宿」と書いた木札を懸け、従者の宿泊所は紙札を張る。宿泊所の周辺の家々は提灯を出し、御本陣は纒を二張出させ、大庄屋は一晩中御宿の見廻りをするなど具体的に記している。翌朝の出発は五ツ時で、宿所の亭主は羽織・袴で村境まで見送りをしなければならず、宿泊所となった村は厄介であった。

日高郡の大庄屋仲間が、粉河へ行って内聞した「問尋之覚」は、巡見使が尋ねそうな事柄をまとめている。切支丹・類族の有無、高札の場所、孝人の有無、金銀銅鉄錫鉛山の有無、松山・雑木山・材木伐出し山・留山の有無御朱印寺社・飢人・預け人の有無、八歳改・入人改などが記されており、巡見使が各地で尋ねる内容について領主側もたいへん神経を使っており、知り得た内容は組々の大庄屋へ伝達して徹底させた。

領民の生活を直接観察して領主の統治の状況を知ろうとする巡見使に、領主側は無難に早く通過させることに腐心し、大庄屋を掌握して村々に対応させた。大庄屋は郡奉行御代官所と綿密な連絡を取りながら、領内に連絡網を張りめぐらして、模範解答も用意し、領主の「仕置の善悪」ができるだけ見えにくいように仕組んでいた。

二　巡見使と新宮領の対応

巡見使の一行は、田辺から中辺路に入り、山道を越えて十二月二十五日に近露の宿所に入り、翌二十六日には新宮領の三里組に到着している。新宮水野家の役人を始め、村々から人足として徴発された農民が多く出迎えた。すでに新宮の奉行所から三里・請川・敷屋・大山の四組の大庄屋にあてて伝馬所である三里組の伏拝村へ、詰人足四一〇人を出すように命じていた。三里組二五〇人、請川組一〇〇人、敷屋組三〇人、大山組三〇人である。「享保年中之控有之候儘申達候」とあるから、享保元年の巡見使のときの先例を参考にしていた。三里組・請川組・敷屋組の三人の大庄屋は、自身の組の詰人足を率いていたが、大山組の人足三〇人は、請川組の大庄屋の管轄に入った。巡見使が、万一本宮村から陸路を通って雲取越えをすることも予想されるので、大山組大庄屋は、詰人足の主力を小口村に集めて待機した。三里組のうち一〇人は、御駕籠人足に廻ったが、身体壮健な男子を選び、服装、身だしなみを整えさせ、華美な紅・紫の類は手拭さえも持たせなかった。御駕籠人足は「くさき物之類」を食べさせず、禁酒を守らせ、生活面の細かい規制をしている。また三人の巡見使と同名の源五郎、源次郎、市左衛門の名前の者を人足に入れないように配慮をした。

伏拝村は、紀伊徳川領から続く中辺路の伝馬所であるが、巡見使の到着が近づいて来たので、新宮水野家は、多くの家臣を新宮領三里組へ送って待機した。「新宮御客様方宿割」によると、大目付の榎本太郎右衛門が十二月二十三日に新宮を出発して伏拝村に来ていた。御奉行嶋野半左衛門と御代官間宮浅右衛門は、すでに二十二日から詰めており、真砂長右衛門らその他の役人も二十四日に新宮を出発して伏拝村へ到着した。御船方衆和田佐大夫は、舟大工二人と家大工一人を伴い、二十五日から本宮で船御屋形を建て、御召船を準備した。山家衆一〇人も警備のために伏拝村に来ていたから、これら新宮水野家関係の役人衆の宿所や食事の接待も三里組がしなければならなかった。

新宮領を巡見使一行が通行して行く順路に沿って、伏拝村（三里組）、請川村（請川組）、敷屋村（敷屋組）、日足村（三ツ村組）、浅里村（浅里組）など新宮川の川筋の拠点になる五か所と、本陣の新宮、新宮から那智山への順路の宇久井村（宇久井組）と那智山、伊勢へ抜けて行く順路の成川村（成川組）、井田村（成川組）の六か所に詰所が置かれた。詰所には、常時二～四人程度の水野家の役人が配置されたが、詰所は一一か所に及んだため、巡見使が通過すると、直ちに役人は別の詰所へ移動した。宿所となった新宮と那智山へは四～五人が詰めたが、本宮は紀州領であるため、新宮の役人は配置されなかった。川船で通過する敷屋・浅里へは一人、成川へは三人、那智山への途中の宇久井は二人、伊勢路の阿田和は二人と井田へは一人を配置した。これらの詰所には、大庄屋・地士なども詰めていた。宿所の置かれた本宮へは、厳寒の時期であるため、ふとんなど大量の夜具や薪類が川丈の新宮領の村々から送り込まれた。

本宮は、川船の出発地であるから、川丈の新宮領の組々からも川船と船頭・水主が多く集められた。また諸人足も多く入り込んでいたが、それを統率するのは請川組大庄屋須川善六、敷屋組大庄屋宇井宗助、浅里組大庄屋尾崎忠左衛門の三人で、本宮に詰めていた。口熊野と奥熊野の郡奉行・御代官や熊野御目付など紀州領の熊野地方の役人も総出で巡見使に付き添い、御宿の近辺や伝馬所に分かれて詰め、警戒にあたるとともに人馬その他の諸事に支障がないかを点検した。

「明日（十二月二十八日）ハ本宮御宿未明ニ御立御社参、直ニ御船へ御召被成」と、早朝、熊野本宮大社を参拝してから、川船による新宮川流域の巡見が始まった。新宮へはその日の八ツ時ごろに到着の予定であった。請川組大庄屋から本宮組大庄屋への書状によると、巡見使への接待など諸々の対応の仕方は、紀伊徳川家からの通達の指示に従っており、水野家が独自で判断しなかった。和歌山からの通達が、新宮の御奉行所を通して川丈の大庄屋の手許へ届けられていた。

本宮を出発した川船は、約四里ほど下った三ツ村組日足村（右岸）と和気村（左岸）あたりが中間地で、昼頃になるため昼食の用意が必要であった。また天候の変化や行程の変更によって急に宿所を準備しなければならないこともあり、その指揮を取る三ツ村組大庄屋の責任は重大であった。一〇〇人程の巡見使一行と和歌山から付き添って来る紀州領の諸役人、およびそれらの人々の接待をする新宮水野家の家臣、荷物を運ぶ人足、川船の船頭や水主など、急拠徴集した人足を含め、膨大な人数の食事と宿所、および夜具、火鉢の準備を取りまとめていた。新宮御奉行所から宿所、休所、茶屋での必要品は、「御城」（新宮）で貸出すと大庄屋中に通達されており、その取扱いについて川丈の大庄屋は何度も寄合を開いている。

和歌山の勘定方から出された宿所に関する一〇か条の触書も三ツ村組に届いていた。上宿三軒、下宿三軒を区別して設営したが、部屋は新築せず、内装などに多額の費用をかけないように指示していた。しかし、見苦しい場所は上塗りか、紙を貼り、破れ障子は貼り替え、古い畳は敷き替え、座敷まわりの縁は踏み抜かないように繕った。とくに湯殿と雪隠についての指示が細かく、厳寒期ゆえ寒風を防ぐ覆いに注意を払った。また座敷前に垣塀がないため、外から丸見えの所は、柴垣などで囲わせた。とくに衛生面と環境面からの注文が多かった。また病人の発生に備えて、道筋の番所に医師を必ず配置させた。

歴代の巡見使は、険しい雲取越えを避けて、川船で本宮～新宮間を下っているので、雲取越えはないものと予想していたが、万一を考えて準備もしている。したがって、巡見使が本宮へ到着してからも、大庄屋たちは絶えず連絡を取りあいながら、通るルートを念入りに確認していた。「茶屋ケ所之覚」には、新宮領の内の中辺路および伊勢街道の茶屋である、三越村発心門之茶屋・大居村三軒茶屋・那智山下馬茶屋・狗子川村大狗子峠茶屋・井田村茶屋・市木村不地之茶屋・市木村茶屋・志原湊茶屋の八茶屋が記されている。かつて享保元年の巡見使のときに準備をしたが、川船を利用したので無駄になったこともあり、屋根の雨漏りや畳替えなどは軽く繕う程度にして、修復するには及ばないと指示している。新宮領の役人も大庄屋もほぼ通る見込みはないと判断しているが、これまでの先例から見て、巡見使が足を踏み入れることはないと思われる大和国十津川と北山川上流の村々については、万一に備えて連絡を取って来訪の準備もしていた。

三　出人足と村々の負担

巡見使の来訪に備えて、新宮御奉行所から、十二月四日付で、請川組大庄屋に伏拝村の道普請が遅れているので、助人足三〇〇人を出すようにとの書状が届いた。翌五日付で、三里組大庄屋松本与右衛門からも道普請が手間どり、大幅に準備が遅れており、至急鎌・山刀・唐鍬・平鍬などの道具を持参した人足六〇人と宰領人二～三人を付けて派遣するようにとの要請があった。

請川組では、各村に割当て、皆瀬川一〇人、田代五人、大野一〇人、和田五人、合わせて三〇人を六日早朝に送り出し、翌七日早朝に静川二〇人、野竹一〇人、蓑尾谷五人の三五人を送って道普請をしたが、粗雑であったため、再度やり直しをしなければならなくなっていた。そのため皆瀬川一〇人、大野一二人、静川二五人、野竹一〇人、田代四人、和田四人、巳ノ（蓑尾）谷五人、合わせて七〇人と、大野・静川・野竹の三村から宰領人一人ずつを割当てて来ていた。

しかし、十二月九日の三里組大庄屋から請川組大庄屋に宛てた書状によると、「昨日人足之儀八拾人申進候所、只今此方大宰領中ゟ申出候ハ、其御組人足壱人も参り不申由、如何間違候哉、格別普請はか取不申、其上ケ様人足御間違ひ候而ハ日数も延び、旁以甚難儀致候」と、請川組から人足が出て来なかったため、道路普請が大幅におくれたが、そのため、三里組から請川村へ人足の派遣を執拗に催促している。

請川組大庄屋からは、「当組之儀ハ百姓共山奥へ稼ニ参居申候間、御遣イ被成候日限三四日前ニ御申こし可被下候」と、人足を集めることのできない請川組の事情を述べている。その上請川組は、巡見使が雲取越えをすることも考慮に入れておかなければならない理由もあり、雲取越えの山道の普請と巡見使一行の茶屋での食事の準備にも備えるとの理由もあげて、人足の派遣を断っている。巡見使がどこを通るかの情報の迅速な入手が重要で、連結ルートの点検と確認を大庄屋らは、何度も繰り返している。

請川組では、十二月十四日から雲取越えの山道普請に入り、皆瀬一五人、田代四人、大野八人、和田四人、巳ノ谷五人、静川二五人、野竹五人の人足六六人と静川・大野から宰領人一人ずつを出している。また陸路はけわしい山道を越えるため、多くの駕籠が必要であったから、大庄屋は、自組での調査を行ない、本宮組一〇挺、三里組四挺、請川組三挺と三組で一七挺を揃えている。他に佐野組四挺、那智組五挺、大山組八挺、新宮六挺と合計四〇挺が準備できていた。川船が主で駕籠に不慣れな請川組と敷屋組から人足は出さずに、本宮組と大山組から人足を出すようにした。人足の衣装は、一五年以前の延享二年(一七四五)の巡見使の時の前例にならい、紺の袷と紺の脚半にそろえるように指示された。

四　本宮詰船と継船

中辺路を通って本宮へ到着した巡見使も、伊勢路を通って新宮へ来た巡見使も、大雲取越え、小雲取越えの険しい山道を通らずに川船を利用している。本宮〜新宮間は一般に「九里八丁」といわれ、川下りはほぼ一日の行程で、新宮へ到着することができた。宝暦十年の巡見使は、川船の手配を請川組大庄屋が担当したが、御召船には新宮水野家の船を使用する前例があり、本宮へ御召船として登らせた。一方供船や荷物船には、川丈の村々から水主とともに多く本宮へ集められたが、それを請川組の大庄屋が中心になって整理をした。

川ノ内組大庄屋が、敷屋組、請川組、三里組の三人の大庄屋に宛てた書状に、御召船へ乗り込む水主について、組下の庄屋中と相談をして一艘につき、水主三人と船頭一人の四人にしたいと申し出ている。これ対して請川組大庄屋の返答には、風の強いときは四人乗りで行くが、普通のときは三人乗りでよいと返答した。しかし、川ノ内組大庄屋は安全性の点から四人乗りを主張して譲らず、新宮御奉行所へも訴え出ている。

川船の船頭・水主は、必ずしも自村の船のみでなく、他村の川船へも乗り組んだ。三里組大庄屋が請川組大庄屋へあてた書状に、前回は、本宮から出船した御召船一〇艘には、水主四人のうち二人を、三里組から出すように命じられたが、三里組は、中辺路を通って来た巡見使一行が到着したとき、伏拝組で迎える人足四五〇人を割り当てられているので、それ以上に川船の人足を出すことはできないと断っている。

新宮御奉行所から川丈の大庄屋にあてた書状に、各村から出す川船三艘は、すべて本宮へ集めるように と伝えて来ていた。川丈の大庄屋は、それぞれの組で提供する川船を村毎に割り当て、櫓・竿を入念に手入れをし、緒・杭・あか取り道具なども吟味した。四三艘の川船は、本宮へ集められて待機した。本宮～新宮間は乗り継ぎなしの通し船であった。本宮へは新宮水野家の役人衆も多く詰めていたが、その役人衆の移動にともなう川船の準備も、請川組の担当であった。しかし、請川組には川船が不足しており、「当組之儀、舟多ク入扨々難儀被申候」と困惑している。

本宮の河原に集められた川船は、巡見使一行と諸荷物、付添いの紀伊徳川家の諸役人と新宮水野家の主要役人などが乗り込んだが、「余り船」は残っていないほど川丈の大庄屋たちは、川船と水主の調達に困惑をしている。本宮を出船した巡見使一行が、新宮川を下って行く川船の行列は壮観であった。

新宮御奉行所は、十一月二十六日付で、川丈の大庄屋中にあてて、巡見使が新宮領に到着してから通過してしまうまでの期間は、川丈の家職船の上り下りや筏下しを禁止するように組下の村々へ申付けよとの触を出している。巡見使の到着が近づいている十二月二十一日に、改めて出された触には、本宮に到着する二十七日から晦日までの間は、とくにそれを徹底するようにと述べている。本宮から新宮へのお渡りの当日は、筏と川船の乗り下しの全面的な禁止を命じていた。

このように巡見使の来訪は、道路普請など直前の諸準備から始まり、川船の確保や宿所の準備など熊野地方の村々に多大な負担を強いたが、大庄屋を中心に各村々の村役人が協力してそれに対処した。

五　熊野銅山の見分

巡見使が本宮へ到着したとき、どこを通って巡見するのかが大きな関心事であったことは前述した。その受け入れには、新宮水野家はもとより、直接対応にあたる諸役人、大庄屋と庄屋などの村役人たち、一般農民も巻き込んで過重な負担が課せられている。

このとき本宮で、巡見使の御用人衆から、「銅山之義里数何程有之、享保年中者見分有之候哉、其後延享年中順見之節見分無之哉」と尋ねられている。熊野地方の鉱山は、巡見使の調査対象になっていて、享保二年（一七一七）の巡見使は、楊枝銅山の見分を実施しているが、延享三年には見分されなかった。また楊枝銅山までの距離は、二里弱あり難路であることも報告している。

宝暦十年当時、牟婁郡内で鉛・銅を掘り出している銅山は、井関村（那智組）の永野銅山と楊枝川村（三ツ村組）の車取銅山、房谷銅山の三か所のみであった。享保二年の巡見使は、十二月二十九日に小船村から入って車取銅山の見分をしているが、今回も熊野諸銅山の見分が行われるのを予想して、銅山の山元である和歌山城下の熊野屋彦太夫を呼び寄せ、案内させるために新宮の毛綿屋忠兵衛宅で待機させていた。

楊枝銅山への山道は、改修されていないので駕籠も通りにくい狭い道であった。銅山で働く鉱夫が通る別の山道しかないから、新宮水野家も楊枝銅山の見分の有無を注視した。すでに十一月晦日に新宮領内の大庄屋が新宮へ集められて、御奉行所から万全を期するように沙汰されていた。しかし、本宮へ到着したとき楊枝銅山の見分の有無はまだ告げられていなかった。巡見の途中に川船の中で船案内の者から突然告げられることもあるから、そのときは、川下りの途中の楊枝村で下りて奥地まで歩くため、楊枝村の二丁程川下の日足村で昼食を済ませてから、銅山見分をするように挨拶せよと指示されていた。川船で日足村まで下って来てから、昼食時に楊枝銅山の見分の話が出るかも知れないので気を揉んでいた。

日足村など三ツ村組にとって、何よりも厄介であったのは、楊枝銅山の見分が行われたときには、その日の宿泊地は新宮から日足村へ変更することであった。そのため三ツ村組では、宿泊所の準備に取りかかっていた。厳寒の時期だけに夜具の準備はたいへんで、新宮領の一〇か組の協力を得て、夜具一〇六、ふとん一一四を確保し、日足村の宿泊予定所へ廻している（表3）。請川組では、「夜着蒲団割覚」によると、十二月十五日付で大庄屋が組下の七か村へ夜着一六、ふとん一三の提供を申しつけ、二十日まで揃えるように命じている（表4）。また新宮から出張して来た役人衆も日足村で宿所を準備しなければならず、宿所で入用の薪四五荷の納入も申し付けられていた。

三里組大庄屋が、三ツ村組大庄屋にあてた急報によると、二十八日早朝に本宮を出発しようとしている巡見使の状況を、「慥ニ銅山へ不参との義ハ不被仰候得共、右之模様ニ而者無之様子ニ御座候」と、楊枝銅山の見分はないと察知してすぐ連絡している。日足村で巡見使を待つ三ツ村組にとって気がかりなのは、昼食の準備のことであった。請川組大庄屋に宛てて、昼食はどこでとるつもりか聞き出すように懇願している。三ツ村組では、船中で食べる場合、楊枝銅山で食べる場合、日足村で川船を下りて食べる場合の「両三様の支度」で準備をした。

三ツ村組大庄屋は、一行が日足村で川船を下りたとき、楊枝銅山の見分をしないことを確認した。楊枝銅山の見分に備えて日足村と楊枝村に配置していた詰人足五四〇人が不要となり、銅山見分のための準備はすべて無駄になった。巡見使一行は、日足で昼食後新宮へ川船で下って行ったが、楊枝川の車取、房谷

表3　夜具の組割りあて

組名	夜着	ふとん
相野谷	10	10
浅里5	5	
成川	15	15
尾呂志	10	10
北山	4	6
川内	9	9
諸川	20	20
敷屋	7	9
三里	22	24
大山	4	6
計	106	104

（万覚留帳）

表4　夜具の村々割り当て

村名	夜着	ふとん
耳打	1	1
皆瀬川	1	2
田代	3	1
大野	3	1
小野	2	2
平	4	4
巳尾谷	2	2
計	16	13

（万覚留帳）

の両銅山の年間の出来状況の報告を命じられた。新宮水野家は、その報告をまとめるために新宮の毛綿屋に山元の熊野屋から資料の提供を急がせた。

まとめ

宝暦十年十二月、紀伊国を訪れた巡見使が、大和国から紀伊国へ入って来たのは、十二月十七日であった。田辺から中辺路を通って本宮に着くのは、暮れも押し迫った二十七日である。新宮川を川船で下って新宮に到着し、新宮で新年を迎えている。その後伊勢路を通って一月六日に紀伊国を離れて伊勢国に入った。

その間、新宮領の川丈の大庄屋たちは、二か月前の十月頃から準備にかかり、その対応に悩まされ続けた。大庄屋たちは、新宮水野家と連携しつつ、享保二年と延享三年の巡見使のときの先例に基づきながら準備を進めている。このように先例が重要視されることから、巡見使が各領主の「仕置の善悪」(領民統治の実態)を調査監督するという本来の目的から離れ、将軍の代替りの恒例の行事に儀礼化していることを示している。

公儀は、「諸国巡見使条目」を出して、領民の負担増加に配慮をしているが、現場の村々では、川船と水主や人足の大量の出仕に苦しめられ、多人数の食事や宿所の準備に忙殺されている。巡見使の来訪は、当該の領主に大きな混乱をもたらしたが、さらにそれ以上に領民に過度な負担の爪跡を残している。

領国内を通行する巡見使の対応に関する通達や指示は、和歌山の勘定方から発せられており、新宮領域内のことでさえ、新宮水野家が、独自の判断はできなかった。通行する道路の整備から始まり、多人数の移動に要する川船の徴発、多人数の宿所の確保や食事、夜具の配分など繁雑な事柄を川丈の大庄屋たちは、紀伊領や新宮領の垣根を越えて連帯しながら現場に立って直接指揮をとった。巡見使一行が最初に新宮領に入ったとき、伏拝の伝馬所での出迎えや道普請を指揮した三里組大庄屋、宿所の置かれた本宮詰所の本宮組大庄屋、川船一切を取り仕切った請川組大庄屋、川下りの途中の昼食準備と楊枝銅山の巡見による行程変更に備えて宿所の手配に苦慮した三ツ村組大庄屋など、それぞれが分担して担当していた。

このように巡見使の受け入れを通して、大庄屋―庄屋を軸にした農村支配が進行して、大庄屋は組内の掌握をより徹底することができたことはいうまでもないが、それよりも、紀伊徳川家が、新宮水野家の所領支配と所領の村々の現状を把握できるようになっていた。

〔注〕

（1）『御触覚寛保集成』（岩波書店　一九三四年刊）六七四～六七五頁。

（2）右同史料。

（3）『国史大辞典』（吉川弘文館　一九八六年）四一四頁「巡見使」の項。

（4）『和歌山市史』第二巻（和歌山市　一九八九年刊）二〇四～二一九頁、『田辺市史』第三巻（田辺市　二〇〇三年刊）一六四～一六八頁。

（5）前掲『国史大辞典』「巡見使」の項。

（6）『本宮町史』近世史料編（本宮町　一九九七年刊）一三六〜一三三頁。
（7）前掲『本宮町史』近世史料編所収「万覚留帳」以下断りのない限り本史料によった。
（8）『徳川実紀』第一〇篇（岩波書店　一九七六年刊）一一頁。
（9）『本宮町史』通史編（本宮町　一九九八年刊）四一七〜四一八頁。

〔付記〕
本稿をまとめるにあたり、本宮町史編さん室坂本勲生氏の協力を得た。

第四節　『紀伊続風土記』の編さんと熊野

はじめに

享和三年（一八〇三）、昌平黌に地誌調所が設立され、天領や諸大名領においても地誌編さんの内命が将軍家から発せられている。[1]『新編会津風土記』、『筑前国続風土記拾遺』などが編さんされているのもその意向に沿ったものである。学問・文化に関心の深かった第一〇代領主徳川治宝が、文化三年（一八〇六）八月に『紀伊続風土記』の編さんを命じた。奥詰儒官の仁井田模一郎好古が新撰御用筋を仰せつけられ、当時和歌山に居住する儒学、国学、本草学などの諸学者を動員して、城内西の丸に局を置いて編さんに着手した。

しかし、編さん事業は順調に進んだわけではなく、文化五年、同八年、同十二年と途中で中断を繰り返している。十九世紀前半に見舞われた天災飢饉により、財政が極度に悪化したことが原因であったが、和歌山城下と名草・海士・那賀・伊都の四郡は一応完成した。

文化十二年以後、一六年という長い中断期間を経て、天保二年（一八三一）から紀南三郡に着手して、同十年完成した。紀伊徳川家は、『紀伊続風土記』全一九二巻の大作の編さんを終えて将軍家へ献上した。着手してから満三三年の歳月を要していた。(2)

記述の内容は、紀伊領内の地誌、風土や民情など多彩な調査であるが、仁井田模一郎の「進紀伊続風土記啓」によると、その編さんは「王道の実現」にあるとしており、(3)領民と領土の全般について正確な把握を行ない、その後の統治に活用することを目的としていた。(4)したがって、その調査は統治組織を利用して進められ、村々に所在する文書類や史蹟、遺物や伝承などを重点的に調査した「書上げ」を提出させ、その後仁井田ら一行が見分に入り、尋問しながら訂正、加筆をする実証的な調査方法をとっている。

本節は、『紀伊続風土記』のうちの牟婁郡のみを対象に考察したが、牟婁郡は、深山渓谷が入り組んだ山間地に集落が点在し、荒波の洗う海村もあって、広域で複雑である。そのため、仁井田ら一行の見分は、困難をきわめ、天保三年から三度にわたった長期間の調査を課すことになった。その過程で、文献史料や現地での聞き取りを重視する実証的な考察法が、紀州の学問に定着して行った。十九世紀前半頃の紀州の学問水準の高さを知ることができる。

一　『紀伊続風土記』編さんの着手と編者たち

文化三年（一八〇六）八月晦日、紀伊徳川家は『紀伊続風土記』の編さんを発表した。『南紀徳川史』

は、「紀伊続風土記新撰献呈之儀、幕府之布令ニヨリテ此任命アリ」と記し、江戸幕府に提出する目的で編さんに着手したことを伝えている。この大事業の新撰御用筋を仰せつけられた仁井田模一郎は、経学を修める少壮の学者であったが、徳川治宝の命で奥詰儒官に任用され、独礼格十人扶持を給されていた。三十六歳のときであった。他に儒官山本源五郎、授読林謙之丞、崖常太郎達庵、国学者本居大平、本草方小原源三郎桃洞ら、当時和歌山城下に居住する第一級の学者が纂修に加わった。また、それを補佐する助纂、校対、繕写なども任命され、総裁の仁井田模一郎を中心にした編さん体制を確立した。(5) 和歌山城内西の丸に編修局を置いて編さんに着手し、御蔵領・田辺領・新宮領ともに支配下の大庄屋に命じて、各村々に調査項目に基づいた「書上げ」を提出させてから、村々の見分を行っている。

徳川治宝は、文化三年二月、経済政策に明かるい堀江平蔵を御用御取次に任用して家老衆の補佐をさせ、緊迫している財政の建て直しに着手するが、(6) 堀江以外にも幾人かの有能な若手の人材を抜擢して任用している。学識の豊かな人物を登用して、その見識と行動力で硬直した政治体制を刷新しようとした。儒臣の榊原権之助・仁井田模一郎に対しては、御前ならびに藩校御用の合間に御勝手方へ出仕して政事を見習うように命じており、学問・文化の育成に関心のあった徳川治宝は、和歌山の第一線で活躍する学者たちの業績に着目して、自身の政務に取り入れようとはかった。

本居宣長と紀伊徳川家の関係は、天明七年(一七八七)十二月に、宣長が第九代領主徳川治貞に「玉くしげ」と「別巻」を提出したことに始まる。(7) 次の一〇代徳川治宝も寛政六年(一七九四)に進講として招き、十一月に城内二の丸奥御座之間で講釈をうけているが、宣長は、旅宿においても集まった神官や町人などの聴衆に講義をして交流を深めた。その後、同十一年（一七九九）と翌十二年に三度和歌山を訪れており、門人も増えて国学は和歌山の地に次第に根をおろすようになった。

本居宣長の門人の中に紀伊国造の七五代の紀三冬もいた。天明二年に国造家を継承して文政六年（一八二三）まで四一年間社務を勤めていたが、紀伊国造家の歴史を知るための学問として国学を学んだ。[8] 和歌山での国学の発展のために、三冬は物心両面の援助を惜まなかった。近世の紀伊国造家は、国学との結びつきが濃密になっていった。

宣長没後、養子の大平が本居家を継承するが、文化五年（一八〇八）に門人の招きによって和歌山を訪れ、紀伊国造家を旅宿にして講釈を続け、治宝への進講もしている。翌六年に『紀伊続風土記』の編さんが開始されると、大平は、それに参画するために和歌山へ一家をあげて移住した。その結果、国学は和歌山の地で大きく発展した。大平は天保四年（一八三三）に没するまで二四年間、多くの門人を養成して一千人余を数えたといわれる。[9]

『紀伊続風土記』の編さんは、徳川治宝の政治理念を背景にして進められた大事業であるが、編さん担当者の構成からみると、儒学・国学の研究者が中核を占めている。その中へ当時紀州で研究成果をあげている本草学者小原桃洞も加わっていた。小原桃洞は、延享三年（一七四六）に和歌山城下で出生し、寛政三年（一七九一）に紀伊徳川家の医学館が設立されたとき、本草局の管理を命じられている。その後、江戸に出て小野蘭山に師事して実力を高めたが、享和二年（一八〇二）に蘭山が紀伊国へ採薬に来たとき同行した。桃洞の学問の手法は、万巻の書を読んで知識を得るよりも、つとめて山野に出て天産物（自然の産物）を調査採集して学ぶ学習法であった。[10] その手法は、『紀伊続風土記』の編さんのときに山間渓谷の入り込んだ高野山寺領や熊野地方の調査に活用されている。

小原桃洞の研究は、弟子の畔田伴存翠山に引き継がれる。翠山は寛政四年（一七九二）に和歌山城下湊南仲間町で出生した。小原桃洞から本草物産学、本居大平から国学歌学の指導をうけた経歴を持っている。治宝にその才能を見出されて医学館の医員となり、西浜御殿の薬園管理を命じられ、本草学の研究に専念した。畔田翠山は、小原桃洞を凌駕する実地調査と採集活動により、広く自然と民俗に注視して考察したが、さらに和漢古今の諸文献を駆使して詳細に考証して、紀伊の本草学を発展させた。紀伊国を離れて諸国の調査に赴く機会に恵まれなかったが、広大で深山の紀伊山地や枯木灘から熊野灘へと黒潮が洗う長い海岸線が続く紀伊半島最南端の海域からなる地勢風土の異なる紀伊領内をいくつかに区分して調査をした。そうしたところから、これまで植物への関心が中心であった小原桃洞の研究より、地理的な特徴を考察した上で、地域の人々からの聞き取りも重視して、動物と植物や鉱物をも視野に入れて生態学的に把握して考察する学問に発展させた。また精緻な絵図を描いて考察する手法など、紀伊の本草学を確立した。[11]

嘉永元年（一八四八）の完成と推定される『熊野物産初志』は、畔田翠山の牟婁郡域の物産を記録した博物誌であるが、[12] その後も研究心は衰えることはなかった。安政六年（一八五九）に採集調査に出かけた本宮で客死するまで研究活動は続いた。

畔田翠山は、『紀伊続風土記』の編さんに直接かかわっていないが、その徹底した実地調査と聞き取りを重視する研究手法は、『紀伊続風土記』の編さん担当者の現地調査においても生かされていた。

二　調査報告書の提出

文化四年（一八〇七）四月二十一日付で、勘定奉行所から口熊野御代官中へ届けられた書状に、「此度公儀御用ニ付紀伊続風土記新撰被仰付、右御用ニ付左之品々所持之筋も候ハ、其儘ニ而も勝手次第被指出候」とあり、[13]公儀の命令によって『紀伊続風土記』の編さんに着手することが伝えられている。同文の書状は、田辺・新宮の両領へも伝達されているが、新宮領では五月二十九日付で川丈大庄屋中に宛てたその趣旨の書状が、各村々の庄屋へも届けられた。[14]

提出を求められている調査対象物件は、御家中の先祖から持ち伝えている御教書、感状やその他の旧記の写本類と、南龍院（徳川頼宣）時代の御用取扱いの記録、その他の武器、諸道具や写本などがあげられている。とくに文献史料の蒐集に力を入れているが、所蔵者が大切に保管するものだけに、御用が済めばすべて返却すると伝えている。

神社・寺院に対しては建立年月、由緒・縁起の提出を求めており、綸旨・院宣・御教書や諸家の寄進状などは寄進者名と年代を問い、公儀御朱印状の石高、紀伊徳川家からの寄進状の石高を正確に記し、桑山時代・浅野時代の寄進の状況も具体的に書かせている。境内の四至の牓示内の御免地の石高、知行御切米・祭料・御供米・仏譜・諸壇越からの寄付された田畠も調査対象になっていた。また慶長年中より以前に造作された神社と堂塔は、必らず例記させ、仏縁祭文、祭器、仏具の類や古墓、石塔は銘文を写して書き出させているが、過去帳は元和年中以降は除外しており、調査対象は、慶長期までとしていた。『田辺万代記』によると、文化四年四月二十八日付で、田辺領の御両所（御奉行、御代官）から同じ内容の通達が出されているから、[15]田辺領でも同様な調査が実施されていた。

これらの調査項目は、仁井田模一郎ら編さん担当者が熟議の上で決定したのであろうが、その内容については、六月二十九日付で口熊野奉行・御代官所から配下の五組（周参見・江田・古座・三尾川・四番）の大庄屋にあてて出された「調帳」によって知ることができる。[16]それには、各村々で調査をするにあたって、地名に関する事項、名所旧跡・古文書・記録類など二六項目をあげており、提出すべき書上げの記述項目について具体的に示している。

地名に関する考証は、郷荘名・小名・垣内・枝郷・出嶋・新田は残らず調べあげて、成立の年暦まで報告を求めている。田地・村里とも字名まで残らず書き出し、著名な山は高さと峠までの坂道の里数、池・河川・渓谷も残らずに書きあげ、河川は水源地の山、支流と合流する村、海に入る村を明示させた。川幅、堤防の間数、堰溝の場所と規模、川懸りの村々、船往来や渡船の状況など、河川が地域の住民の生活とかかわっている状況を明らかにするよう求めている。また、所によって名称が異なっている場合は、何郡のどこからどこまでの範囲で、長さは何里と記して、その間にある村々で呼ばれている名称をすべて書き出させた。

街道筋についても並木松・大塘・広野・岩屋・石塁・城跡・滝・清水・屋敷跡・寺社跡・古戦場など地

域でよく知られている由緒深いものを詳細に書き出させている。離島は何里沖合にあり、周囲の里数、人家の戸数、田畑の有無、樹木の成育状況も調査対象としていた。

三　編さん担当者と編さん内容

文化五年（一八〇八）五月、仁井田模一郎好古は、御勘定組頭に就任して編さん御用は「御用捨」となり、早くも中断する。だが、同八年二月に再度編さん御用筋頭取を命じられ、編さんが再開されたが、また三月十七日からしばらく編さんの実務は中断しており、編さん事業は順調には進まなかった。その半年後の同年十月に事業が動き、崖市太郎達庵が書いた文化十年三月の「風土記巡在覚」によると、崖常太郎は、人足一人を連れて、この年三月六日に名草郡山口村から調査に入っている。村々から提出されている書上げに基づき、庄屋村役人や古老に尋ねながら村々を巡回して、四月晦日まで延べ五五日間の調査を行なっている。その後は那賀郡と伊都郡に入り三六日間の調査をしている。[17]また仁井田模一郎の「家譜」[18]によると、「同十癸酉年三月より同十一甲戌年七月まで、風土記御用にて海士名草那賀伊都郡中并高野領とも不残巡見」とあり、紀北四郡の見分を終了していた。

この成果を基に、城内西の丸の編さん局での整理と編さんによって、翌十二年、若山部（和歌山城下）二巻、名草郡一五巻、海士郡六巻、那賀郡一五巻、伊都郡一五巻、の紀北四郡五三巻が完成した。

しかし、仁井田模一郎の「家譜」に、「同年七月十七日風土記新撰調暫く相止候に付、右御用筋不及……右調筋其儘御預け被成候間、宅にて取調置可申…」とあり、局を閉鎖したので出仕せずに自宅で調査をするように命じられている。「風土記巡在覚」に、同年六月二十七日に、「洪水ニ付、勢州・紀州とも大荒ニテ多ク御損亡アリ、之ニ依テ風土記役所も相止ム」とあるように、災害復旧に多額の費用を要したことが原因であろう。[19]

その後、四回目の編さんが始まるのは一六年後の天保二年（一八三一）二月である。仁井田模一郎は、三度目の編さん頭取を命じられているが、文化三年当初から編さんに携わってきた崖常太郎、本居大平、小原桃洞らは既に没しており、仁井田模一郎の推薦で嗣子仁井田源一郎、本居大平の婿養子の本居内遠、国学者で歌人の加納諸平、文学者の赤城世謙らが纂修に、御留守居物頭格で歌人宮井孫九郎が助纂、小原桃洞の孫で本草学者小原良直ら、若手の研究者が加わって新しい布陣で編さん事業が進められた。[20]

『南紀徳川史』第二冊の天保十年十一月の項に、「幕命ニヨリ文化三年八月晦日、仁井田模一郎へ新撰物栽ヲ被命、爾後三十三年ヲ経テ本年三月十五日ニ全テ完成、惣栽ヨリ奉呈ス、巻数惣計百九十弐巻」とあり、天保二年の再開以来、約十年を経て有田・日高・牟婁の三郡の調査も終えて全巻を完成させた。徳川将軍家へは、天保十二年十一月二十六日に献本している。[21]

『紀伊続風土記』の構成は、紀伊徳川家の所領と高野山領に分けて記されている。内容は、提綱（総論など）三巻があり、主要部を占める若山および名草・海士・那賀・伊都・有田・日高・牟婁の七郡についての概要が九二巻、物産五巻を合わせた九七巻が叙述され、それに、付録として古文書の部が一五巻、神社考定が二巻あり、全一一二巻からなっている。

本草学者らが中心になってまとめた「物産の部」の第一は、七類二四〇種（内訳木（二）・土（九）・金（九）・玉（六）・石（六三）・穀（四〇）・菜（一一一））、第二は、草類六二六種、第三は、四類三〇八種（内訳果（五三）・木（二一六）・寓木（六）・竹（三三））、第四は三類二六四種（内訳虫（九五）・龍蛇（五）・魚（一六四））、第五は四類二七三種（内訳魚蟹（四）・介貝（一五六）・禽（八〇）・獣（三三））となり、合計一七一一種である。[22] 他に製造部として五七種をあげている。綛・紋羽など綿糸綿製品、醤油・酒・酢の醸造や、水油・蠟など農村工業製品、鎌・鍬の農具類・鋳もの・鉄製品・塩・砂糖・海産物干物どの食品、木地椀・漆椀・陶磁器の工芸品、墨・紙・筆・団扇の小間物など紀州の特産品である。名物と呼ばれて他国へ売り出されている品物はすべて列記し、その製法と生産する時期も書き出すように通達している。

古文書の部では、領内七郡の一五五所蔵家（名草三九家・海士一二家・那賀二七家・伊都二六家・有田一二家・日高六家・牟婁三三家）の古文書を集めている。名草郡の神宮領と牟婁郡の熊野三山の那智大社と新宮大社の文書が圧倒的に多い。本宮大社は、社家と大工家の古文書は所収しているが、熊野本宮大社の古文書は所収していない。

「神社定上」は、若山の三社、名草郡の一二社、「神社定下」は、海部郡一社、那賀郡二社、牟婁郡二社と付考に日高郡をあげている。

「高野山の部」は、山内関係が四八巻、山膝の寺領関係は一六巻あり、他に歴代の参詣者の一巻を合わせて六〇巻で構成する。他に「高野山之部総分法」は二一巻あり、高野山内と寺領とが別々に記されている。また国領（本藩領）と高野山寺領が入り組んでいる那賀郡と伊都郡では、国領や寺領に分類して村々を記載している。

四　熊野地方の見分

天保三年（一八三二）十一月二日、「風土記御用」として、仁井田模一郎、仁井田源一郎、加納杏仙（諸平）の三人が田辺領より新宮領へ見分に来るので、大庄屋はその案内に支障がないようにせよとの通達が出されている。伝馬三疋、御用挟箱とその人足二人を伴なっていた[23]。しかし、この見分は、「田辺領町在見分有之芳養組ゟ奥筋見分有之」とあるように、田辺領全域が対象であった。「先達而書上候事ニ付、此度風土記方ゟ右之筋ハ尋も可有之候間其趣相心得候」と、以前に提出した「書上げ」についての尋問があるから、洩れている由緒書なども提出して適確に返答するように指示している[24]。奥地の三番組の見分を終えて、閏十一月十八日昼に田辺を出発し、二十一日に和歌山へ帰っている[25]。約四十日の巡在であった。

翌四年十月八日に、「公儀御用ニ付、紀伊続風土記新撰取調ニ付、此度牟婁郡之辺巡見罷越相調候筈……当所其外在々山中迄も罷越可申ニ付、其節可然筋案内いたし不都合之儀無之様可取計事」と通達があり[26]、二度目の熊野地方の見分が行われている。

仁井田模一郎ら「風土記御用」の一行が印南浦に止宿したとき、日高地方の見分について尋ねたところ、「見分ハ先ツ牟婁郡へ御入込之筈ニ而牟婁郡組々御見分相済、返而日高郡へ御入込之筈[26]」と、牟婁郡の見分を終えてから日高郡の見分に入るとの返答をうけている。

有田郡山保田組では、すでに文化七年六月に「続風土記御調ニ付書上帳(27)」が作成され、二六か村分が提出されているが、有田郡や日高郡では、文化期に書上が提出されていたようである。

天保三年二月、「古座組在々風土記調ニ付諸入用帳(28)」が作成されている。絵師又左衛門が村絵図を作成するために、二月二十二日〜四月二十七日にかけて古座組四二か村を巡在しているが、帳書儀平と帳書代吉郎、同幸次が交替で付き添っている。又左衛門の出仕は六六工で、日当は銀九匁(一日一匁五分)と、御真絵図仕立筆工が五工で七匁五分(一日一匁五分)、その賄料が七匁五分である。帳書儀平の出仕は一六工で銀二七匁二分(一日一匁七分)、帳書代吉郎は五二工で銀七八匁、帳書代幸次は一三工で銀一九匁五分(ともに一日一匁五分)、他に絵具代一匁五分と片折三〇枚が一匁二分で、合計が二四一匁四分である。それに村々で宿泊した延べ一四四日分の宿料二二九匁を合わせて全費用四七〇匁四分(「諸入用帳」は四三一匁五分と記す)である。風土記見分の先に絵図方が巡在していた。

天保四年六月の新宮領北山組の「紀州風土記御用扣(30)」によると、在中の地士やその他の諸家に持ち伝えられている旧記、系譜、書簡などを調査して新宮表へ届け出るように命じているが、新宮領の川丈五組の大庄屋へも同じ趣旨の通達が出されていた。

同年九月の北山組の「風土記御用留扣帳(31)」によると、仁井田模一郎ら一行三人は、十月十日に田辺を出発して二度目の見分に入った。大辺路へ道をとり、富田組から口熊野の安宅組を経て、十一日に周参見にいた。「調べ方別而六ケ敷事も無御座……大躰去冬差出有之候付、夫々喰合候様申出候義ニ御座候」と、先に村々から提出された「書上げ」の内容に違いがないか確認をした。十二日には見老津に宿泊、十三日は江住で昼休、和深で宿泊し、十四日は有田で昼休、串本、潮岬方面を巡り、大島へ渡って宿泊した。十五・十六日は池ノ口に滞在して古座組の村々の見分をした。十七日から古座川上流へ入り、古座組を三日で終えて三尾川組へ入り、両三日で見分を済ませた。「村々不残御入込無之、向寄江取寄御調べ在々御検地帳ハ不残取寄御調へ被成候」とあるように全村へ入り込むのではなく、村々から検地帳など諸文献を最寄りの村へ持参して見分をうけている。

十月二十三日には新宮領に入り、浦神、二十四日は太地と宿泊して、二十六日までに大田組の見分を終え、二十七日に勝浦へ渡海して那智組の見分をした。その後は、那智山へ登って熊野那智大社を見分後、色川組に入り、大雲取を越えて大山組から新宮川筋へ出て三ツ村組などを十一月初旬に見分している。

十一月八日には請川組へ移り、九日まで滞在した。十日・十一日は本宮組と熊野本宮大社を見分して、十二日・十三日は三里組、十四日・十五日は敷屋組、十六日・十七日は川ノ内組、十八日・十九日は新宮領北山組と一組あたり二日を充てている。奥地の見分を終えて新宮領北山から川船で新宮へ下った。「同十一月廿一日川丈御用相済新宮江御着」とある。その後十二日朔日まで新宮に滞在して新宮城下と新宮組、佐野組を見分して、雲取越えで中辺路を通って、十二月六日に和歌山へ帰っている。約二か月に及ぶ冬期の見分は、仁井田ら一行にとって過酷な旅であった。

一方それを受け入れる熊野の村々も、その対応に苦慮していた。村々では、当初は毎年訪れる御毛見御用程度の接待対象としてを考え、道普請や架橋を修復点検をした。しかし、「太田組ニ而甚不機嫌ニ而諸事御用筋しくじり御座候」とあるように、新宮の御役所より叱責をうけた話が組々へも伝わってくると、大庄屋ら村役人の緊張が増加した。仁井田模一郎の格式は御小姓頭奥御用人兼帯であり、仁井田源一郎は御近習衆格で、接待対象としては村々の認識よりかなり高い身分であることも伝わってきた。そのため、宿所となる村々では、「御宿ニ而燭台、是ハ夜分御認物被遊候故御入用」と、夜は宿所で書き物をするために燭台の用意をし、「御座ふとん、是ハ御老躰ニ而御座候故、随分あたゝめ候様火鉢こたつの類念入置候事、御夜具之義も同断」と、冬期に入った熊野地方の山間の寒さが、老齢の仁井田源一郎らにはこたえたので、その配慮も必要であった。

一行が所持する御用挟箱は、夜間は手元から離せないため、宿泊所は六畳二部屋か、六畳と八畳の二部屋を用意して、その一方の部屋に挟箱を置くようにした。御膳は一汁五菜とし、夜間は酒を出して接待をした。

三回目の熊野への見分は、天保五年九月十五日の和歌山の出発から始まっている[32]。仁井田父子と加納諸平の三人に本居大平が加わって、人足を含めて九人で編成した。所持物の運び人足は村々で集めた。中辺路を通り、十九日には本宮へ来て、二十日からは新宮領川内組の見分を始めて、花井で止宿した。二十一日は玉置山へ登り、調査を終えて夕刻玉置口へ下山した。それより瀞八丁を見分して通し船で花井へ下り、夜おそく到着した。二十二日は、宿所の花井へ川之内組の五か村の村役人を集め、本居大平と加納諸平は、小栗須、嶋津、玉置口を調べ、仁井田源一郎は、木津呂、湯ノ口を調べた。仁井田模一郎は、上座にいて双方の見分の状況を見守った。

二十三日と二十四日は、紀伊徳川領の入鹿組の見分をしたが、二十三日は、宿所の板屋へ村々の村役人を集め、提出されている書上を基に質問をしながら点検をした。粉所へ移動して入鹿組の見分を終えた。粉所で一泊後、二十五日には北山組の大沼に入り、新宮領北山組の下四か村（大沼、下尾井、小森、小松）の庄屋を大沼へ詰めさせて、それぞれの村から提出した「書上げ」をもとにして見分をした。二十五日の夕方には七川へ入り、宿泊して夜から翌二十六日の昼過ぎまで上三か村（七川・竹原・花知）の見分を終えた。七川を出発して御蔵領の北山組神上村へ入り、宿泊して神上など一〇か村の見分後、二十七日には新宮領有馬へ向かった。

その後一行は、奥熊野御代官所の管轄の木本組と尾鷲組の見分を終えて、十月十四日に相賀組の引本に来ている。ここから紀勢和三国にまたがる大台原の登嶺を試みている。それを聞いた相賀組大庄屋はがく然として、「人跡不通の域、妖魅厲鬼の巣窟君等登らせ給はんとや」と、猛反対をしたが、一笑してそれを信ぜず、登嶺の意志の固いことを述べた(33)。大台原の山上は広大であるが、四方は絶壁で一、二のよじ登る以外の道はなく、篠竹が密生していて登嶺は困難であったから、この山域をよく知っている土地の二人を案内人につけることにした。十五日に仁井田源一郎と加納諸平は、人足一二人を伴って登嶺して初冬の山中で三日間過ごして、十八日に下山した。過酷な調査であったが、仁井田らの学問にかける執念が見られる。

五 『紀伊続風土記』の記述に見る熊野

『紀伊続風土記』には、「牟婁郡」が巻之六十九～巻之九十二に所収されていて、他の六郡にくらべて分量的にはかなり多く、広域な牟婁郡の全四五一か村（浦）が、四三荘・郷別（二八荘・一四郷）にまとめられている（表1）。

表1 牟婁郡の荘郷と村数

荘郷名	村数	荘郷名	村数	荘郷名	村数
芳養荘	12	三前郷	31	入鹿荘	9
田辺荘	8	七川谷郷	8	西山郷	14
秋津荘	3	小川谷荘	6	北山郷	16
万呂荘	3	佐本荘	14	大野荘	10
三栖荘	6	太田荘	16	四筒荘	4
富田荘	14	那智荘	12	尾呂志荘	7
岩田荘	7	色川郷	19	有馬荘	13
栗栖川荘	13	佐野荘	5	木本郷	6
安宅荘	18	新宮荘	1	曽根荘	8
城川荘	6	浅里郷	7	三木荘	8
市鹿野荘	28	三村郷	5	尾鷲郷	10
四番荘	8	小口川郷	10	相賀荘	12
周参見荘	8	四村荘	24	長島郷	8
潮埼郷	18	三里郷	11	赤羽郷	5

（『紀伊続風土記』より作成）

また安藤氏の「田辺城下」[34]は、「田辺荘」の中に含んで記され、本町、紺屋町、袋町、上長町、下長町、南新町、北新町、横町と小路数町が東西七町半ほど、南北三町ほどの範囲の内にある。他に江川浦を加えて町方役所の管轄地として記されているが、武士が居住した上・中・下の屋敷町などが含まれていない。一方の水野氏の「新宮城下」[35]では、南北九町余、東西三町余の内に東西に通る堀端通りがあり、その北側の一五町は町方支配で、「市鄽商屋」とする。その中に、本町の上・中・下の三町、神民町、船町の上・中・下の三町、元鍛冶町、籠町、坐頭町、薬師町、釘貫町、堂下町、御幸町、雑賀町が含まれる。南側の一一町は村方支配で、「農商相雑る」としている。馬町、宇井野地、新鍛冶町、下地、中取出、端取出、南矢倉町、北矢倉町、全龍寺前の山伏町、宗応寺前の保世熕である。船町の北側の新宮川河原に、仮屋建て家屋でできている東西二町の河原町は、町方の支配である。しかし、新宮城下でも武家の居住地は記されていない。『紀伊続風土記』は、和歌山城下を含めていずれも武家屋敷地は調査対象外であった。

牟婁郡の「総説」[36]は、熊野地方の見分を終えた仁井田模一郎ら編さん担当者が、村々から提出した「書上げ」を補足や訂正をしながらまとめている。

近世以前の熊野の概況を冒頭で述べたあとで、歌集などに詠まれ古歌に記された「牟婁」や「熊野」などの呼称を挙げて、熊野の地域概念を明確にしようとしている。また、荘・郷にまとめられている村が、近世の「組」とどうかかわるのかについての目途もたてている。

紀伊山地の中にあるといってよい牟婁郡の二四の山峯の位置と境界になっている状況を明らかにし、主要な一〇の河川（芳養川・秋津川・高田川・安宅川・古座川・大田川・那智川・新宮川・相賀川・赤羽川）を挙げており、通船など河川交通の状況から、流域に形成された村々との関係を見ながら、地域によって呼称が変わる河川名も記している。郡中にある湯崎・椿・湯川・川湯・湯峯の五温泉と瀑布の四八滝をあげて、「険嶽高峰の重畳せるより温泉の地多く、又瀑布の多き事勝て数え難し、其著しきもの四十八所に及へり」と述て、熊野に「癒やし」の雰囲気を生み出す要因が内在されていることを指摘している。

「郡中街道」に六街道を挙げている。桃崎道は北山郷桃崎村から大和国へ通じる大和街道、果無道は三里郷切畑村（八木尾谷）から果無峠を越えて高野山に至る街道、大峯道は七越峯から玉置山を経て大峯山への修験道で、いずれもが北へ伸び、大和地方へつながる道である。伊勢街道は、新宮から熊野灘に沿って伊勢田丸へ通じる熊野・伊勢間の交通路である。中辺路と大辺路は、近世の熊野地方の二大幹線道路で、和歌山から南下する熊野街道が、田辺で分かれて一方は山中を、他の一方は海岸沿いに伸びている。近世になって伝馬継所も置かれて整備され、交通量も格段と増えた。

沿岸部と山間地の特徴が鮮明な熊野地方を、『紀伊続風土記』は、「海浜の諸村田畑は元より少く、農作にては生産をなすに足らず、故に皆漁を以て専業とす。漁事浦々によりて違いあれとも、大抵夏は鰹を取りて鰹脯（ふし）を製り（つく）、冬は細魚（さより）を捕りて塩物或は乾物とし、又これを煎て魚燈を製す……又鯨を捕るものあり、其餘雑魚の漁事に至りては数へ盡しがたし」と、多彩な漁業の展開している状況を述べ、また、「善澳（良港）ありて諸国の廻船繋の処は四方の通便宜しく、諸貨交易も自由にして繁昌の地なれば、富をなすもの寡からす、商賈販売の徒雑（まじ）はれり、唯漁事のみを業とする浦々は、得漁ある時は豊饒にていと賑はしけれとも、不漁の時に至りては其窮困貧追ハはん方なく　朝歌暮哭の風といふへし」と漁業と交易による生業が地域に定着している状況を描写している。

一方山中の村々については、「田畑益少く大抵皆梯田斜田にして……農を専としては活計なしがたし、故に山稼を以て常業とす、深山幽谷の中といへとも、川に沿へる諸村は材木を出すを専業とし、又板を挽き炭を焚き薪を採る餘産多きを以て生産頗なし易し、又川に遠さかりて村居するもの椎茸を作り蜂蜜を取り松烟を取り其他産物最多く盡数へかたし」と、一変して熊野山中で、山稼ぎを生業とする人々のきびしい生活を描いている。「海辺の民に較ふれは、窮困辛苦亦甚し」とあり、山村の生活はかなり厳しい。さらに「太古悖撲の風を存して野鄙陋拙の体餘あり、甚しきに至りは一村の長たるものも筆算の事も知らす、村中約をなすに縄を結ひて信となす結縄の遺風というべし」と記して、和歌山城下の生活と余りにもかけ離れた生活習慣に異様さを覚え、隔絶した感のするこの地の社会状況を感じ取っていた。

牟婁郡の四三荘・郷にもそれぞれ「総説」が書かれていて、小地域ごとの地域性を知ることができる。仁井田模一郎ら一行が足を運び入れ、村々が提出した「書上げ」について話をとおして確認し、書き加えて充実させていた。

牟婁郡には、熊野本宮大社・熊野速玉大社・熊野那智大社の「熊野三山」が鎮座している。調査の上、那智大社は巻之七十九、速玉大社は巻之八十二と巻之八十三、本宮大社は巻之八十六を充てて重点的に記述し、三山の秘められた由緒と歴史を丹念に調査をしている。

本宮十二所権現、新宮十二所権現、那智十二所権現の主祭神をはじめ、摂社・末社や諸殿堂舎など境内の概況とその造営次第や祭式、年中行事および、それを取り仕切る神宮・社僧にも触れている。また伝来する神宝・古文書からも深い歴史を知り、古来の歌集に詠まれている和歌類や、神領に関する記録などを駆使して、熊野信仰の広がりについて伝えている。

本宮大社では「熊野御幸」で歴代の上皇の参詣年次を、「王子」では九十九王子について、「牛王」では印紙の由来を述べている。新宮大社では、「三山検校」、「熊野三山」、「検校次第」、「熊野別当」、「熊野別当系図」、「上綱」、「三方社中」を取りあげて、新宮地方を統轄支配して来た諸勢力について記している。那智大社には神主・禰宜が存在せず、社僧が多数で社幣をつかさどって来たが、「社僧坊舎」の項を立て、潮崎尊勝院と米良実方（報）院の二大勢力の下に社僧集団が形成されている状況にふれている。また「年中行事」には、瀧修行や瀧本法燈など飛瀧権現に関する記述が多い。

古来、本宮は大峯修行、新宮は神倉修行、那智は瀧修行という三社独自の修行法にもとづく熊野修験から発生し、院政期の京都の貴紳による熊野参詣や鎌倉・室町期の地方武士による熊野信仰へと発展した。また西国三十三所信仰が、那智山を第一番の霊場としているが、それら熊野三山についても行き届いた記述をしており、編さんにたずさわった担当者の調査の徹底ぶりに驚嘆する。

まとめ

紀州の藩学は、近世日本の儒学全般に自由敏感に順応し、学問の採用が大局的、根本的であったため、各学派の一流の学者を招聘して「紀伊藩折衷学」と呼ぶ学風を生み出したという。(37) こうした伝統を引き継いで歴代の領主の下ですぐれた学者が育っていった。

『紀伊続風土記』の編さんは、徳川将軍家の命であったとはいえ、好学で学殖の豊かであった第一〇代の徳川治宝の見識が、この大事業の企画となったことはいうまでもない。奥詰儒官であった儒学者仁井田模一郎好古をはじめ国学・本草学など、当時和歌山の第一人者を参集させて編さんに着手した。また行政組織を活用して調査が推進されたが、事業は計画どおり進行せず、中断を繰り返しながら三三年の歳月を要して、天保十年（一八三九）に全一九二巻の大作を完成し、将軍家へ献上した。

紀伊国には高野山や熊野三山といった古い歴史と伝統を有する強大な宗教勢力が存在しており、その取りあげ方に苦慮しているが、みごとに整理し表現している（本論では高野山は対象外で取りあげていない）。急峻な山岳地帯を形成する広大な紀伊山地と長い海岸線が伸びる海辺の調査は困難をきわめたが、三度にわたる長期間の熊野の現地調査を行なっている。

『紀伊続風土記』は、現在においても利用されることが多い。そのため記述の内容についての疑問点もよく出されているが、研究資料としての価値は今も失われていない。それは、編さんにあたって調査項目を具体的に指示して、村々から「書上げ」を提出させ、その上で地域に足を入れて調査をし、聞き取りを重視している実証的な思考法が内在しているところにある。

編さんにたずさわった仁井田模一郎ら儒学・国学の研究者は、長期間に及ぶ熊野地方の過酷な見分を成し遂げているが、熊野地方に繁く足を踏み入れて徹底した調査と採集活動を展開していた本草学者たちから研究法と研究姿勢を学んでいた。ここに十九世紀前半の紀州の学問の水準を知ることができる。

〔注〕

（1）白井哲哉著『日本近世地誌編纂史研究』（思文閣出版　二〇〇四年刊）「第5章江戸幕府の地誌編纂内命と日本型地誌」。

（2）『南紀徳川史』第二冊（復刻）（名著出版　一九七〇年刊）四七〇～四七一頁。

(3) 松下忠著『紀州の藩学』(鳳出版　一九七四年刊)五一頁。
(4)『古座川町史』通史編(古座町　二〇一三年刊)一三九〜一四〇頁。
(5) 前掲『南紀徳川史』第二冊四七〇頁。
(6) 拙著『紀州藩の政治と社会』(清文堂出版　二〇〇二年刊)所収「第五節徳川治宝と藩政」。
(7) 前掲『紀州藩の政治と社会』一〇三〜一〇六頁。
(8) 寺西貞弘著『紀氏の研究—紀伊国造と古代国家の展開—』(雄山閣　二〇一三年刊)二六二〜二六五頁。
(9) 貴志康親著『紀州郷土藝術家小傳』(国書刊行会　一九七五年刊)「本居大平」の項。
(10) 前掲『紀州郷土藝術家小傳』「小原桃洞」の項、なお藤井弘章「江戸時代の紀州における本草学者のウミガメ調査と漁民の民俗知識」(動物考古学研究会『動物考古学』27号　二〇一〇年五月刊)にも触れている。
(11) 前掲『紀州郷土藝術家小伝』「畔田翠山」の項、および、藤井弘章「江戸時代の紀州における本草学者のウミガメ調査と漁民の民俗知識」。
(12) 紀南文化財研究会編『熊野物産初志』(紀南文化財研究会　一九八〇年刊)。
(13)『大塔村史』史料編一(大塔村　二〇〇五年刊)一七七〜一七九頁、「紀伊続風土記新撰申達」。
(14)『本宮町史』近世史料編(本宮町　一九九七年刊)六八〇〜六八一頁「万要禄」。
(15)『紀州田辺万代記』第十一巻(清文堂出版　一九九三年刊)四五七頁。
(16) 前掲『大塔村史』史料編一　一七九〜一八四頁、「文化四年卯七月　四番組調帳」。
(17)『和歌山市史』第二巻(和歌山市　一九八九年刊)四二八頁。
(18)『南紀徳川史』第六冊(復刻版)(名著出版　一九七一年刊)四八九頁。
(19) 前掲『和歌山市史』第二巻　四二八頁。
(20)『紀伊続風土記』第一輯(復刻版)(歴史図書社　一九七〇年刊)。
(21) 前掲『南紀徳川史』第六冊　六〇八頁。

(22) 『享保元文諸国産物帳集成』第Ⅵ巻「紀伊」(科学書院　一九八七年刊)の真砂久哉氏の「解題」には、『紀伊続風土記』「物産の部」は三六四四種としている。
(23) 『紀州田辺万代記』第十七巻(清文堂出版　一九九四年刊)四三三～四三四頁。
(24) 『紀州田辺町大帳』第十四巻(清文堂出版　一九八九年刊)三一一頁。
(25) 前掲『紀州田辺万代記』四四三～四四四頁。
(26) 前掲『紀州田辺万代記』第十七巻五三七頁、前掲『紀州田辺町大帳』第十四巻　三六九頁。
(27) 『清水町誌』史料編(清水町　一九八二年刊)六二一～六五九頁。
(28) 前掲『古座川町史』近世史料編(古座川町　二〇〇五年刊)三三一～三三三頁。
(29) 前掲『古座川町史』近世史料編　五六五～五六六頁。
(30) 『和歌山県史』近世史料三(和歌山県　一九八四年刊)八四～八七頁。
(31) 前掲『和歌山県史』近世史料三　八七～一〇五頁。口熊野と新宮領の見分について詳細に記している。
(32) 前掲(31)の「風土記御用留控帳」の、「天保五年午九月風土記御役人衆御入込」による。
(33) 仁井田長群撰「登大台山記」(『紀州文化研究』第三巻第九〇号(一九三九年十月刊)。
(34) 『紀伊続風土記』第二輯(復刻版)(歴史図書社　一九七〇年刊)六五一～六五二頁。
(35) 『紀伊続風土記』第三輯(復刻版)(歴史図書社　一九七〇年刊)九五～九七頁。
(36) 前掲『紀伊続風土記』第二輯(復刻版)六〇三～六三四頁。
(37) 松下忠著『紀州の藩学』(鳳出版　一九七四年刊)二一一～二一六頁。

第五節　度会県の設置と紀伊牟婁郡の分割

はじめに

三重県は、伊勢、伊賀、志摩と紀伊の旧四か国で構成されている。伊勢、伊賀、志摩は国域のすべてからなっているが、紀伊国は、牟婁郡を二分割して一方を組み入れている。明治四年（一八七一）十一月二十二日、新宮川（熊野川）と支流の北山川を県境にして分割し、右岸を和歌山県、左岸を度会県としたからである。そのため和歌山県では、全国的にも例を見ない県域に飛び地が二か所できただけでなく、地域の歴史や村々の実情を考慮しない分割であったから、そこに住む人々の生活に大きな影響を与えた。

本節は、度会県の設置の問題に焦点を当てて、廃藩置県以前の度会府の成立から、以後の新旧の度会県の移行期を経て、大三重県に統一されていく過程に内包されている問題点について考察する。

新政府は、慶応四年（一八六八）七月、度会府の創設により山田奉行を廃止し、関東名代（公儀）の伊勢神宮代参を中止した。また神宮領の自治権と経済的特権を否定する一方で、大小の諸大名の所領が入り組み、複雑な政治状況を形成している伊勢地方の統一の方向をたどっていった。

そうした中で、一八万石余を有していた紀伊徳川家所領の処置が大きい問題となるが、広大な所領の改編や削減が、度会県の創設以後の諸制度の整備や管轄区域の拡張とかかわってすすめられている。紀伊国の牟婁郡を新宮川（熊野川）と北山川で二分割して度会県に併合したのも、そうした一連の施策であった。なお、度会県については、『三重県史』資料編近代1に、関係史料が多く所収されており、適切な解説が付せられている。[1] そうした先学の成果に学びながら書きあげた。

一　幕末維新期の伊勢地方

伊勢国には、皇室の祖廟である伊勢神宮が鎮座していて、内宮・外宮の正殿を中心に門前町が形成されている。内宮の門前町が宇治で、外宮の門前町（鳥居前町という）は山田である。宇治・山田には、中世から近世にかけて「宇治会合」、「山田三方」と呼ばれる町方の自治組織があり、それぞれ会合所を設置して町の政務を司っていた。[2] 文禄三年（一五九四）十一月の伊勢国惣検地のとき、山田惣中、宇治惣中、大湊惣中にあてて出された触書に、「今度伊勢惣国検地儀雖被仰付、従宮川内之儀、大神宮為敷地之条、両宮義崇敬上者、不及其沙汰検地免除之事」[3] とあり、宮川以東の検地の免除と諸役免除を認めるなど、伝統的な自治を許可していた。公儀（幕府）もこれを踏襲するが、慶長八年（一六〇三）以降、山田奉行を置いて家臣を派遣し、宇治会合、山田三方会合を監督させて次第に自治権を制限して行った。寛永八年

（一六三一）ごろから、山田奉行は伊勢神宮の警衛にたずさわり、遷宮奉行も勤め、神宮の造営費、諸祭の経費なども山田奉行が公儀に上申して支弁されていた。近世後期、寛政二年（一七九〇）の寛政改革の一環として、公儀の神宮への介入は一気に強くなるが、それでもなお内宮・外宮の神領や門前町からの年貢や納銀・負担銀を集積して、町方などの経費に充てていたから、自治的な制度はまだ残っていた。

宇治・山田の町が繁栄したのは、両神宮に属する下級神職で構成する御師の活動が大きかったからである。彼らは、全国的に信者を広げ、参宮時の案内や宿舎を提供して経済活動にかかわっていた。また参宮客を迎えるために、物資の確保が必要で、商業活動が認められていた。山田三方会合が支配する大湊もあり、宇治・山田近辺の港町や川岸には問屋が集まり倉庫も建ち並んだ。

維新直後の神宮に対して、最初に手がつけられたのは、公儀の名代による参宮の中止と山田奉行の廃止であった。近世的な支配体制から脱却して、度会府による集権的な直轄支配を目指していたからである。慶応四年に度会府ができてから、伊勢神宮が国教として位置づけられると、神宮と地域との伝統的な結びつきもだんだんと断たれるようになった。これまで門前町として保護されていた宇治・山田の自治権と神領中の免税特権が剥奪された。

もうひとつの伊勢国の特徴は、大小多くの諸領国が配置されており、所領も入り組んで複雑な政治的情況を生んでいたことである。そのうえ紀伊徳川家は、伊勢領内で広域に鷹場を保有し、鳥見と呼ぶ役人を置いて鷹場の管理をしていた。[4]入り組んでいる伊勢国の諸領国への目配りが必要であった。

この情況に変化が起こるのは、慶応四年（一八六八）の鳥羽伏見の戦である。旧公儀軍に桑名・鳥羽の両軍が加わっていた。津の藤堂家は山崎を守衛して中立の立場を守っていたが、勅命が下ったことにより、新政府方に味方して旧公儀軍を攻撃した。長島・亀山・菰野・神戸・久居の諸軍は鳥羽伏見の戦に参加せず、新政府に恭順の態度をとっていた。神戸領主本多忠貫は、公儀から山田奉行を命じられていたので、神宮の警備にあたっていたが、そのまま神宮の守衛と神領の管理を務めなければならなかった。(5)

旧公儀軍は敗れ、徳川慶喜は大坂から江戸へ帰ったが、慶喜に同行した桑名領主松平定敬は、元京都所司代であった。彼は、その後も公儀方に与し、箱館五稜郭の戦まで参戦している。そのため桑名は、会津と並んで最大の朝敵とされ、東征軍の攻撃の対象となった。桑名では、領主定敬に従った家臣と佐幕派の重臣を処罰し、新政府に軍資金を献納するなど恭順を示したが、領内は両派に分裂してしこりが残った。桑名では、領主の義弟定教が降伏して謝罪し、城を明け渡した。伊勢国は平穏に戻ったが、伊勢の諸領国主は江戸城を攻めるために東海道を下る東征軍の兵糧などの調達や街道沿いの警備に奔走しなければならなかった。(6)

明治二年正月、薩長土肥の四領主が版籍奉還の上表文を上呈すると、すぐ二月には、津領主が提出し、ついで神戸・亀山、三月には鳥羽、四月には菰野・久居・長島と桑名以外の各領主が版籍奉還を願い出ている。桑名領主は少しおくれたが、八月謹慎中の松平定教が家督を相続すると、旧領一一万石のうち六万石を没収された。(7)伊勢地方には、津領国など八領国と忍・一宮・吹上・和歌山・新宮の五領国の飛び地が存在し、旧桑名領を所轄地にした名古屋領もあった。その他旧公儀領を公領として管理した。旗本領や寺社領は、大津県が三重郡のうちの二〇か村と鈴鹿郡のうちの五か村などを管轄し、笠松県には、桑名郡四一四か村が属していたが、これらは、明治二年八月に旧度会県へ移管した。

二　度会府の行政機構

明治新政府は、各地の公儀の直轄領を没収して公領とし、東京・大阪・京都など国内的にも対外的にも重要な九か所を「府」とし、他を二二の「県」に定めた。慶応四年七月六日に、明治新政府は東海道先鋒総督として東征軍を指揮した橋本実梁を、伊勢神宮の鎮座地であった度会府の初代知府事に任命した[8]。同月二十日には、度会府を設けて山田奉行所を廃止し、山田奉行を罷免した。二十七日には、小林村（現伊勢市）に置かれていた山田奉行所で度会府を開府したが、所領は旧奉行支配と旧公儀領のうち、代官の支配地などわずか度会郡一三か村の管轄だけであった[9]。度会府の行政機構を編成し、初代知府事以下、判府事・権判府事・判府事試補の最上層の役人と、書記の上級職員には他領の家士を任命した。その下位に郡部と市部の民政を担当する郡政曹と市政曹を置き、皇太神宮の鎮座地だけに神祇曹も設けられた。これらの中堅の役人には、神領と紀州領や鳥羽領の大庄屋格や宇治・山田の旧家の御師の中から家柄を選んで任命した[10]。また旧山田奉行所に所属していた組同心五三人をそのまま度会府配下の同心にした[11]。

当初、度会府が管轄していた所領は、旧山田奉行が支配していた神宮領と旧公儀の直轄地であったが、両方とも無税地であったから年貢は徴収されていなかった。そのため、度会府は財政的な裏づけはなかった。そこで度会府は、十月にこれらの神領地へも課税を行い、神宮が保持している旧体制の改正をして、度会府の運営費として正米一万石余を下付されるようにした[12]。十二月には、「神領田畠年貢之儀、以来当府において取極可相達候間、持主作人ども勝手に取計申間敷候事[13]」との触を出して、神領地の田畑からも年貢を負担させることにして、地主らの勝手な取扱いを禁止した。

十一月二十二日に、度会府の庁舎を二之本町の山田三方会合所へ移転した[14]。旧山田奉行所は、神宮から離れ過ぎていたからである。また門前町として発展している宇治と山田も山田奉行の支配下にあったとはいえ、門前町の政務は中世以来の宇治・山田の町方の年寄衆が握っていたので、度会府は、会合所を支配して町方の自治制を制限した。

前述のとおり、公儀は自治権に制限を加えながらも一応は認めていたが[15]、度会府庁は、こうした体制を改正して統一的な税制を実施するため、十二月二十五日に突如宇治会合と山田三方の両会合の廃止を通告し、年寄衆のうちから三人を度会府が統轄する「市政御用掛」として任命し、その配下で勤める役人を「御用掛下役并仮府兵」に命じた[16]。

翌二年一月、橋本知府事は、度会府に会議所を設け、府議事院議員を選んで地方民政の綱紀をうち立てようとした。両会合衆と妥協しながら統治する方法であった。議事院へは、祢宜らのうちから宇治二人、山田三人を選んで上等議員、権祢宜や会合年寄のうちから宇治五人・山田十人を選んで中等議員、一般御師以下町々から選んだ下等議員を合わせて五〇人で構成した[17]。議事院は、会議所の名目で一月二十四日より山田一之本町で開設された。

同一月二十四日に度会府管下の田畑、山林、屋敷の坪数を調べる申達が出されたとき、「府庁による徴税の前触れ」との流言が起こり人心が動揺した。府庁は、度会府のみの徴税ではないと説いて人心の平穏化をはかっている。(18)

旧山田奉行所に府庁を置いて出発した度会府は、伊勢神宮が造りあげてきた伝統的な組織と、内宮・外宮の門前町（鳥居町）で育ってきた自治的な町方に介入して弱体化をさせた。

三　紀伊領国と伊勢領

紀伊領国は、所領の三分の一にあたる一八万石余を伊勢国で占めていた。小領国が群立する中で、津領と紀伊領が群を抜いていた。紀伊徳川家は、大政奉還後の態度に明治新政府から嫌疑をかけられ、さまざまな抑圧を受けている。領主徳川茂承は、誠意を示すため上京するが、疑いは解けず京都に留め置かれ、多額の献納金も命じられた。また一五〇〇人の奥州征討軍の派遣も課せられた。

この間、家老の久野丹波守純固らは、嫌疑をうけたまま滞京させられている人質同然の茂承を早く帰和させようとして、恭順の意を示すには、領国の内の伊勢三領一八万石を献上するより方法はないと、密かに岩倉具視に内願した。このとき、紀伊政権の苦境の打開は、伊勢三領の献上よりも領政改革を断行して、諸領国の模範となる方が良策であると進言した陸奥宗光の努力が功を奏し、岩倉から内願書を却下してもらい、その年十二月に徳川茂承は一年近い滞京から解放されて帰和した。(19)

それより前の鳥羽伏見の戦後まもなく、慶応四年一月十四日に、徳川御三家の付家老五家が、新政府から藩屏に列せられた。紀伊領の安藤直裕と水野忠幹の二人も岩倉具視から田辺藩主と新宮藩主を申渡されている。権力基盤のまだ不安定な新政府は、旧公儀勢力と密接な関係のあった御三家より、有力な家臣を離反させて、弱体化をする目的があったと考えられる。衝撃をうけた御三家は、太政官へ願い出て、これまでどおり安藤・水野家を引続いて紀伊藩の政治にかかわらせるように願い出て認められたが、八月十六日にはそれも廃止された。

紀伊国では、明治二年（一八六九）二月、津田又太郎（出）を中心に政治改革に着手し、政治組織を一新して、政治府と公用局・事務局・会計局・刑法局・民政局の五局を設けた[20]。また郡政を刷新し、代官所を廃止して、名草・海部・那賀・伊都・有田・日高・牟婁上・牟婁下の八郡と伊勢の松坂・田丸・白子の三領に民政局を置いている[21]。

明治二年六月十七日の版籍奉還を前に、田丸久野家では、久野純固が隠居し、嫡子金五郎宗熙が家督を相続した。これを機に、田丸藩の独立と宗熙の大名化を図ろうと、家老惣代金森伊兵衛、用人惣代小林藤四郎ら重臣一五人は誓約血盟書を作成し密かに歎願書を新政府に提出していた[22]。

歎願書には、安藤家と水野家がすでに紀州藩の家老から独立して、田辺藩と新宮藩の知藩事に任命されているのに対して、久野家との処遇の差はあまりにも大き過ぎると訴えている。久野家も幕府から徳川頼宣が入国するとき、付けられたのであるから、宗熙も「天朝御直の御末臣」に召し加えられることを願い出たのである。

政府に呼び出されて、初めてその事情を知った紀伊藩東京出張所詰の役人から、その顛末を伝えられた紀伊藩は、この事態を重くみて久野家を厳しく糾問した。同二年十二月十八日、和歌山藩知事は、金森ら一連の者を禁錮に処した。[23]「主家金五郎も安水両家同様藩屏ノ列被仰付候様ニト朝廷へ直訴致シタル件ニ付テナリ」と罪状に記されている。田丸藩の独立を認めず、新政府は四年二月九日に田丸城を破壊した。[24]

久野家は、公儀から徳川頼宣に付けられた家老といっても、安藤・水野両家とは家格に歴然とした違いがあり、所持高も大きな差異があって、紀伊領国の家臣としての処遇に当初から差があった。また安藤・水野両家のように大名化自立の運動もしていなかった。それが、久野家の大名志向の道が閉ざされた理由になったと考えられるが、それよりも多くの小領国が群立して、複雑な政治体制を形成している伊勢地方で、田丸藩を創設し、久野氏を知藩事へ任命することは、集権的な統一国家を目ざす新政府の方針と矛盾するものであったことが最大の理由であろう。

紀勢両国に広大な所領を有していた紀州藩では、伊勢国内の領域で依然として権限を保持していることも、新政府にとって疎かにできない問題で、弱体化させる手を打たなければならなかった。しかし紀州藩では、津田又太郎（出）の指導により、政庁への権力集中を図りつつ、「藩治職制」に基づく政治改革が進められていたから、新政府側もそれを注視していた。

紀伊領国では、嘉永六年（一八五三）十二月に、御仕入方役所が寒天を取り扱うようになり、領内の浦々で採集される寒天は、御仕入方で買い集められて江戸や上方で販売された。紀伊領の所領は、伊勢地方の沿海部で、鳥羽領と境界が入り組み複雑で、両領とも取締りが困難であったから、「抜草」が多かった。そこで、慶応三年六月、紀伊領側から鳥羽領分もともに取り締まる方が双方にとっても都合がよいのではないかと、紀伊領の産物方頭取が、鳥羽領勘定奉行へ申し入れて約定が成立した[25]。幕末期の紀伊領役人の中に、商品流通の有り方に沿って行動する考え方が生まれていた。殊に伊勢地方のように多領が入り組む地域においては、経済担当の役人たちが、自国領のみにこだわっておれない状況が生じており、閉鎖的な「藩意識」も次第に薄れつつあった。

四　「度会県」から「新度会県」へ

明治二年七月十七日の太政官布告により、京都・東京・大阪の三府以外の「府」をすべて「県」とした。このとき、度会府も「度会県」と改称して、知事以下、権判事、大参事が任命された。また度会府の旧職員も度会県の新職員に採用されて県政の実務にたずさわった。十月朔日には、度会県印が政府から下付された[26]。

度会県に改称されると、古くから「神三郡」と呼ばれ、諸領の管轄に入らなかった神宮領の飯野・多気・度会の三郡と度会府が管轄していた旧公儀の直轄領のほか、伊勢国内の他家中の所領も併合して度会県域は拡大した。すなわち、先に維新の政変のとき、没収されていた公儀の直轄領のうち、大津県が管轄していた三重・鈴鹿・河曲・奄芸に散在している二万一八二四石余を九月十二日に受取り、大津県の出張所を度会県の支庁とした。同三年二月三日には、笠松県が管轄していた桑名郡のうちから一万二二三七石余を、また三月十三日には、名古屋領に預けられていた桑名領の所領のうちの員弁郡と三重郡から二万三三三四石余、上総一宮領の管轄地になっていた多気・三重・員弁三郡のうちから六九五七石余を合わせた六万四三七三石余が度会県に併合された(27)。度会県の管轄地は、八郡のうちの二一三か村に及んでいた(表1)。

明治三年六月二十一日に県庁舎を山田岩渕町に新築して移転したが、新庁舎への参庁について、大宮司・禰宜は表玄関、権禰宜・大年寄は内玄関、町年寄などは訴訟口、その他すべての商人は裏門からと、それぞれ別々の入口から出入りするように決め、身分によって出仕のときの玄関などの使い分けを命じている(28)。ついで八月十九日には、府議事院が廃止され、議員も免じられた(29)。議員の行政参加により民政の綱紀を樹立しようとした旧度会府の新しい試みも消滅した。

国制改革の道を歩んでいく中で、明治二年二月に三領に置いた民政局を四年一月に松坂出庁に統合した。それは勢州領内の土地・人民の一元的支配の徹底化を図るもので、前述の田丸藩の独立を認めなかった問題と合わせて考えなければならない。

表1　度会県の各郡の村数

郡名	村数
度会	85
多気	9
奄芸	1
員弁	51
河曲	2
鈴鹿	5
三重	35
桑名	27
計	213

(『三重県史』上巻より作成)

同四年七月十四日の廃藩置県の詔書の発令により、「和歌山藩」が「和歌山県」と改称されたが、このとき伊勢八郡内(三重・河曲・奄芸・一志・飯高・飯野・多気・度会)で四七一か村を管轄していた(表2)。だが十一月二十二日の布達(第二次廃藩置県令)で、伊勢地方に安濃津県と新度会県の二県が併置されると、和歌山県は消滅し、管轄下にあった県域が安濃津県と新度会県に分割

表2　廃藩置県時の各郡別村数と県別村数

県名＼郡名	桑名	員弁	朝明	三重	鈴鹿	河曲	奄芸	安濃	一志	飯高	飯野	多気	度会	伊賀	志摩	牟婁	計	その他
津				15	3	6	23	73	62		33	20		178			413	大和　89 山城　14 下総　15
亀山				5	74	8											87	備中　11
神戸				1	4	14											19	河内　1
菰野				16													16	近江　3
桑名	66	39	30														135	
長島	69																69	上総　35
久居				10	7	4	12	15	24								72	大和　26 山城　14
忍		20	35	17													72	
吹上				6		7						5					18	
鳥羽											8	4	5		37		54	
度会	27	51		35	5	2						9	85				214	
和歌山				1		1	40		71	109	7	95	147			99	570	
新宮																46	46	
計	162	110	65	106	93	42	75	88	157	109	48	133	237	178	37	145	1785	

（『三重県史』上巻より作成）

された。こうして伊勢地方は、北部の桑名・長島・菰野・神戸・津・亀山の六郡が安濃津県（明治五年三月に三重県と改称）となり、南部の久居・和歌山・鳥羽と旧度会の四県で構成する新しい度会県が誕生した。「旧度会県ヲ廃シ、更ニ度会県ヲ置キ、志摩国一円、伊勢国度会郡、多気郡、飯野郡、飯高郡、一志郡、紀伊国牟婁郡ノ内ヲ管シ、当未年物成御村当旧県々ヨリ請取旨御達アリ」と、新度会県の管轄地と年貢の徴収を記している。(30)

伊勢神宮の警衛も、幕末以来久居藩兵を「県兵」と改称して従来どおり継続して警衛させた。しかし、十一月二十二日に兵部省の通達によって警衛が免除された(31)。

元和歌山県が出した「廃藩置県に付、元勢州三領版籍安濃津度会両県へ引渡書(32)」の目録には、旧公儀より旧領主へ引き渡された御帳・検地帳・人口戸数社寺調帳・徴税調帳のほか、官舎・獄舎・出張所・御学所などの帳簿類や資産が記されている。また安濃津県へは、明治五年二月に「伊勢国奄芸郡、三重郡、川曲郡ノ内四十三ケ村」として、引き渡した村数が書かれている。

新しい管轄下に入った旧大名領の系譜を引いている各県の事務の引継ぎも行われたが、新度会県では、五年三月十三日付で、元吹上県の伊勢国多気郡の内の草高二一五二石余、三月二十七日付で元津県の多気郡ほか三郡の草高五万三六七〇石余、四月十四日付で元和歌山県から草高一九万六八〇〇石余と、元新宮県から草高一万八三六七石余、四月十八日付で元鳥羽県から草高二万九八一二石余、合計草高三〇万八〇三石余の土地が引継がれている(33)。しかし、明治四～五年に境界問題で対立が起こっていた。同五年五月十日に一志郡として度会県に属することになった八幡・藤枝・垂水・藤方の四か村は、異議を主張した。安濃と一志の両郡界にある村々であったから、三重県と度会県との県界問題でもあった。両県の役人が仲に入り、折衝を重ねて四村は、安濃郡に編入されて後、三重県に引き渡された(34)。このとき、牟婁郡木本浦の旧和歌山県出張所も度会県の仮出張所になっている。

四年六月二十五日には、伊勢国五郡、志摩国一円および牟婁郡の区画を改正して六大区に分け、大区ごとに数小区を置いて正副戸長を任命した(35)。七年七月十七日には、伊勢国五郡と志摩国全部と紀伊国牟婁郡などの区域を合わせて、度会県を七大区・七二小区に編成替えした。すなわち度会郡は一～四小区、多気

表3　明治9年の三重県に合併時の度会県8郡の町村と人口状況

郡名	町村数	戸数	人口
一志・飯高・飯野 多気・度会（元伊勢国）	646	59,459	270,237
答志・英虞（元志摩国）	62	9,688	49,654
牟婁郡の内から（元紀伊国）	122	13,165	60,584
8郡の計	830	82,312	380,475

（「三重県史料」をもとに作成した『三重県史』資料編、近代1より作成）

郡は五～七小区、飯野郡は八小区のみ、飯高郡は九～一一小区、一志郡は一二～一五小区、答志郡は一六小区のみ、英虞郡は一七小区のみ、牟婁郡は一八～二〇小区である。(36)

　五年十一月朔日に、度会県は元鳥羽県鳥羽と元度会県山田両所の銀札について、鳥羽札一匁を新貨一銭三厘、山田札一匁を新貨一銭四厘と定めた。(37)八年二月十四日には松坂・鳥羽・山田で発行している紙幣を三月五日限りで通用を停止して、山田・松坂出張所の三井組に新紙幣の交換の仲立ちをさせている。(38)度会県は多種の紙幣を廃止して新紙幣に早く切り換え、貨幣制度の側面からの県域の統一をはかろうとした。

　同九年四月十八日の太政官布告により、度会県を廃止して三重県へ合併した。(39)土地・人民は引渡され、度会県庁を三重県庁の支所とした。合併された度会県八郡の町村数・戸数・人口は表3のとおりである。引き継ぎ事務は八月八日に完了し、八月二十一日に度会県所轄のうち、多気・度会二郡と志摩全域、牟婁北半郡を山田支庁の所轄とし、飯野・飯高・一志の三郡を本庁の直轄とした。

五　「飛び地」発生と関係村の苦悩

明治四年十一月二十二日の布達で、新たに和歌山県が設置された。現在の和歌山県の原型である。県境は、旧紀伊国と旧大和国の境界をそのまま使用し、旧紀伊国を流れる新宮川（熊野川）と支流の北山川の中央を境界として二分し、右岸を和歌山県、左岸を度会県とした。そのため新宮県のうちの牟婁郡内の九四か村と、旧和歌山県（四年七月十四日の詔書による）の四二か村が度会県に入った[40]。このとき、大和国十津川郷は、田戸付近で北山川まで張り出して、北山川が奈良県と度会県の県界となっている箇所と、十津川郷の竹筒で一部北山川を越えて川の左岸へ食い込んでいる地域ができたため、紀伊領の牟婁郡は二か所で分断され、旧北山組の全域と旧川ノ内組の玉置口村と嶋津村の二村の部分で飛び地ができた。

北山組のうち、右岸にある七色・竹原・大沼・下尾井・小松の五か村は和歌山県であるが、大沼村のうち、左岸にある枝郷の大井・大河原・田野・小口は本村から分離して大井村と称して度会県に編入した。四年十二月、和歌山県は、川ノ内組の九重・嶋津・湯ノ口・花井・木津呂・玉置口の六か村に村高・反別・戸数などの報告を求めているが、十二月二十七日に六か村の庄屋が連名で大庄屋をとおして新宮県の市郡懸御役所へ提出した「口上」[41]によると、「私共村々之義者入組場所ニ相成候間、高反畝調書上之義、当年中至急取調候様被仰聞候得共、最早押詰り取調難出来候間、来申年（明治五）迄御猶予被為成下候様奉願上候、左候ハ、初春相調指上可申候」とある。この地域は、和歌山と度会の二県に分かれる村を抱え、全域が急峻な熊野の山間部にあり、急流の北山川が蛇行をし、複雑な地形をつくっている。そのため調査には時間がかかるので、翌年まで猶予を願い出たのである(42)。

右岸の嶋津・玉置口・九重・四瀧の四村は和歌山県に入ったが、嶋津村の枝郷小川口と玉置口村の枝郷大向、九重村の百夜月、四瀧村の和地谷は、川を隔てて左岸にあるため、本村から分かれて度会県に入っている。また左岸にあるため、度会県に入った湯ノ口村の河根と花井村の西花井、木津呂の笹後（いずれも小名）は、それぞれ本村を離れ、河根と笹後は嶋津村へ、西花井は九重村に合併された。

新宮川に沿う村々でも、三ツ村組の田長村では、枝郷の野地が川を隔てて左岸にあるため、本村を離れて度会県に入り、度会県管轄の和気村の枝郷楮井は、川を隔てて右岸にあるため、本村と分かれて田長村に編入されて和歌山県に入った。その川下の浅里組では、左岸の度会県管轄の北檜杖村の枝郷上之河は右岸にあるため、本村と分かれて和歌山県管轄の南檜杖村に入り、度会県管轄の浅里村の枝郷田地も右岸にあるため、本村と分かれて和歌山県管轄の相賀村に編入された。このように、いくつかの村では二県に分割されている(43)。

四年十二月、花井村庄屋・肝煎が連名で市郡懸御役所へ「乍恐奉願口上(44)」を提出している。それには、北山川を挟んで両側に分かれている花井村は、廃藩置県によって右岸の一〇軒余が和歌山県管轄の九重村へ入るとの風聞があるのを聞いて、猛然と反対の声をあげ、和歌山県と度会県の両県で、それぞれ花井村を設立することを希望すると記されている。川之内組大庄屋を通して提出された上申書には、市郡懸御役所からの返書は届いていない。上申書は取りあげられなかったと考えられる。分村して九重村に入った十数軒は、檀那寺をその後も度会県の本村に置いたままである。[45]

明治三十二年（一八九九）七月に、「九重村外六カ村組合役場」から東牟婁郡役所へ出された「組合村と三重県との県境に関する事項取調べ報告」[46]によると、花井村については、従来からの慣行を遵守し、共有財産を保持していくと、県域を越えて所有する共有林を引き継いでいる。しかし、村役場へ行くのにも四瀧村で北山川を渡って行かなければならず、書信などの伝達は一週間以上かかることが多かった。「実にその不便なること言語に絶せり」と、北山川による村の分割は、村民の生活に不便と混乱を来たしていた。

また枝郷の大向井が川を隔てた木津呂村に編入された玉置口村も、「今尚由来の慣行を維持しつつあり」と、新しい行政区画になかなか馴染んでいかなかった。新宮川と北山川による分県の処置は、川の両側の各所で混乱を起こした。

まとめ

伊勢国には皇室の祖廟伊勢神宮が鎮座する。近世においても宮川以東の地は検地を免除され、門前町の宇治・山田も自治を認められていた。慶応四年七月、度会府の設置により、この伝統的な特権の改革に手がつけられた。また近世の伊勢地方には、天領のほか、多くの諸領国の所領が入り組み、複雑な政治状況を形成していた。とりわけ戊辰戦争で、御三家紀州藩、政府軍に激しく抵抗した桑名藩など、旧公儀と関係の深い大藩が所領を所有していたことは、近世的な支配体制から脱却して集権的な統治体制を確立しようとする新政府にとって大きな障害であった。戊辰戦争に新政府軍と戦った桑名の松平家は所領を半分に削減されたが、紀伊徳川家は新政府に恭順を示して新政府の政策に沿って改革し、田丸藩の独立運動を押さえて権力集中を図った。

明治二年七月、新政府は、度会府を度会県と改称し、管轄も少しずつ拡大して、維新で没収されていた旧天領のうち、三重・鈴鹿・河曲・奄芸の四郡に存在する大津県の村々と多気郡にある一宮県の村々は度会県へ、員弁・三重の二郡にある一宮県の村々は安濃県へ所属した。

四年十一月の布達（第二次廃藩置県）によって、新度会県ができたが、県域は伊勢国の南半分と志摩国および紀伊国の牟婁郡の一部（新宮川・北山川の左岸）とであった。その後、三重県が誕生する九年まで、度会県と安濃津県が併置され、旧藩の系譜を引くそれぞれの領域が、完全に新体制に組み込まれた。両県の境界は、町村の所属替えもあって多少の変動を繰り返しながら整えられていった。また紀州領域の内では、四年二月に奄芸・三重・河曲の三郡のうちの四三か村は安濃津県へ、飯高・一志・飯野・度会・多気の五郡のうちの一三一か村は度会県へと分割された。度会県は、明治七年八月、伊勢五郡と志摩国および紀伊国牟婁郡などの区画を七大区二〇小区にした。明治九年四月、「度会県ヲ廃シ三重県へ合併」との大政官布告が出されて[47]、度会県は消滅し、大三重県に統一した。

この度会県の設置は、紀伊国牟婁郡で全国的にも例のない飛び地を生んだ。明治四年に飛び地になったのは、七色、竹原、大沼、下尾井、小松、王置口、嶋津の七か村である。北山村が誕生するのは明治二十二年（一八八九）の町村制実施によってであり、和歌山県の飛び地として現在に至っている。嶋津村は明治二十二年に王置口と組分村となり、飛び地を続けた。

このように明治政府の新宮川と北山川によって県境とする施策は、この川沿いに存在するいくつかの村で、共同体など村の伝統を無視して村を割き、和歌山県と度会県の異なった県に所属させた。当該の村々は分断されても、山林・耕地などの財産を分断以前の共同体的な統合を維持して生活を続けている。

〔注〕

(1) 『三重県史』資料編〈近代1〉（三重県　一九八七年三月刊）。
(2) 『三重県史』資料編〈近世2〉「総合解説」一九～二二頁。
(3) 『三重県史』資料編〈近世1〉（三重県　一九九三年刊）三八〇頁。
(4) 前掲『三重県史』資料編〈近世2〉「総合解説」三三一～三四頁。
神宮領大湊は、山田三方会合の支配下に置かれ、年寄衆が自治組織をつくっていた。
(5) 前掲『三重県史』資料編〈近代1〉「総合解説」八〇九頁「北勢諸藩」。
(6) 前掲『三重県史』資料編〈近代1〉六三～六五頁、「四東征への参加」。
(7) 前掲『三重県史』資料編〈近世2〉四頁。「総合解説」。
(8) 前掲『三重県史』資料編〈近代1〉八三頁。
(9) 前掲『三重県史』資料編〈近代1〉八四頁。
(10) 前掲『三重県史』資料編〈近代1〉八五頁。
(11) 前掲『三重県史』資料編〈近代1〉九一頁。

(12) 前掲『三重県史』資料編〈近代1〉八九頁。
(13) 前掲『三重県史』資料編〈近代1〉九〇頁。
(14) 前掲『三重県史』資料編〈近代1〉八七頁。
(15) 前掲『三重県史』資料編〈近代1〉九六頁。
(16) 前掲『三重県史』資料編〈近代1〉九二頁。
(17) 前掲『三重県史』資料編〈近代1〉九三頁。
(18) 前掲『三重県史』資料編〈近代1〉九〇〜九一頁。
(19)『和歌山県史』近現代一（和歌山県　一九八九年刊）九〜一五頁。
(20) 前掲『和歌山県史』近現代一二〇頁。
(21) 前掲『三重県史』資料編〈近代1〉八七九〜八八〇頁。
(22)『南紀徳川史』第四冊（名著出版、復刻版、一九七〇年刊）五八四〜五八五頁および『玉城町史』下巻（玉城町　平成七年刊）一六〇〜一六六頁。
(23) 前掲『南紀徳川史』第四冊六一三頁。
(24) 前掲『南紀徳川史』第四冊六五九頁。
(25) 藤田貞一郎著『近世経済思想の研究』（吉川弘文館　一九六六年刊）一五九〜一七二頁。
(26) 前掲『三重県史』資料編〈近代1〉九九頁。
(27) 前掲『三重県史』資料編〈近代1〉九八頁、なお『角川日本地名大辞典24　三重県』によると、笠松県は伊勢国内には桑名郡四四か村が属していた。大津県は三重郡のうち二〇か村、鈴鹿郡のうち五か村、奄芸郡・河曲郡にも一〜二か村があったとあるが、村数は正確ではない。
(28)「明治三年布告書留」荘区有文書（二見町）。
(29) 前掲　同史料。

(30) 前掲『三重県史』資料編〈近代1〉二一三〜二一四頁。

(31) 前掲『三重県史』資料編〈近代1〉九九頁。

(32) 『南紀徳川史』第一二冊、二六七〜二七一頁。
なお表2の和歌山県の全村数五七〇か村のうち、安濃津県に入った三重・河曲・奄芸三郡で四二か村、度会県に入った一志・飯高・飯野・多気・度会の五郡で四二九か村となり、目録に記されている村数より、それぞれ一村ずつ合わない。

(33) 前掲『三重県史』資料編〈近代1〉二一六頁。

(34) 前掲『三重県史』資料編〈近代1〉二〇〇〜二〇二頁。

(35) 前掲『三重県史』資料編〈近代1〉二一四頁。

(36) 前掲『三重県史』資料編〈近代1〉二一五頁。

(37) 前掲『三重県史』資料編〈近代1〉二一四頁。

(38) 前掲『三重県史』資料編〈近代1〉二一五頁。

(39) 前掲『三重県史』資料編〈近代1〉二三一頁。

(40) 前掲『三重県史』資料編〈近代1〉二二四頁。

(41) 『新宮市史』史料編上巻　九一九〜九二〇頁。

(42) 『熊野川町史』史料編1（熊野川町　二〇〇一年刊）三一八〜三一九頁。

(43) 『和歌山県史』近現代史料四（和歌山県　一九七八年刊）七〇頁。

(44) 前掲『熊野川町史』史料編　三一七頁。

(45) 『紀伊続風土記』第三輯（歴史図書社　一九七〇年刊復刻版）一六四頁。

(46) 熊野川町史編さん室の調査による。

(47) 前掲『三重県史』資料編〈近代1〉二三一頁。

〔付記〕

本稿をまとめるにあたり新宮市熊野川町史編纂室の協力を得た。

第二章　生産・流通の発展と山村開発

第一節　近世初期の森林資源の開発と熊野

はじめに

紀伊山地には広大な森林がある。この豊富な森林資源の本格的な開発による木材伐採が行われて来たのはいつ頃からであろうか、検討してみよう。

熊野は僻辺であるが畿内に近い距離にあり、律令国家の建都に大量に熊野材が供給されたと想像される。また大規模な社寺の多い畿内や隣接地の社寺建築にも利用されたと考えられるが、それを裏づける史料がない。文献的には、豊臣政権が紀州攻めを開始する天正十三年（一五八五）ごろである。関ヶ原の役後、浅野幸長が紀伊国へ入国してから、すなわち慶長～元和前期（一六〇〇～一六一九）にかけて濫伐が一気にすすみ、熊野の山々から巨木が切り倒されて搬送されている。

浅野家の後に入国した徳川頼宣は、浅野期とは逆の山林の保護策を行い、巨木の伐り尽された広大な森林を保護して国土保全と耕地の乏しい熊野地方の農業生産の向上に重点が移った。

本節では、浅野政権から徳川政権への移行期における両政権の異なった山林政策の特色を、当時の政治的状況から考えてみたい。

広大な熊野の山林から産出する良材は、徳川秀忠や伊達政宗にも注視されて供給しており、都市の発展にともなう大量の建築材の需要もあり、木材伐採は続いた。また暖房、炊事などの家庭用や鉱業・鍛冶業などの鉱工業用に薪炭が利用された。都市生活者である武士、商人、職人などの日常生活は、薪炭の供給により成り立っていた。

一　熊野木材への着眼

『日本霊異記』下巻第一縁に、「熊野村人、至于熊野河上之山、伐樹作船」とあり、奈良時代には熊野村の人が木材を伐採して船を造った話がある。七世紀後半～八世紀初頭に成立した律令国家は、熊野地方を支配下に入れており、平城京の造営には熊野材が使用されていると推定もされるが、平城京などで発掘されている木簡から海産物が熊野から送られていることはわかるが、木材の搬送を裏づける木簡などの史料はない。

熊野三山は、いずれもが大規模な建造物群からなっており、再建、修築には大量の木材が必要である。その記録が残っていないが、用材として大量の木材が伐り出されて利用されたはずである。三山は熊野の森林で産する巨木の提供をうけて荘厳な社殿を維持していたと考えるべきで、その意味から、熊野材の巨大な消費地を形成していたといってよい。

今のところ、文献上で最も古いのは、文保元年（一三一七）に武蔵国六浦荘金沢の称名寺（金沢北条氏の菩提寺）の伽藍の再興のときに「熊野檜皮」が海路を運ばれ、金堂の屋根葺きに使われたとの記録である。しかし、これは木材ではなく林産加工品である。[1]また称名寺へは、元亨三年（一三二三）四月二十六日に熊野権現を遷宮している。鎌倉幕府には、熊野三山を信仰する武士がいたが、建築材として熊野材を運んだ記録は発見されていない。

熊野材が大量に伐採されるようになるのは、文献史料上は、十六世紀末～十七世紀初にかけて、豊臣秀吉を初め天下統一にかかわった覇者たちが、城郭や大寺院の建築用材として熊野材に着眼したときからである。[2]

天正十三年（一五八五）五月、紀州に攻め込んだ豊臣秀吉は、根来・雑賀を制圧して紀ノ川流域を支配下に置くと、熊野地方へ軍を進めた。熊野は森林の宝庫であり、産出される良材は、支配者にとってたいへん魅力的であった。秀吉は、天下統一の戦争を勝ち抜きながら、支配と統合の象徴である城郭や大寺院の建築に力を注いだが、そのために大量の巨木が必要であった。[3]秀吉が熊野の支配にこだわった理由はそこにあった。

しかし、熊野の人々は簡単に秀吉の言いなりになったわけではない。秀吉の祐筆山中山城守長俊が、天正十四年三月二十七日に、牟婁の安宅川流域に勢力を置いていた在地領主小山氏や安宅氏に宛てた書状に、「大坂御本丸御作事」に供する材木の提供を求めているが、両氏が素直に聞き入れなかったため、「公儀御用被相妨様ニ候ハ、御為不可然候、早速被止其煩被出可然候……公儀御用次第ニ其方より山出儀可被仰付候哉、左様ニも無之理不尽ニ被相留候儀、御耳ニ立候てハ不可然候[4]」とあり、用材の提供をしぶっているが、そのような理不尽はやめるようにしないと、もし秀吉の耳に入るとたいへんなことになると忠告している。

天正十四年から始まった京都東山の方広寺の建立は大規模な工事で、多くの木材が集められたが、熊野は主要な木材供給地となった。熊野から伐り出された木材は、ひとまず水運で紀伊湊（和歌山）へ集められ、大坂・京都へ運ばれた。当初、熊野の木材を管理していたのは、紀伊湊で城を構えていた吉川平介であった。平介は熊野から紀伊湊までの木材輸送に主要な役割を果していたが[5]、その後、羽柴秀長の家臣である藤堂高虎と羽田正親が熊野山奉行となり、その管理を任された。

秀吉は、方広寺の建立にかかわって、木材を調達するために、天正十六年三月にも、羽田正親と藤堂高虎にあてて朱印状を出している。それには、「熊野奥山中在々大仏材木事、大木出兼候分者板ニひき候て可相届候[6]」と、方広寺大仏殿を建築するにあたって、その用材を熊野地方の在々へ申付けたが、大木は板に挽いて届けよと命じている。同十六年四月二十二日の藤堂高虎への朱印状においても、「大仏足代材木之事、長さ二間木、二間半木、三間木、二人持、三人持、合弐万本、来月十日以前ニ可出候[7]」とあり、大仏殿建築工事の足場を組むために、必要な材木二万本を五月十日まで送って来るように命じている。このとき、伐り出された用材は、新宮川（熊野川）を利用して新宮まで流下したが、多くの木材が大雨で流失してしまった。そこで、熊野灘沿岸の浦々へ申付けて、流木の回収を命じた朱印状が、羽田正親、藤堂高

虎、杉若越後の三人に宛てて出されている。(8)

慶長六年（一六〇一）八月二十五日付で、片桐且元から久木の小山式部氏次に宛てて出された書状にも、豊臣秀頼は、四天王寺の諸堂を建立するので熊野から用材を伐り出すように命じている。(9)

徳川家康も熊野の木材に着眼していた一人である。慶長十一年正月十九日、江戸城の修復を正式に発表すると、諸大名に手伝普請を命じた。(10) 三月朔日に工事が始まるが、諸大名は伊豆国真鶴海岸から石材を運ぶ石船を造って送っている。浅野幸長は、それより以前の慶長九年七月に、熊野地方の沿岸の浦々へ三八九艘の石船の建造を命じており、そのため石船の用材が大量に伐り出されている。(11)

浅野幸長から新宮へ配置されている浅野右近忠吉が、慶長十年五月七日に「新宮河筋相野惣郷中立筋百姓中」に宛てた申渡状によると、(12)「新宮近辺三里四里之間、在々山にてけや木伐木うりかいニ仕候事かたく令停止候」と、新宮近辺の三里、四里のうちの村々の百姓に、欅の伐り出しや売買を禁止している。それは、「公儀より御用に候ハ、自是急度可申付候」とあるように、石船の用材に支障が出るのを防止するためであった。

伊達政宗も熊野材の良質さを熟知していた大名である。仙台城とその城下町の建設にともない松島五大堂、瑞巌寺、大崎八幡宮など由緒のある寺社の造営、再興にも着手している。

桃山様式の権現造りの大崎八幡宮は、慶長九年（一六〇四）秋から造営が始まったが、棟札によると、慶長十二年丁未八月十二日に桁行五間、梁行三間の入母屋造りの本殿と桁行七間、梁行三間の拝殿を連結した複合社殿を、「大檀那大崎少将藤原朝臣政宗」が建立したときに奉納したと記されている。それには、山城国の大工棟梁三十郎頼次、日向守家次、鍛冶雅楽助吉家が、紀州根来の大工の棟梁刑部左衛門国次を招いて仙台へ連れて来たことを記している。

また本殿内陣の裏の廻廊の天井板の一枚に、「けい長十一のとし」「きしうなかのこうり（紀州那賀郡）」「山村吉十衛門」、拝殿中の間天井板の一枚に、「紀州木ノ国」「大工拾人衆」「中のま」「わうみ（近江）ノ国拾人杉へ五郎介」「慶長拾壱」などの地名、人名、年号が落書きされており、紀州や近江の大工たちが呼び寄せられて造営にかかわっていたこともわかる。(13)

一方瑞巌寺の造営においては、慶長九年八月十五日に政宗がみずから縄張りを指揮して、翌十年二月三日から釿立てに入った。用材は紀州熊野から海路を運び、本堂、庫裏などの主要部をみごとに竣工させた。また、同十四年三月二十六日に方丈の棟上げが行われたが、その棟札に、「大檀越奥州刺史伊達少将藤原政宗朝臣、自紀州熊野山取其材命匠人、中村日向守藤原吉次以建焉」と書かれており、建築にたずさわった大工に、紀州那賀郡根来鶴衛門家次、脇大工同吉衛門頼定の二人の名前も記されている。(14)

伊達政宗は、伏見在勤中に京都のすぐれた文化に接し、畿内の水準の高い文化に魅せられていた。彼は遠い奥州仙台の地へもそれを伝えるため、高度な技術を有する紀州の大工を呼び寄せて、仙台城の大広間など主要建築物の造営に携わり、桃山様式の建築物を仙台の地に出現させた。

慶長十四年正月、徳川家康は豊臣秀頼に、慶長元年（一五九六）の地震で崩壊したままになっている京都の方広寺の大仏殿の再興に着手させた。この再建に豊臣恩顧の大名の一人として、浅野幸長は大量の熊野材の寄進を命じられているが、この用材を「大仏木」と呼んでいた。(15)新宮川の川筋を中心にした村々での用材の伐り出しが始まったが、多雨地帯であるだけに、このときも、折悪しく八月十八日の大水によって、せっかく伐り出した木材が大量に流出した。幸長は、近藤平十郎・渡辺九右衛門らを「流木改」に任命して派遣し、川筋を中心に流木の調査をして「改帳」を作成させた。十四年八月付で流木奉行中から、「流木留賃之覚」が発表されているが、流木を防ぐために川筋の百姓に入念に木材をつなぎ留めることや、流木を拾い集めた百姓に払う「漕よせ候賃」「つなぎとめ候賃」を決めている。同年十月二十八日付の「覚」には、熊野灘沿岸の浦神〜井田浜の間の浦々と、新宮川筋で集めた流木のうちで、「紀州様」＝浅野幸長に納める分を泉屋久兵衛・京屋才兵衛ら五人の商人が買い取ったことが記されている。

同十五年正月十一日、浅野幸長は龍神新右衛門を「木之口奉行」に任命して、新宮へ派遣し逗留させている。新右衛門は、新宮周辺の隣郷在所の庄屋・百姓に対して書面で「薪ぬかわらさうり(草履)」を差し出すように通達している。木材の流下量の増加にともない流木の回収体制の確立が必要になって来た。

やがて三月二十四日には、前年の流木材の回収もほぼ終ったことを材木方の柘植市左衛門が、現地の御代官湯川五兵衛に宛てて通達しているが、四月二十六日にも、「流材木片方等之儀、市川惣右衛門、湯川五兵衛より書状を以相達ス」と、再度通達を出している。同十六年三月十日に、古座組の林六郎左衛門と中勘三郎が、大仏材木口前銀子を受取っているが、流木は古座浦近辺まで流れていた。

浅野政権は、流木対策を進める中で、新宮川流域および熊野灘沿岸の村々の統治体制を固めた。

元和二年（一六一六）四月十七日、徳川家康が死去すると、十月、幕府は下野国日光山に神廟（東照宮）の造営に取りかかった。藤堂高虎が用材の調達を司り、阿倍四郎五郎正之が運漕を指揮している。[16]また同年九月二十二日付で、「日光下野国御宮造営、其外御作事御用ニ付、紀伊国ニ有之御材木運賃船ニ而早々積廻し候様、御年寄衆より御連書を以浅野右近大夫忠吉被仰越[17]」とあるように、公儀は、老中の安藤対馬守重信、土井大炊助利勝、本多上野介正純らが連署した奉書を浅野右近大夫に発し、材木を早く送ってくるように命じている。紀伊国領主の浅野長晟は、新宮に配置して熊野地方の森林の状態を熟知している浅野右近大夫に一切の権限を代行させて対応した。

翌三年五月四日、九鬼光隆が新宮へその御用木を受け取りに来て、ほぼ船積みを終えてから、これらの御用木は、「ゑりわけ請取可申と存、相改候処ニ存知之外すくなく御座候……此跡々も此なミ（並）の御材木駿府・江戸へ渡し御下し候、……只今我等ふしなし計を請取可申と申候ハヽ、新儀ニ六ヶ敷事を申様ニ可思召候[18]」とあるように、受け取った熊野材を選りわけたところ、良材は意外と少なく、「並」の木材は駿府と江戸へ送って城郭建築材に使用することにしたが、日光東照宮で使用する節なしの用材を選び出すのに苦労した状況を述べている。熊野材は、これまで大量に伐り出されており良材は少なくなっていた。

同年十月二日に、浅野左衛門佐（浅野幸長の城代）が、浅野右近大夫御下代中（家臣）に命じた書状には、将軍徳川秀忠の御書院と御数寄屋の建築材に、「松の節なし四方まさ」の献上を命じている。用材が大量に必要なので、牟婁郡のみでなく、有田・日高両郡の山中からも探し出して、長さ、太さは帳簿に記したとおりの木を伐って、年内に船着場へ出しておき、翌四年正月早々に江戸へ送るように心掛けよと告知している[19]。

元和三年十月二十四日付で、浅野長晟が、本宮組、あかき（赤木）村、三ツ村組、同新宮川筋大野村の在々の庄屋、百姓中に宛てて「公儀材木御用」に関する書状を出している。[20] それには公儀御用の御材木改奉行に龍神新右衛門、長田五郎七、浅野右近大夫の「下代の者」を差出させ、材木の有無を申し出させている。「当国ニ無之大材木大和領并伊勢領ゟ出候ハヽ、不寄何時右近大夫かた迄可申理候」と、大和領や伊勢領から伐り出す大材も、浅野右近大夫へ申出るように命じている。良材の宝庫と注目された熊野地方も巨木はほとんど伐り尽くされているので、大和領や伊勢領に求めなければ用材が整わない状態になっていた。

熊野山中の北山川左岸に石垣造りの堅固な城郭跡が残っている。天正末年頃築城された赤木城跡である。城の由来を記した記録は全く残っておらず、「なぞ」のままである。小規模な城跡ながらも、いくつもの郭をもち、軍事的施設以外の構造も兼ね備えていることから、治安維持以外に熊野地方のみならず大和地方にもにらみを効かせ、木材の調達のための政庁としての役割が大きかったのではないかと考えられる。[21] 元和元年の一国一城令以後廃城されたのであろうが、文献的には何も残されていない城である。

慶長九年（一六〇四）七月、徳川家康に江戸城の拡張工事による石船の建造を命じられた浅野幸長は、富田川、安宅川、古座川、太田川、新宮川の川筋を中心に、熊野地方一円に割当てをして建造を急がせたが、奥熊野では大泊・新鹿、三木里・賀田・尾鷲、粉本、長島など船材が豊富で造船が盛んに行われている実績のある地域を拠点にしていた。

二　紀伊徳川領の山林政策

元和五年（一六一九）九月、徳川家康の第一〇子頼宣が紀伊国へ入国した。このとき家康が、付家老に推挙した安藤直次を田辺へ、水野重仲（央）を新宮に配置して、紀伊徳川家の領国支配が固まった。そのため熊野地方は、頼宣支配地の口熊野と奥熊野、それに田辺領と新宮領に四分割された統治形態になった。[22]しかし、森林地帯である熊野は、森林の管理を念頭に置いた山林政策が必要で、紀伊領でも熊野地方の統治には、かなり重点を置いていた。ただ浅野統治時代と異なるのは、良材の伐採と河川を生かした搬出といった森林資源の開発のみではなく、樹木の成育や山林の保護育成に力を注いでいることである。

寛永八年（一六三一）八月二十九日付で、新宮領請川組では、水野家が「御公儀御用木」を指定している。請川村で幹廻り一尋三尺の楠の大木一本、静川村で松の木二〇本、野竹村で槻木一二本が対象となっており、それぞれの村に預けて責任を持たせて管理させ、百姓が勝手に伐ってはならないとの通達が出されている。[23]言うまでもなく、新宮領も紀伊徳川家の山林政策に従っていたのである。

紀伊領で、寛永十三年十二月に出した「奥熊野山林御定書并先年之壁書」[24]は、最初の山林政策に関する法令である。奥熊野の村々で山林、柴刈場、肥草刈場、牛飼刈場、開墾予定地など、百姓が直接生産活動にかかわる場所を除くすべての山林を「留山」として、木の伐採や山焼きを禁止した。また楠、栢（榧）、槻（欅）は、立木のみならず枯木の伐り出しも禁止し、八尺以上の杉・檜・松の濫伐も取締まっている。

いわゆる「六木の制」である。紀伊領では、こうした山林政策を推進するために、大庄屋や庄屋、肝煎などの村役人に権限を持たせて山林の保護育成につとめさせた。新宮領では、水野重良が「六木についての制道」を領内の山廻り、庄屋・頭百姓に布達している。[25]

正保二年（一六四五）九月に発せられた定書は、紀伊領最初の総合的農村法と言われるが、その中に六木の伐採、御留山、山野のかくい堀り、山焼きなどを禁止した山林保護政策が掲げられている。[26] 次に出された延宝五年（一六七七）十月の定書にも、正保二年の山林保護策がそのまま引き継がれており、山林保護は、紀伊領の農山村統治の基本となっていた。

戦乱の余韻がまだ残っていた浅野時代に比べ、徳川政治体制が確立しつつあった徳川家の統治下では、封建領主にとって山林の利用価値は、水源涵養、土砂捍止などの国土保全と農業生産の向上に重点が移っていた。「御留山」、「六木の制」は、紀伊領の山林保護の理念に基づいていて、それなりの意味があったことはいうまでもないが、しかし、「熊野に於ては、栢、楠、槻は殆んど其の伐採を許可されざりしが故に、人民は甚だしく此留木を厄介視し、留木の繁茂の為め他の有用材の生育を害し、又誤りて留木の幼木を伐採する時は、厳罰に処せられるを以て、留木のある山には自由に立ち入る事を恐る」[27] と、「御留山」や「六木の制」を迷惑がる現象が村々で起こっていた。そのため慶安三年（一六五〇）以後は、両熊野（口熊野と奥熊野）では杉・檜・松は留木を免じられ、百姓は自由に伐採できるようになった。耕地が狭く、生産性も低い熊野地方では、山林が重要な生産活動の場として活用されなければならず、留木の緩和は山林資源の開発の道を開いた。

紀伊領では、元禄九・十年（一六九六・九七年）に山林に関する触書が何通も出されている。元禄九年五月の「有田郡奉行中へ申渡」[28]には、「有田郡山保田中在々杉檜植附、自今已後百姓助成に仕度候」とあり、同年九月の「日高有田山中筋在々へ被申付候様にと郡奉行中へ申渡す」[29]にも、「山中筋は稼第一の事候、兼て申附候通随分相応の植もの可致候」と、これまで見られなかった植林の奨励、助言の文言が見られるようになっている。領主も山林の再生を意識していることが窺え、村々では造林も行われるようになった。

元禄九年十月、山中から仕出す材木・丸太の川下しについて、口熊野郡奉行所は、「定」とそれに添付した書状が二通出されている[30]。古座川と安宅川（日置川）の流域の村々を対象にしているが、「定」は六か条からなっている。山中から伐り出された「やたら木」は、山元で一本毎に木口印を念入りに打つように命じている。また無木口印は寄木（流れ寄った木）と同じ扱いにしており、「やたら木」の仕出しの途中で売買を認める木材は、木口印のみで、無木口印は、一切売買を認めないことにしている。そのため、木印は組々の大庄屋へ必ず届けておかなければならなかった。川流しのときは、留場に材木を留めて置いて流失を防ぐようにし、日置浦、古座浦では「所船」（地船）も他所船も、ともに「紛れやたら木」の購入はいっさい禁止された。安宅川では市鹿野から川口の日置浦まで、古座川では真砂から古座浦までの範囲は、定められた留賃どおり支払うように強調している。市鹿野および真砂より上流は、これまでどおり留賃は支払われなくてもよいなど、山中で伐り出された木材の川下しについても細かい規定がつくられていた。

他の一通は三か条からなっているが、その内容は、口熊野全体で山稼ぎは「才木」の仕出しが多い。安宅川でも古座川でも、川丈や小川谷に揃えて置いた木材の盗難がよく発生した。才木は川の水の状態を見て川下しをするが、ときには急流に乗せて流すこともあり、流失してしまって所在が不明になることもしばしば発生した。また川丈の留場で、木主との留賃の支払いをめぐって争論もよく起こった。不当に留賃を要求したり、才木を隠して木主へ渡さずに浜へ出して売ってしまう者もいるとうわさが立ったりした。村々へ渡している「定書」の内容をよく守り、違反者が出たときはすぐに申し出よ、隠し置いて後日発覚したときは、庄屋・肝煎・五人組・村中へも過料を申し付けると、川下しに関する不正行為のきびしい取締りを記している。

木材の搬出には、伐り出した山中から川口に碇泊する廻船まで、支障なく運ばれる流通路が整備されていなければならないが、険しい山岳地の広い熊野地方では、渓谷が内陸部まで入り込む谷川が活用されていた。

三　宝永期の大仏殿再建と古座川材の供出

文化期（一八〇四～一八一八）に、口熊野三尾川組平井村の栃野川山・玉野川山の山論の訴訟書の文中に、かつて宝永期（一七〇四～一七一二）に奈良東大寺の大仏殿の再建のとき、用材に栃の木四三本が伐採されて供出されたことが記されている。(31)

一栃木四拾三本　西川領分　玉野川山平井西川持合　内　弐拾本 打おり　弐十三本 切おり

此栃之実凡四拾三石程

右者此度大仏殿御用木御仕出しニ付、折おり切折申相改書附差上ヶ申処、

如此ニ御座候、以上

元禄十三年辰十月

西川村庄屋　左伝次判

平井村庄屋　義平判

薗田平次郎様

つくし武左衛門様

とある。

元禄十二年（一六九九）九月に東大寺大仏殿再建の勧化が始まると、古座川上流部の平井村でも御用材の調査が始まったようである。「元禄宝永之比御用木御仕出し之節諸御用相勤、其後楠・槻・栢・小木相認差出し候様被仰出、右山々見分人足并村役人数ハ相改、何谷何硲ニ何本と申目録帳面相認山廻り山本吉右衛門殿、大庄屋佐本清左衛門へ指出候[32]」と、平井村では村役人が人足を連れて山中に入り、谷硲まで分け入って山改めをし、御用材になる樹木を見つけ出して、その本数を目録帳に書き留めた。それを山廻り役が大庄屋へ報告したことが伝えられている。

すでに十六世紀末以来の城郭や大寺院などの建築ブーム以来、豊臣政権に注目されて熊野の山々から大

量の巨木が伐り出されていたが、伐採の激しい新宮川流域では樹齢三〜五〇〇年以上の巨木はあまり残されてはいなかった。元禄期になって東大寺大仏殿の再建のとき、古座川流域に用材を求めて来たのである。伐り出された栃の木は、古座川を流下して川口で廻船に積み換えて奈良へ運ばれて行った。

なお『熊野年代記』[33]の宝永六年（一七〇九）の条に、「南都大仏棟木一本当古座ヨリ出ル、長拾五間、末口三尺五寸」とある。長さ二七メートル余、切口一メートル余の巨木が大仏殿の棟木として伐り出されていたことが記されている。

まとめ

熊野地方の近世は、豊臣政権による熊野の木材の濫伐によって始まったと言ってよい。少なくとも樹齢三〇〇〜五〇〇年以上の巨木は伐り出されたが、それはまた、無尽蔵と思われた熊野の森林資源の開発でもあった。城郭や大寺院などの用材に供出を命じられた浅野氏統治時代の伐採も激しかった。

慶長六年（一六〇一）の紀州総検地を通して、浅野氏による熊野地方の支配は進んでいくが、樹木の伐り出しや川下し、流木の防止、洪水で流出した木材の回収といった専門的な技術を要する役務を領民に課することも可能になった。その結果、東照宮の神廟や権力者の居館の用材にも熊野の山々から大量の樹木が伐り出された。

浅野氏に代わって紀伊国に入国した徳川頼宣は、むしろ山林の保護育成策を進めたところに特色がある。「留山」を設け、「六木の制」を定めて、むやみに樹木の伐採をするのを禁止している。また現存している巨木の調査をして、村々にその管理を命じた。たしかにそれは、森林の保護と再生には効果があったが、一方領民の生活も制約されることが多かった。

元禄期の奈良大仏殿の再建が発表されたとき、熊野地方へも用材を求めて来ている。しかし、慶長期までの伐採が激しかったため用材は少なくなっていた。これまであまり手の付けられていなかった古座川の上流部に生育する樹木が伐り出されている。近世中期以降の熊野材の供出は、それまでと異なってきた。

〔注〕

(1) 『日置川町史』(日置川町　二〇〇五年刊)三三頁、また西田長男「称名寺の熊野堂」(『金澤文庫研究』〈金澤文庫発行　一九六三年六月刊〉)によると、元亨三年(一三二三)四月頃、称名寺境内に熊野権現を勧請したとある。文保～元亨期(鎌倉末期)に熊野三山のうちの新宮社の祭神を祀っており、この頃から熊野三山との関係ができたと考えられる。

(2) 『和歌山県史』中世(和歌山県　一九九四年刊)六八一～六八二頁。なお同書は、播磨良紀「秀長執政期の紀州支配について」を引用している。

(3) 三鬼清一郎「方広寺大仏殿の造営に関する一考察」(永原慶二他『中世・近世の国家と社会』東京大学出版会一九八六年刊)。

(4) 『日置川町史』第一巻(日置川町　二〇〇五年刊)三三五頁。跡部信氏は、「大坂御本丸御作事」は、慶長元年(一五九六)に、明の使節を迎えるにあたり、千畳敷の造営や天守閣の改築が行われたときであると推定されている(辻井隆昭氏の教示による)。

(5)『熊野川町史』通史編（熊野川町　二〇〇八年刊）六七頁。

(6)・(7)・(8)　前掲『日置川町史』第一巻　二三六頁。いずれも『高山公実録』上より収録。なお竹村公太郎著『土地の文明』（PHP―二〇〇五年刊）二五三頁では、熊野地方は一五五〇年代で巨木の伐採はほぼ終ったとあるが、もう数十年おくらせて一五八〇～九〇年頃とする方がよいのではないか。

(9)　前掲『日置川町史』第一巻　三三七頁。

(10)『新訂増補国史大系徳川実紀』第一編（吉川弘文館　一九七六年刊）四〇三～四一一頁。

(11)　前掲『徳川実紀』第一編一一九頁。また「清光公済美録」巻之六にも記述している。

(12)『本宮町史』文化財・古代中世史料編（本宮町　二〇〇二年刊）一〇三二頁。

(13)『国宝　大崎八幡宮』（大崎八幡宮　平成十六年刊）一四頁。

(14)　調査報告「みちのく熊野信仰」（『みくまの』第四号　熊野記念館資料収集調査委員会歴史部会、一九八八年）。

(15)「清光公済美録」巻之九、以下断りのない限り同史料によった。

(16)『徳川実紀』第二編一一一頁。

(17)『自得公済美録』巻之九の下。

(18)　前掲『本宮町史』文化財・古代中世史料編　一〇四七～一〇四八頁。

(19)　前掲『本宮町史』文化財・古代中世史料編　一〇四八頁。

(20)　前掲「自得公済美録」巻之九―下。

(21)　前掲『熊野川町史』通史編　六七～六八頁（播磨良紀氏の執筆）。

(22)　拙著『紀州藩の政治と社会』（清文堂出版　二〇〇〇年刊）「第二章第二節田辺領と新宮領」。

(23)『本宮町史』近世史料編（本宮町　一九九三年刊）四六二～四六三頁。

(24)『日本林制史資料・和歌山藩』（農林省編　一九三一年刊）九～一一頁。

(25)　前掲『本宮町史』近世史料編　二～三頁。

(26) 平山行三著『紀州藩農村法の研究』(吉川弘文館　一九七二年刊)三〜一九頁。
(27)『南牟婁郡』下(南牟婁教育会　一九二五年刊)二六七頁。
(28)『南紀徳川史』第一〇冊(復刻)四三二頁。
(29) 前掲『南紀徳川史』第一〇冊(復刻)四三三〜四三四頁。
(30)『古座川町史』近世史料編(古座川町　二〇〇五年刊)二〇三〜二〇六頁。「やたら木」については、古座川町平井の前田英之助氏によれば、黒木(モミ・トガサクラなど)ではないかというが、不明である。
(31) 前掲『古座川町史』近世史料編　二七一頁。
(32) 前掲『古座川町史』近世史料編　二六四頁。
(33)『熊野年代記』(熊野三山協議会・みくまの総合資料館研究委員会　一九八九年刊)二一四頁。

第二節　栖原角兵衛家の熊野炭販売と深川炭商人

はじめに

奥熊野尾鷲地方の山林地主の成立に関しては、速水融氏や阿部正昭氏のすぐれた研究があげられる。[1]両氏は、土井家が十八世紀中頃から大山林地主に成長していく過程を、詳細な史料の分析を通して解明し、木材・木炭商人として成長しながら山林経営に関与して廻船業にも着手し、江戸など領外市場と結びついている状況に論及されている。また熊野地方の炭・木材輸送に関しては、上村雅洋氏が鵜殿廻船の実態をとらえ、新宮廻船と比較しながら、両廻船が新宮川口を中心に薪炭・木材輸送に果した役割を明らかにしている。[2]

ところで本節は、熊野地方で生産される木炭が、栖原屋を核にして形成される流通機構に組み込まれ、江戸市場に販売されている過程を考察する。

元禄期に熊野地方で、領民の救済を目的に設立された御仕入方は、山村の領民に生業として炭焼きをさせているが、その木炭は、領外市場への販売を目的にしていた。延宝期（一六七三〜八一）に、大坂では熊野炭や材木を扱う問屋が営業していたことから、十七世紀後半には、熊野地方の熊野炭が大坂市場へ大量に出荷されていたと推定される。[3]

また江戸でも、慶長年間（一五九六〜一六一五）に竹木や薪炭を扱う問屋が河岸の町々で営まれており、船運を利用して関東諸国から木炭が供給されていたが、やがて、近世中期になると流通機構も整い、さらに広い地域から大量の木炭が運ばれるようになった。[4] 十八世紀前半には、問屋仲間のなかに、公儀に対してさまざまな訴えや願書を提出するようになってくると、公儀は、享保九年（一七二四）から二年余にわたり、問屋や問屋並の商人を調査し、その商売方法・仕入れ量・仕入れ先・売り先・船積問屋などを把握しようとしている。[5] この公儀の商業政策の影響をうけて、紀州国でも享保十年に、有田郡出身の木材問屋栖原屋角兵衛に「御炭問屋株」を引きうけさせて、江戸市場での販売に力を入れた。[6] しかし、それ以後、栖原屋を中心とする熊野炭の取扱い問屋は、組織や納入金などをめぐって役所側との間で複雑な問題を投げかけている。こうした動きを江戸問屋仲間による流通独占という観点からとらえ、十八世紀中頃の熊野炭の江戸市場の販売状況をさぐってみよう。

一　熊野炭の出荷

紀州領と和州領に広がる新宮川（熊野川）流域の村々からは、川口の新宮まで大量に熊野炭が出荷されている。その木炭が、どういう経路で市場へ出荷されるかについて、『南紀徳川史』の元禄九年（一六九六）四月の条にくわしく記されている。(7)

新宮領の山で焼かれた炭は、新宮池田役所が買いあげ、紀伊徳川領（御蔵領）の山で焼かれた炭は、宮戸御仕入方が買いあげていた。和州領の山では、新宮領の人が焼いた炭は池田役所と宮戸御仕入方が半分ずつ買いあげ、御蔵領の人が和州領の山で焼いた炭は、宮戸御仕入方が買いあげた。しかし、尾呂志組内の栗須村（新宮領）と入鹿組内の矢の川村・片川村（ともに紀伊徳川領）の三か村の山の熊野炭は、宮戸御仕入方が三分の二、池田役所が三分の一を買いあげ、入鹿組九か村の山で焼いた炭は、宮戸御仕入方と池田役所が半分ずつ買いあげている。

このように炭山で焼かれる炭は、原則的には紀伊徳川領の炭は宮戸御仕入方、新宮領の炭は池田役所が支配したが、焼き子が紀伊徳川領か新宮領かによっても違いがあり、地域により、買上げ先が異なっていた。宮戸御仕入方と池田役所は新宮城下にあり、ともに新宮川右岸の川沿いに設置しており、新宮川流域の村々から運び出される木材や熊野炭など山産物を集荷していた。

『熊野年代記』(8)の宝暦九年（一七五九）二月二十日の条に、新宮上熊野地の大火が記されている。「家数小屋合五十軒余焼失、殿様御炭納屋三軒、炭俵数凡拾萬程ニ米拾石、御仕入方役所ともニ皆々焼失……御仕入方役所ヨリ本宮江被申遣、炭山の炭焼、廿二日ニ参リ、朝五ツ時ゟ炭火消シニ懸リ、同夜半ニ消ス、木之本郡奉行戸田孫左衛門殿見分被越候」と、宮戸御仕入方付近に軒を連ねている紀伊徳川家の炭納屋が火災に見舞われた。そのとき紀伊徳川領本宮から焼き子を消火に呼び寄せている。その後、奥熊野郡奉行に見分をさせており、宮戸御仕入方は新宮水野家とは関係がなかった。

熊野地方で生産された熊野炭のかなりの量が新宮川の船運を利用して新宮に集められたが、新宮川水系以外の地域でも木炭が広く焼かれており、熊野灘沿岸の要衝に設置されている御仕入方へ集荷されている。そうした熊野地方から出荷される熊野炭の全容を把握するのは不可能であるが、新宮領では、「明和丑寅(六・七年)両年者凡三拾万近ク焼出(脱俵)ル」[9]とあり、新宮領のみで約三〇万俵と考えられる。さらに新宮勘定所が、寛政三年(一七九一)七月に、新宮川の川丈九か組(浅里・三ノ村・川ノ内・北山・敷屋・請川・三里・尾呂志・大山)と、那智組の大庄屋へ申し渡した書状に、「早春ゟ段々訳而申付、焼元江茂毎々人被遣候処、年内拾三万俵焼出し可申者漸々御請申出候得共……今三万相増、都合十六万俵焼出候様申付候」とあり[10]、新宮領からの炭の出荷量は、十八世紀後半には十数万俵になっていた。

御蔵領に関しては、「熊野炭、之を御仕入炭と称し、元禄年間より口奥両熊野在々へ御仕入方役所と云を設置資財を貸与焼出せるに始まる」[11]とあり、元禄期から、御仕入方が農民に資金を貸与したり、炭焼き賃や運搬の駄賃を支払って炭焼きを行なっていた。十八世紀前半には、奥熊野の木本・新鹿・嘉多(賀田)・尾鷲・長島・大又・寺谷、本宮の八か所に御仕入方が置かれ、炭・木材の生産はもちろん、販売にも介在して奥熊野地方の林産資源の開発に重要な役割をはたしていた。

紀伊徳川政権は、明暦三年(一六五七)に、伊勢領に佐八役所を置き、田丸領大杉山の材木を仕出したのに始まるが[12]、延宝五年(一六七七)には、大内山炭方、同六年には宮川の流域の在々の木炭を支配して経営を拡大した。十八世紀になって、奥熊野の二郷・錦や相賀組の船津などにも佐八方配下の役所が置かれると、奥熊野地方には、御仕入方と佐八方の両役所が併存して各地の村々で熊野炭を焼かせ、広範に出荷させた。長島御仕入方の創設は元禄十五年（一七〇二）で、赤羽川に沿う前山村・中桐村・大原村・十須村・江龍村を「赤羽谷五ヶ在」と呼ぶが、「赤羽谷五ヶ在は、長島浦の北数里にあり、十須、江龍の二村は最奥在也、山間窮谷に点々村落をなし、一村纔に五・六戸又は十戸前後、敢て水田を見す、数畝の麦圃は播種のまゝにて施肥耕耘せされは絶へて見る影もなし、甲乙斜傾の廃屋は逃亡の跡といふ[13]」と凄惨な村柄を述べている。そのため「御救在々」と呼んでいたが、御仕入方による製炭の指導により、「赤羽谷五ヶ在」は救済された。熊野炭の中の一つに「長島炭」の名がある程出産量が多くなった。また相賀組でも、相賀川（船津川）流域の船津村新田奥の樋が谷に佐八役所が設置され、窮民を救済する目的で林業の振興と木炭生産をはかった[14]。相賀川下流の古本村渡利や引本浦へ運び出して廻船へ船積みした。こうして、奥熊野の熊野炭の生産地帯ができあがった。

新宮川の川口には、新宮廻船と鵜殿廻船があり、熊野地方の薪炭や木材を江戸・上方の市場へ直送した。また伊勢廻船や尾州辺の廻船も訪れて、熊野地方と交流していた。こうした状況は、各地に残っている浦手形などによっても知ることができる。享保十年（一七二五）に紀伊徳川家から御炭問屋に指定され、江戸での熊野炭の販売にたずさわった栖原屋角兵衛店の荷物を積んで難破した廻船は、享保十四年〜元文四年の一〇年間に一三艘を数える。荷主別にみると、佐八方三艘、長島御仕入方六艘、新宮炭方二艘、新宮宮戸方二艘である[15]（表1）。

伊勢大湊の治郎右衛門所有の廻船は、宝暦三年（一七五三）十二月十三日と十五日に奥熊野の粉本・長

表1　栖原屋関係の積荷の難船

年　　月	流　出　積　荷	積　　　船	難破所
享保14.12	佐八方炭（384俵）	不　　明	品川瀬取船
〃	長嶋御仕入方炭（18俵）	不　　明	〃
〃 15.9	新宮宮戸方炭（395俵）	新宮佐五右衛門船	
〃 16	長嶋御仕入方炭（不明）	勢州今一色安兵衛船	遠州灘
〃 18.8	長嶋御仕入方炭（407俵）	勢州今一色忠右衛門船	
〃 18.11	長嶋御仕入方炭（450俵）	〃	江戸川
〃 20.3	新鹿御仕入方炭・小割物（不明）	新宮喜三郎船	遠州灘
元文2.12	新宮炭方役所炭・材木・鯨樽（不明）	新宮助九郎船	安房沖
〃 3.7	二郷佐八方炭（不明）	手船金三郎乗	伊豆長津呂
〃 3.7	長嶋御救方炭（不明）	積船名古屋源三郎乗	伊豆長津呂
〃 3.10	長嶋御救方炭（不明）	御仕入方積船一色吉兵衛	伊豆栗浜
〃	佐八方炭（不明）	手船太右衛門乗	伊豆栗浜
〃 4.1	新鹿木本御仕入方炭（不明）	御仕入方積船今一色村安之助	銚子

島・二郷の三か所の御仕入方から江戸市場へ出荷する炭三三八〇俵を積んで出船し、二十三日の夜、相州三浦半島沖で難破した。積荷の五三％を海中に捨てたが、二十四日から翌年正月八日まで多数の人夫が出て拾いあげたのが一五八九俵、そのうち「分二」として村方へ納めたのは七九俵である（表2）。天保四年（一八三三）正月二十一日に難破した尾州野田浦藤次郎船の積荷をみると、尾鷲御仕入方の熊野炭が三〇〇〇俵、尾鷲浦の商人玉置元右衛門の炭が七二四俵と線香三六〇箱、同浦浜中屋忠兵衛の線香が四八〇箱である（表3）。一般の廻船には、御仕入方の積荷も民間商人の積荷と同じように積み込まれていたから海中へ捨てられた。海中投捨は御仕入方の積荷も一般の積荷と同様に取扱われた。

享保十二年（一七二七）十月に、佐八方には九〇〇石積みの手船が二艘あり、元文期（一七三六～四一）にもなお所持されていた[16]。新宮水野家の手船も多く、享保十六年には五〇〇石積み程度の廻船をかなり持っていた[17]。新宮廻船は、すでに十七世紀の中頃には江戸とさかんに往来しており[18]、それ以来恒常的な取

表2の①　伊勢大湊治郎右衛門船救助時の積荷状況

	水揚本俵	分　一	残　俵	水揚明俵	分　一	残　俵	分一合計	残俵合計
城ケ嶋村	3	1分5厘	3					3
向ケ崎村	728	36	692	213	11	202	47	894
宮川村	380	19	361	265	13	252	32	613
計	1111	55俵と1分5厘	1056	478	24	454	79	1510

表2の②　伊勢大湊治郎右衛門船の積荷一覧

	積　立	海上捨	捨残り	分　一	残　り
12/13　粉本御役所	590	344	246	12	234
12/13　長嶋御役所	440	220	220	11	209
12/15　二郷御役所	2350	1227	1123	56	1067
計	3380	1791	1589	79	1510

表3　天保4年正月21日尾州野田浦藤次郎難船の積荷

荷　主	積み荷	海中捨荷	陸上げ
尾鷲御仕入方炭	3000俵	1257俵	1743俵
玉置元右衛門炭	724俵	417俵	317俵
同　人　線香	360箱	4箱	356箱
浜中屋忠兵衛線香	480箱	3箱	477箱

（表1、表2、表3は「萬用集」より作成）

引きが続いていた。こうした江戸との交流のなかから領主側の手船化が進んだと思われるが、その経営状態は明らかではない。

口熊野にも深い森林があり、薪炭・材木の出荷が早くから行われており、「仕入救済の方法奥熊野に同じ」とある。「焼法一種優等にして彼の有名なる備長炭を多出し、一つに田辺炭と称せり、……炭質の堅実なる。之を叩けば鍛鉄の如き響きありて火力久時に堪ゆるは天下無比なり」と、最高級品の備長炭を産出している。「概ね皆江戸に輸送し、菓子商鰻舗等火力の猛烈を要する商工業者の専用する処となり、熊野炭中第一等の名声を傳せり」(19)と、江戸市場では熊野炭の良質さが評価されて重宝がられていた。

二　栖原屋と深川材木問屋

十七世紀前半に房総に渡って鰯網漁を開拓した栖原屋角兵衛（茂俊）の跡を継いだ二代目角兵衛（茂興）は、漁業で蓄積した資本で、元禄初期に江戸鉄砲州本湊町で木材問屋を開業した。やがて元禄十三年（一七〇〇）には、深川に木材置場を設けて紀州材のほか諸国の木材も取扱い、薪炭業にも着手して経営規模を次第に拡大していった[20]。

享保九年（一七二四）二月、公儀は二十三品問屋仲間の書き上げの触[21]や同十一年四月の十五品問屋の書上げの触[22]を発して、木綿・米・塩・醤油・薪炭など江戸町人の生活必需品を扱う問屋商人を対象に問屋仲間を結成させた。公儀は、これら諸商品の流通ルートを調査し、統制することによって米価に準じて諸物価の引き下げをはかったが、それは、価格を押えるために問屋を把握しておく必要があったからである。しかし、問屋に系列化された集荷機構が十分育っていなかったから、公儀の商業改革にも限界があった[23]。

享保十年九月、栖原屋は紀伊徳川家の和歌山役所から中川清右衛門の御炭問屋株を引き継いで「跡問屋」になるように仰せつけられた[24]。当然宮戸御仕入方や熊野地方の御仕入方および佐八方から送られる御用炭を取扱うことになった。そのとき栖原屋は、紀伊徳川家の和歌山役所へ提出した「差上申一札之事」には、栖原屋が所持している鉄砲洲本湊町中通りの屋敷（表口一〇間、裏行三六間）＝代金五〇〇両程と深川一色町の一六戸分の蔵立の屋敷（表口二〇間、裏行二〇間）＝代金九〇〇両程の二か所の地所（一四〇〇両程）を炭の代金が納入できないときの抵当物件として提出するとしている。それでもなお不足する場合は、房州で所持している鰯網の網株や有田郡栖原村の田畑・家屋敷・家財道具を売払ってそれに充てると付け加えている。抵当物件になった二か所の地所のうち、深川一色町の蔵立屋敷は元禄十四年三月に四五〇両、本湊町の屋敷は正徳四年（一七一四）六月に八〇〇両で、それぞれ手に入れたものである。この一札には、勘定奉行浅井忠八ら四人、添奉行宮下与右衛門ら二人、御国御勝手方・御仕入方惣廻り・二分口元締衆・二分口御頭衆・佐八御頭衆ら延べ一八人の役人が連署している。公儀の商業政策に基づき紀伊徳川政権は、熊野炭の江戸市場出荷体制を構築しようとした。栖原屋が熊野炭の取扱い問屋に指定されたのはそのためであった。

三代目栖原屋角兵衛（茂延）は、元文四年（一七三九）に地士に任じられ、紀伊徳川家とさらに深い関係を持つことになった[25]。材木問屋以外の商人で材木を取扱う者が増えてきたので、株仲間の再編成があり、元文五年四月十八日に栖原屋を核にした深川木材商人の系列化がすすめられている[26]。

その四年後の延享元年（一七四四）六月、栖原屋は、新川勘右衛門の問屋株を併合して江戸元締方となった。新川家も紀州出身の材木商人であるが、栖原屋にあてた「口上」[27]には、「拙者自分ニ而諸商并国本小商売共ニ自今急度相休候而百姓一方ニ而相互ニ而可申候」と、郷里に帰って百姓稼ぎに専念する積りであった。このとき両家でかわされた「申含手形之事」によると、両家の問屋株と家屋敷はすべて惣領へ譲り、次男以下は江戸店で勤める場合は請状を取り、手代なみの給銀にした。そして勝手に諸商売に手を出すことを禁じ、すべて江戸店元締方の支配下に置くようにした。また両家の郷里の諸入用銀も毎日記帳して入用に応じて江戸店の元締より請け取るようにした。栖原屋の経営は順調で、延享元年五月に築地木場町の土地を二五両で、二年三月には本湊町の屋敷を一六〇〇両で、三年四月に築地木場町で材木問屋名題売場を家とともに二〇〇両で手に入れている。熊野炭の販売権の許可を得て、木材商人以外も組織化することにより、江戸市場での販売網を広げようとした。

三　流通機構の改組と栖原屋

栖原屋が、紀伊徳川家から熊野炭の取扱い問屋に指定されたのは享保九年（一七二四）であるが、延享期（一七四四〜四八）には、栖原屋以外でも熊野炭を取扱う商人が出てきた。寛延元年（一七四八）六、七月ごろになり、彼らのところへも各御仕入方や宮戸炭方役所から炭が送られるようになった。熊野炭の販売権を脅かされると感じた栖原屋は、紀州江戸会所の江戸詰手代衆へ、栖原屋の元締手代の平助と後見人河村常喜が連名で、寛延元年（一七四八）十二月に、「乍恐口上書を以奉願上候」と願状を提出した[28]。それには、熊野炭の取扱い問屋に指定されて以来、炭代の先納金も滞りなく納入し、江戸会所の御用も勤めていることを強調して、その処理に反対している。栖原屋は、代替り直後のことで、当主角兵衛（茂延）も若年のため深刻な問題であった。

間もなく佐八役所の扱う熊野炭が江戸の炭問屋へ送られたことを栖原屋は聞かされた。佐八役所は問屋数を増やして販路を拡張すれば、販売量が増加すると判断していた。しかし栖原屋は、自身の取扱量は減少するので、これまでどおり先納金（御用金）を納入できなくなると主張した。もともと御仕入方、佐八方や池田役所などの熊野炭を扱う江戸の炭問屋は、御用炭を扱う「御問屋」と呼ばれ、民間商人の炭を扱う炭問屋と区別されていた。御用炭を扱うと店の家格もあがり信用も出るので、どの問屋も御用炭の販売を希望した。それにともない栖原屋は、世間の評価が下がり、そのうわさが市中に広がるのを心配した。三軒の新しい炭問屋がかかわっていたが、「此上新山炭御仕出し御座候共、又者古山炭御仕入相増候共、是迄ニ不相替御送被下候様ニ奉願上候」と、栖原屋は従来どおりの御役所炭の取扱いを求めている。

栖原屋が、他の問屋の熊野炭販売に反対する願書には、会所では御勝手役が立会いの上で、寛延二年十月までの間、毎月御用金の納入を命じられているが、その未納額がおよそ五〇〇〇両になっていた。「町会所当分御用」の二〇〇〇両を合わせた七〇〇〇両は納入するが、新たに申つけられた毎月一六〇〇両の納入は、他問屋へ肩がわりしてほしいと申し入れたので、御勝手役元締から、問屋株を半分にするとの沙汰をうけている。さらにまた、御仕入方、佐八方と宮戸御仕入方から出荷する熊野炭、木材・抹香・小割物・挽板の五品の山産物は、仕出高のうち半分を三軒の他問屋へ廻すことを承諾させられた。「年来無故障相勤申候問屋株半分差上候」と、それを認めていることを記している。

寛延二年四月～十月の取引高は一万一一〇〇両で、そのうち三六一〇両は佐八方、七四九〇両は御仕入方の分である。次の史料のように栖原屋の取扱いは半分であった。

一金二千七百五拾両　御仕入方先納、外問屋同断、高五千五百両也（寛延三年午三月）

一金千弐百両、佐八方先納、外問屋茂同断、高弐千四百両也（寛延四年未四月）

一金三千七百両、御仕入方先納、外問屋ゟ弐千三百両、高六千両也[29]（寛延四年未二月）

とあり、それ以後は栖原と他問屋の仕出し荷物は分けて取扱っている。

寛延元年夏頃から顕著になってきた他問屋の動きは、熊野地方の物産をより大量に江戸市場へ出荷させ、それにかかわる商人から納金を増やそうとする紀伊徳川家の勘定方により、御仕入方・佐八・宮戸仕入方などの出荷形態に変化をもたらした。もはや栖原屋の独占は許されなくなっていた。

四　御用金負担の増加

寛延四年（一七五一）正月、栖原屋は御仕入方から炭代先納金として六〇〇〇両、佐八方から三六〇〇両を納入するように命じられた。多額の負担に苦悩する栖原屋庄兵衛は、正月には御仕入方へ、二月には佐八方へ、それぞれ「書付を以奉申上候」と願い出た[30]。この二通の願書から、栖原屋ら深川の炭問屋が課せられた先納金（御用金）を調達していく過程を見てみよう。

御仕入方から課せられた六〇〇〇両のうち、半分の三〇〇〇両は栖原屋が負担し、他の三〇〇〇両は「外問屋」が負担した。栖原屋は三〇〇〇両のうちの一五〇〇両をその年の正月に納入し、残りを二月中に納めると約束している。また佐八方へ納入する三六〇〇両は、三分の二の二四〇〇両を問屋中で負担し、三分の一の一二〇〇両は、これまで命じられた先納金を皆済してから後に納入するとしている。問屋中で負担する二四〇〇両のうち、半分の一二〇〇両を栖原屋が毎月二〇〇両ずつ納入し、半分の一二〇〇両を、問屋中が分担したが、それを出し渋っている。

十月に栖原屋が紀州家の江戸屋敷の御勤番に提出した「口上を以奉申上候」によると、申し付けられた先納金の利足は、一〇〇両につき一か月金一両になり、未納金をあわせて四～五〇〇〇両位になるから負担できないといっており、御用金の納入には苦慮している。

またこの年の正月に、七人の材木商人が栖原屋へ出している願書には、七人は享保年中に材木問屋を始め、「檜葉材木現金問屋」として現金取引きのみを行って来たが、近年木材が売れないので掛け売りも増えていた。資金繰りも十分でなく、奥州方面からの仕込みもむつかしくなり、木材の取引き量も減っているのに、その一方で諸経費が年々増えて採算が取れなくなったことが記されている。その年の年末までに休業に追い込まれる材木問屋も出ており、経営規模を縮小して現金売りのみによって材木問屋を継続して行く計画をたてている。

こうした栖原屋らの経営計画の変化は、十八世紀後半には、生産地の奥熊野の村々にも影響があらわれた。天明八年（一七八八）には、「山方仕出炭、才木、杉丸太類近年諸方別而不捌ニ付、仕入元商人共格別損金多ク、自然と仕入方減少仕候」と、才木、杉丸太類や熊野炭などの山産物の出荷は減っていた。また、これまで山々に二〇～三〇窯ほどあった炭窯もわずか一二～一三窯ほどに減っており、炭焼き渡世や木挽きなど山仕事にたずさわる人々の生活を脅かしていた[31]。

宝暦元年（一七五一）極月にも栖原屋は、二〇〇〇両の御用金を紀州家の炭方役所から命じられた。また御仕入方と佐八方からも熊野炭をあずかる蔵の敷賃が一軒あたり三四匁二分であったが、これを下げるように申付けられた。このように栖原屋は、過酷なほどの御用金に苦しんでいるが、その後の状況を知る史料はない。

宝暦二年十月に、御仕入方の御用炭問屋を希望する炭問屋が他にあり、一八〇〇両を納めることを条件に御用炭問屋の許可を願い出ていることを御炭役所から栖原屋は聞いている。しかし、御炭方役所では、「此節外ゟ株金を以願候者、右末々心得違等可有之儀も難計候得者、是迄勤来候四人江申付候」と、紀州家の炭方役所は、従来から許可している栖原屋ら四軒を信頼して新規の問屋を認めていない。

こうして栖原屋ら四軒の炭問屋は、十二月十六日付で六か条の申請文を提出した。それには、景気不景気によって炭の値段の変動も激しいので、有利な販売ができるよう問屋仲間も積極的に関与させた。不正な取引きを行わず、商店の取り扱いも丁寧にし、仕切状もよく目を通して市中へ売り広めるように配慮すると記している[32]。

栖原屋は、御仕入炭問屋の株金として、宝暦二年十一月に五〇〇両、翌三年十二月に四〇〇〇両を納めている。「問屋之者共是迄勤来候事候得者、此上随分致出精諸事正道ニ取曖可申候」とあるように、炭方御役所も栖原屋を御仕入炭問屋として認めていた。

五　山産物の集荷と山林地主

寛政六年（一七九四）正月十日の江戸の大火によって新宮水野家の上屋敷が類焼したが[33]、再建のために新宮領内一七組の村々へ御用金四一貫五〇〇匁を課している（表4）。それは、享保十年（一七二五）二月十四日の江戸大火で類焼したときに、新宮領一七組から四〇貫八〇〇匁の御用銀を集めた前例によっていた。

宝暦二年（一七五二）正月五日に赤坂の紀州屋敷でも出火があり焼失したが、[34]四月に栖原屋が提出した願書には、南部檜葉の長さ二間、六寸角の木材二〇〇本が普請御用の用材として納入すると記している。栖原屋へは、「為冥加檜葉木差上申度との願殊勝成志ニ付、右之趣殿様江奉行衆ゟ御申上候処、寄特千万成志御感悦ニ被為思召候」との書状が届いており、栖原屋の行動は実に素早い。

また天保十四年（一八四三）五月十日に江戸城の本丸が焼失したが、[35]再建のため栖原屋は、熊野の檜材の調査を命じられている。[36]栖原屋は手代の民蔵を熊野へ派遣したが、民蔵は「公儀御用材御仕出し」の任をうけ、二分口役所の役人と一緒に廻村して、妥当な値段で売り渡すように山主と交渉した。[37]すでに他へ売渡す約束のできている木材でも、断って民蔵へ売り渡すように勧めた。栖原屋は、民蔵には不当な値段をつけないように厳しく命じていた。

当時栖原屋は、伊勢屋善兵衛店と一緒に熊野炭を取扱っていたが、熊野炭は他の炭問屋へもかなりの量が流れていたので、奥熊野代

表4　寛政6年新宮領17組の御用金

組	御用金
色川組	1〆
受川	3〆200匁
新宮地方	2〆
有馬	4〆500匁
尾呂志	2〆500
成川	2〆500
佐野	4〆300
那智	4〆500
太田里	3〆
浅里	1〆
相野谷	4〆
三ノ村 大山	2〆
敷屋	1〆500
三里	3〆
川ノ内	1〆500
北山	1〆
計	41〆500匁

北山組大庄屋「不時御用扣」より作成

官の仁井田源一郎名で、「国産」（御蔵領）の炭は栖原屋と伊勢屋の両店を通すようにと各組の大庄屋へ命じていた。一方栖原屋と伊勢屋に対しては、熊野炭の売り捌きは不当な価格で仕切ってはならないと申渡している。

熊野の村々から仕出される木材や熊野炭は、山方商人に買い集められたが、彼らは御仕入方などの諸役所や江戸の問屋などから仕込金の先借りをしていた。尾鷲浦では、天保十一年（一八四〇）に山方商人仲間を結成し、仲間規則も定めてお互いの利益を守ったが、御仕入方は熊野炭を独占していたわけではなかった。

最後に、尾鷲地方随一の山林地主土井家について述べておきたい。土井家は、大庄屋として地方行政に関与しながら山林経営を行ない、紀伊徳川家への上納金を納入していた[38]。明治十四年（一八八一）に三重県が調査した「北牟婁郡山林共進金出品調書」[39]によると、尾鷲浦の土井家は、北牟婁郡で一二か村、南牟婁郡で六か村のほか、大和国吉野郡で二か村を合わせて二〇か村で山林三六九六町六反八畝余を所持し、それらの山林で成育する樹木は六六三万七八〇〇本を数える山林地主であった（表5）。土井家は、十七世

表5　土井八郎兵衛所持山林面積（明治14年）

	面積	所在
	3696町6反8畝24歩	全山林
	1630町4反8畝8歩	大和国吉野郡
	2066町2反　16歩	紀伊国
1	384町3〃8〃16〃	北牟婁郡尾鷲南浦
2	2〃7〃22〃	矢ノ浜
3	6〃8〃	大曽根
4	73町2〃1〃12〃	行野
5	12〃8〃8〃4〃	引本
6	25〃8〃　15〃	小山
7	10〃9〃8〃6〃	便ノ山
8	403〃1〃7〃18〃	相賀
9	1〃4〃0〃28〃	小浦
10	412〃3〃3	舟津
11	587〃8〃5〃11〃	河内
12	34〃5〃2〃9〃	高瀬
13	3〃6〃5〃19〃	南牟婁郡名柄
14	3〃2〃9〃9〃	三木里
15	19〃8〃0〃15〃	賀田
16	8〃4〃6〃9〃	曽根
17	20〃1〃6〃	新鹿
18	63〃4〃1〃3〃	大又

（「北牟婁郡山林共進金出品調書」より作成）

紀末まで尾鷲浦で山林を開発していたが、その後宝暦期までの五〇年間で、七〇余町歩の山林地主になり、次に弘化期（一八四四～四八）までに四五町歩、さらに明治期まで七四町歩を購入して集積している。(40)

土井家の山林経営方針をみると、「祖先ノ遺言ヲ守リ、之ヲ救荒ノ備給トシ、濫伐ノ弊ヲ禁〆、或ハ一山ヲ伐木スト雖モ、其木数ノ内良樹凡一割ヲ残シ、之ヲ来遠ノ資産ニ備エ、山地ハ伐木ノ賈価ヲ以テ購ヒ、或ハ培養開鑿ノ費ト雖モ、聊カ他ノ資本要セス、洗伐ノ木材等ヲ以テ之ニ充ツルヲ法トセリ」とあり、(41)健実な経営を行っている。さらに、雑木山の製炭業も盛んにした。江戸の都市化がすすみ、木材・薪炭の需要が増加するとともに、廻船業にも着手し御仕入方の手船と同じように「紀の字」印の幟を使用した。文化五年（一八〇八）に御用炭が御仕入方を通さずに「直納」になったとき、土井家は「御炭仕出之御用」を命じられ、手代二人を御炭掛りとして江戸へ派遣し、炭の販売にたずさわらせた。(42)土井家は、紀州領の御用炭の生産に深くかかわった。

まとめ

近世において、薪炭は家庭用には暖房や炊事に、鍛冶業や塩業といった工業用などに広範囲に利用されていた。この需要は、とくに大都市で広範囲に利用された。都市に居住する武士、商人あるいは職人や日雇稼ぎの人にまで、他国から搬送されて来る薪炭を利用して、はじめて日々の生活が成り立った。

十七世紀後半に、江戸では木材や薪炭の需要が増大するにともない、紀伊領内の御仕入方や佐八方が、山方商人らを支配して、熊野地方の山村で生産される木材や薪炭を買い集めて、御用材あるいは御用炭として江戸市場の販路を開拓した。

公儀は、享保九～十一年（一七二四～二六）に、生活必需品である薪炭を取扱う商人を対象に株仲間を結成させて流通機構を支配するようになるが、紀州でも、そうした動向に対応して、享保十年十二月に、栖原屋角兵衛らに御用炭の販売権を許可して、江戸市場での販路拡張に利用した。

元文期（一七三六～四一）には、栖原屋による深川商人の系列化がすすみ、木炭販売商人の組織が固められた。

寛延期（一七四八～五一）になると、栖原屋以外でも熊野炭の販売を希望する商人が現われて、栖原屋が占有している問屋株の半分を他の問屋へ分けるように藩から命じられた。この頃から顕著になってきた他の問屋の動きは、熊野地方の炭をより大量に江戸市場へ出荷させて利益をあげようとする紀伊徳川家の勘定方の意図とかかわって活発化し、御仕入方や佐八方の出荷形態に変化をもたらした。当然問屋商人たちの納入金も増加した。

〔注〕

（1）速水融「大山林地主の形成過程―紀州尾鷲における―」（『日本農業発達史』別巻上　中央公論社、一九五八年刊）、阿部正昭著『大山林地主の成立』（日本林業調査会　一九五六年刊）一七二～一九七頁。

（2）上村雅洋「新宮鵜殿廻船と炭木材輸送」（安藤精一先生退官記念論文集『和歌山地方史の研究』一九八七年刊）なお、同氏著『近世日本海運史の研究』（吉川弘文館　一九九四年刊）に所収。

(3) 豊田武・児玉幸多編『体系日本史叢書13　流通1』(山川出版社　一九六九年刊) 一七四頁の「延宝年間の大坂の問屋」の表。なお中部よし子著『近世都市の成立と構造』(新生社　一九六七年刊) 六三四頁に延宝七年刊の「難波雀」と元禄十年刊の「国花万葉記」より、大坂の問屋業種別人数別表がある。
(4) 前掲『流通史1』一九四頁。
(5) 林玲子著『江戸問屋仲間の研究』(御茶の水書房　一九六七年刊) 七七〜七八頁。
(6) 東京海洋大学附属図書館所蔵、羽原文庫の栖原屋文書、享保十四年己酉正月吉日の「萬用集」。
(7)『南紀徳川史』第一一冊　四二一〜四二三頁。
(8) 熊野三山協議会・みくまの総合資料館研究委員会　一九八九年刊。
(9)・(10) 東牟婁郡北山村山口欽一家所蔵文書　文化二丑正月「文化二丑正月「御炭御仕法立に付御書附并書上控」(『和歌山県史』近世史科』五所収)。
(11)『南紀徳川史』第十一冊、四八四〜四八五頁。
(12) 前掲『南紀徳川史』第十二冊　三六七頁。
(13) 前掲『南紀徳川史』第十一冊　四八六〜四九〇頁。
(14)『海山町史』(海山町　一九八四年刊) 二五三頁。
(15) 前掲「萬用集」。
(16) 前掲「萬用集」。
(17) 前掲「新宮鵜殿廻船と炭木材輸送」。
(18)『新宮市誌』(新宮市　一九三七年刊) 六九三〜七一〇頁。
(19) 前掲『南紀徳川史』第一一冊　四九一頁。
(20) 東京海洋大学附属図書館所蔵羽原文庫「栖原屋家系譜」。
(21) 前掲『江戸問屋仲間の研究』七七頁。

(22)『御触書寛保集成』(岩波書店　一九七六年刊)一〇二三頁(二一〇三号史料)。
(23)前掲『江戸問屋仲間の研究』七七~八七頁。
(24)前掲「萬用集」、島田錦蔵「幕藩権力構造下の材木問屋仲間の行動」(徳川林政史研究所『研究紀要』徳川黎明会　一九八六年刊)によれば、深川木場材木問屋組合のメンバーで、幕末まで続いているのは、栖原屋角兵衛ただ一人である。
(25)前掲「萬用集」。
(26)前掲「幕藩権力構造下の材木問屋仲間の行動」は、「深川木場材木問屋沿革書上」にみられる。
(27)前掲「萬用集」。
(28)前掲「萬用集」。
(29)前掲「萬用集」。
(30)前掲「萬用集」。
(31)尾鷲市立図書館所蔵　尾鷲組大庄屋記録　天明八年「諸御用留」。
(32)前掲「萬用集」。
(33)『続徳川実紀』第一篇(吉川弘文館　一九七六年刊)二三九頁。
(34)『徳川実紀』第九篇(吉川弘文館　一九六六年刊)五五九頁。
(35)『徳川実紀』第二篇　五二〇頁。
(36)尾鷲大庄屋記録・天保一五甲辰正月「来状留」。
(37)尾鷲大庄屋記録　弘化二乙巳正月「来状留」。
(38)前掲速水融「大山林地主の形成過程—紀州尾鷲における—」。
(39)三重県史編さん室所蔵文書。
(40)・(41)・(42)前掲三重県史編さん室所蔵「北牟婁郡山林共進会出品調書」。

〔付記〕
　本稿は田辺市史編さんのための史料調査で、東京海洋大学附属図書館で拝見した羽原文庫の「萬用集」と三重県鵜殿村史編さんのための三重県史編さん室で拝見した史料も使用した。機会を与えていただいた各位に御礼を申しあげる。

第三節　新宮領の木炭政策と山方農民

はじめに

林産資源の豊富な熊野地方から、近世をとおして大量の熊野炭が領内外の市場へ売り捌かれた。紀伊領では、十七世紀中頃、山間僻地で領民救済を目的とした御仕入方を設立して、木材生産・木炭生産などの生業を育成し、年貢の滞りがちな農民に稼がせていた[1]。それは、絶えず飢饉に脅かされている山村住民の保護を目的にしていたが、他方で林産資源を開発し、販路の拡張も視野に入れていた。

熊野地方の領民保護政策は、近世をとおして行政担当者が取り組まなければならなかった課題であったが、所領の大半が山間地からなる新宮領は、御蔵領と同様領民の保護政策を取り、十七世紀中頃から本格的な木炭生産にかかわっていた。熊野炭の原木は熊野地方に自生するウバメガシなどで、焼き出された炭の多くは、川船によって新宮まで運ばれ、廻船に積み換えられて、主として江戸市場へ販売されて行った。

本節は、新宮水野家の熊野炭の専売制について考察するが、新宮城下の新宮川河畔に設置された池田御役所の機能の解明が必要となる。新宮領の木炭生産は、「川丈八組」といわれる新宮川沿いの浅里・三ツ村・大山・敷屋・請川・三里の六組（本宮組は本藩領）と、支流の北山川沿いの川ノ内・北山の二組を合わせた八組の村々から炭を出荷させて構成されていた。

山村には庄主（焼主）と結びついた独特の生産態勢があり、池田御役所もそれを無視しては、炭の集荷は不可能であった。

熊野地方の山村は、耕地が狭く生産性も低い。農民は、その耕地を耕しながら、農閑期に作間稼ぎとして人里離れた深い山中で炭窯を築いて炭を焼き、焼いた炭を炭山から船着場まで険しい山道を通って運び出す過酷な仕事を行っている。そのため新宮領では、在方担当の役人が、常に村々を巡在して、炭焼きにたずさわる人々の生活を把握する一方で、大庄屋が庄屋と村役人を駆使して炭の増産体制を維持していた。そうした木炭の生産形態の確立は、新宮領内の山村にどのような状況を生み出したかを考察してみたい。

一　新宮水野家の財政と炭の専売

「丹鶴日記」の正徳三年（一七一三）正月六日に記述されている「宝永四亥分御物成御勘定目録[2]」によると、新宮領の実質の総高は、一万九九七二石一斗四升四合である。高につき四ツ二分三厘七毛とあり、八四六一石七斗一升五合で、これは「新宮城付物成」である。これ以外に、村々新田一四三六石八斗二合と差口米四四五石四斗三合八勺、夫米二五〇石八斗九升二合、糠藁米三七石六斗三升五合二勺、上ケ知口米八七石四斗五升八合である。この他に、大小豆一石五斗五合一勺があり、これらを合計して「納合」一万七一九石九斗六合と大小豆一石五斗五合一寸が新宮領主水野家の正徳三年の総収入と記されている（「丹鶴日記」に記された合計額はこの石高とは合致しない）。

このうち「右之払」として、三〇七五石六斗二升二合四勺が「万米払」＝水野家の諸支出で、残った七六四四石二斗八升三合六勺（七一・三％）が「売米」と記されている。米値段の比較的高い新宮で年貢米を売り、その金が水野家の生活費と新宮領の行財政費であった。「納合」の一万七二〇石程が換銀されて銀五九二貫五四三匁三分四厘、これに小物成銀の内から六四貫四三七匁九分七厘五毛を「足銀」として繰り入れ、銀六五六貫九八一匁三分一厘五毛が、正徳三年の総支出金である。それは、表1のように、八項目別に支払われているが、合計額が六四九貫九八匁三分二厘一毛と記されて合致しない。「新宮万銀払」は、前述の水野家の諸支出分であり、「子年分炭買本銀」が、全支出額の五六・一％を占める三六四貫九五四匁七分で、領

表1　新宮領　宝永4・5年分御物成御勘定目録

概　　要	金　　額
亥年（宝永4）の江戸給人の指米かえし	58貫 194匁7分
御物成かえし	13貫 173匁5分 1厘 5毛
亥年分の抹香皮買本銀	1貫 765匁3分 6厘
子年分（宝永5）炭買本銀	364貫 954匁7分
亥年分茶買本銀	14貫 169匁4分 5厘
本田・新田御指米代	12貫 22匁8分 6厘
亥年分御城付弐夫米代和歌山へ上る	15貫 53匁3分 8厘
新宮万銀払	170貫 647匁3分 5厘 6毛
	649貫 98匁3分 2厘 1毛

記されている金額は実際の合計とは合わない（「丹鶴日記」より作成）

内から買いあげる炭の代銀に支払われている。

次に「宝暦十辰年分御物成御定勘定目録[3]」によると、新宮城付物成は、元高につき三ツ四分一厘六毛で、米六八二三石九斗八升六合となり、宝永四年（一七〇七）の八〇・六％にしかならない。村々新田は一四四五石二斗九升九合で大差はないが、差口米は三七二石一斗二升四合、夫米は二五〇石五斗九升二合、糠藁米は三七石六斗三升三合、上ケ知口米は七〇石八斗七升、納合九〇〇〇石四斗九升九合である。十八世紀中頃の熊野地方は凶作に悩まされて山村は疲弊しており、新宮領の年貢の納入状況も低下している。

一方「右之払」の分は「万米払」が二九〇五石七斗一升四合七才で、額面は宝永四年より減少しているが、歳出の割合からみれば全体の三二・二％で減少していない。また「売米」については六七・八％にあたる五九七二石四斗五升九合で、銀三七八貫五九五匁三分一厘九毛であるが、「辰年分若山指歩一御上ヶ米」などの返納銀として、御指上ヶ米一二三石四斗九合があり、更に小物成銀のうち、「廻し銀」として銀四〇貫一五二匁一分二厘四毛を合わせて、銀三九八貫七四七匁四分四厘三毛が行財政費に充てられている。そのうちで、宝暦十一年分の炭買元銀には、全支払いの六六・三％にあたる二六四貫二六一匁八分五厘三毛を使っている。

新宮水野家は、だいたい総支出額のうち六〇％前後の金を毎年の炭の購入費にあてていたと推定される。「新宮藩物成写[4]」の天和三年に、高合一万一八〇石とあり、「江戸金渡左ノ通」として二四人の家臣が記されている。三代目領主水野重上のときの天和三年（一六八三）から、水野家の家臣団の江戸屋敷の常住者が増加して来たのであろうか、そのための諸費用の捻出に熊野炭を江戸市場で販売し、その売り上げ金を充てたと考えられる。

寛政三年（一七九一）七月の「御炭之儀に付、御勘定所より被仰出之趣書付写」[5]によると、江戸市場への熊野炭の出荷は、延宝六年（一六七八）から始まったとあるが、新宮領内の炭の主産地である川丈の村々の炭山で焼き出される炭を掌握するため、新宮の対岸の深谷に、搬出されてくる熊野炭を改める役所を設置した。その後の出炭量の増加にともなって、丹鶴城により近く、港湾設備の整った池田へ移したのは天和元年（一六八一）であるが、[6]その背景には、水野家の家臣団の江戸屋敷の常住者が増加したことによる費用の捻出の問題があった。

正徳元年（一七一一）八月、新宮領江戸屋敷で給人中の「指米」（賃米）について問題が発生した。「江戸給人中指米代子年（宝永五）分全高九百両余下り不申、内五百両者小玉屋茂左衛門、四百両者関谷清左衛門より御借用、丑年（宝永六）より同極月迄、月壱割五分之利金入用ニ丑年分抹香皮代買本銀を以替しニ成受取相渡申候」とあり、新宮の江戸詰めの給人の指米分が新宮から届かないので、江戸商人より九〇〇両を借りたが、月一五％の利子代が必要で、抹香皮を売った利益を充てている。[7]

時代が下った享和元年（一八〇一）四月二十一日に八丁堀の上総屋儀助と証人紀伊國屋清右衛門が、新宮へ来て御勘定所で大目付や元締などと立合いの上、水野飛騨守忠奇家中の桜川此右衛門から、御炭問屋を申し渡されている。上総屋と紀伊國屋の両問屋は、水野忠奇の役人中へ請書を提出しているが、それには御用金三〇〇両を上納して、享和元年六月から一か年間入納炭代金四〇〇〇両を月割にして納めると記している。御役人中からは、「右問屋株永く申付候上者無故取上候事決而無之候間、其段相心得致出精年々炭入津相増候様可取計候」と、問屋株を永く申付けるとの一札が渡されている。また六月に出された「一札」には、一か年間新宮から送られてくる熊野炭一六万俵を上総屋儀助が取扱い、値段も相談して販売させるようにしたとある。

上総屋儀助が、享和元年六月以降十一月まで取扱った熊野炭は二七廻船分八万五七五〇俵と「丹鶴日記」に掲載されている。[8] 一両あたり二二〜二三俵替えであるが、売った相手は、松平越中守家中の鈴木右衛門の他、清兵衛ら八人の名があげられている。

二 木炭の出荷と炭蔵

新宮領内の山々では、一年を通して熊野炭が焼かれている。焼かれた炭は川船で新宮まで搬送されて、新宮城近くの川岸に並ぶ炭蔵に貯えられた。毎年五・六月頃になると、池田御役所（炭方）の役人が五・六人で炭俵の集荷状態を調査した。

正徳二年（一七一二）六月十二日の炭蔵の炭俵改めを実施しているのは、池田御役所の吉岡七郎兵衛・太地佐五左衛門・田中新内・福井源八・池田杢之右衛門・伊熊定助ら六人の役人である。炭蔵が二九棟建っており、江戸の那智屋・菱屋・熊野屋の三軒の炭問屋に売られる熊野炭が貯えられていた。蔵詰めされた熊野炭は三万七二〇八俵で、炭蔵に入り切らない炭俵五三六九俵を炭蔵の外の川畔に並べており、合わせて四万二六七七俵の炭が、川船で運ばれて来ていた（表2）。水野家の元締衆が相談をして、「炭大」

の売り値を一両につき一四俵と決め、炭方の役人が、それを問屋に伝えている(9)。
しかし、同七月四日に、「炭直段之儀、只今他炭無御座惣体景気も能御座候ニ付、此方有炭も少候故壱俵切り上ケ、両ニ拾三俵替ニ相立申候、小売者拾壱俵」とした。江戸市場へ他国産の炭もあまり入荷しないので、熊野炭がよく売れて残っている炭も少なくなっていた。そこで問屋へは、一両につき一三俵替えと値上げをし、小売りは一一俵替えと発表したのである。

表2　正徳2年6月12日の改の炭数

問屋名	蔵　詰	川端有り	計
那智屋	14075俵	1729俵	15804俵
菱　屋	10532俵	2034俵	12566俵
熊野屋	12691俵	1606俵	14297俵
計	37298俵	5369俵	42667俵

(「丹鶴日記」より作成)

こうした江戸の情報が素早く新宮へ伝えられ、炭の値段や出荷量が決められた。同九日には、「炭直段之儀、今日より両ニ拾弐俵替、小売り者拾俵替被仰付候」と、新宮での炭の値段もだんだん上っている。冬期に入ると炭価は上がり、十一月六日には、一両につき九俵替え、小売りは七俵替えと元締衆から仰渡され、十一月二十七日には、「上炭」は七俵替え、「並炭」は八俵替えになっている。新宮での炭の値段の決定は、炭問屋との相対で決められるのではなく、元締衆が決めていた。「炭直段之儀、御役人衆御相談之上御上ケ被成候」と記されている。
正徳三年の蔵詰炭改めは閏五月二十五日に行われた。太地佐五左衛門・杉原阿左衛門・田中新内・安達伝次右衛門・味八木孫市・塩田安之丞ら六人池田御役所の炭方の役人が立ち合っているが、相談の上「炭大」の値段は一両につき一五俵替えで、前年より値段が下がっていた。このとき新宮川畔に炭蔵は五八棟あり、

表3　正徳3年閏5月25日の改の炭数

問屋名	蔵　詰	川端有り	計
那智屋	25467俵	2202俵	27669俵
菱　屋	22300俵	1531俵	23831俵
熊野屋	26441俵	1577俵	28018俵
計	74208俵	5310俵	79518俵

（「丹鶴日記」より作成）

表4　正徳4年5月28日改めの炭数

問屋名	蔵　詰	川端有り	計
那智屋	24776俵	1233俵	26009俵
菱　屋	30337俵	1593俵	31930俵
熊野屋	42762俵	1339俵	44101俵
計	97875俵	4165俵	102040俵

（「丹鶴日記」より作成）

炭俵は七万九五一八俵であった（表3）。

六月九日の炭の値段は、「池田炭」（池田御役所の保管する炭）は、「大」一三俵替え、「渚の宮炭」（那智浜の宮から出る炭）は、「大」一四俵替え、「無印」は一五俵替えとし、小売りは、いずれも二俵違いで、池田炭は、「大」一一俵、渚の宮炭は、「大」一二俵、「無印」一三俵となっており、池田炭と渚の宮炭とは区別した名称が付けられていた。池田炭と渚の宮炭は、那智屋と菱屋が取り扱っているが、熊野屋にも取り扱わせるようにした。

同四年五月二十八日に、蔵詰の炭俵改めがあり、炭方役人が三問屋の炭俵の保有状況を調べている。炭蔵は全部で七九棟あり、集積した熊野炭は一〇万二〇四〇俵である（表4）。八月二日に炭値段について炭方の役人は、川船で運ばれてくる炭は、一両につき一五俵替えにすると三軒の問屋へ申しつけている。また北山組北山村の四ノ河山炭と下野尾井村吉右衛門、川ノ内組花井村忠郎の焼いた炭、浅里村白見山の炭、浅里村在住の大庄屋忠左衛門の焼き出した炭は、いずれも堅木の上炭である。また北山村の四ノ河より出てくる「御手山炭」も上炭で、一両につき四俵替え、白見山から出てくる炭は、「四ノ河炭」にくらべて品質が少し劣るので一五俵替えと決めている。

同年八月十七日に、菱屋伊兵衛から「勝手不如意」のため、炭問屋を続けて行けなくなり、手代の角兵衛に問屋株を譲り渡したいと願い出てきた。角兵衛は、数年来菱屋で手代を勤めた信頼のできる人物であると推薦されている。炭方役所は、伊兵衛の願い出を認めて問屋株を召しあげ、同時に角兵衛に問屋を申付けた。角兵衛は、家名を池田屋と名乗って菱屋に代わり、熊野炭を扱うようになった。以後新宮の炭は、那智屋、熊野屋、池田屋の三問屋が取扱っている。

表5　正徳5年6月22日改めの炭数

問屋名	蔵　詰	川端有り	計
那智屋	16068俵	1427俵	17495俵
池田屋	17852俵	709俵	18561俵
熊野屋	13086俵	952俵	14038俵
計	47006俵	3088俵	50094俵

（「丹鶴日記」より作成）

同五年正月七日に炭値段の発表があり、元締衆から「角大炭」は一両につき一六俵替え、「四ノ河炭」は一五俵替えと申渡された。また正月十三日には、「新赤炭」は一両につき一四俵替え、「四ノ河炭」は一六俵替え、「角大炭」は一七俵替え、「音無炭」は一九俵替えと発表があり、冬場の炭値段は少し下降気味である。

六月の炭蔵詰の炭改めに立ち会ったのは、吉岡七郎兵衛・太地佐五左衛門・安達伝次右衛門・池田杢右衛門・清水菅右衛門の五人で、「大炭」の売り値段は一両につき一五俵と決めている。このとき那智屋・熊野屋・池田屋の三問屋の炭蔵は全部で三九棟あり、炭は五万九四俵と、前年にくらべてかなり減少している（表5）。七月九日に元締衆が相談して、炭の値段を「角大」炭は一両につき一三俵替え、「四ノ河炭」は一二俵替えと決定していたが、八月七日に「角大炭」一二俵替え、「四ノ河炭」一一俵替えと、値上げをしており、正徳期の熊野炭の値段は割合安定していた。しかし、享保十二年（一七二七）四月二十日に「炭直段之儀御相談ノ上拾両迄八両ニ弐拾七俵替へ」とあり、正徳期の半値位になっている。江戸市場へ他国産の炭が多量に出回ったために値下りしたのであろう。

正徳二年正月二十六日の項に、「此度新宮より中来候者重次郎方壱俵ニ付九分五厘ニシテ、時之両替ニ而相渡候由、此方之様も此度神民町久三郎船炭運賃より壱俵ニ付九分宛ニ相究り候」とあり、熊野炭一俵あたりの新宮~江戸間の運賃は、九分~九分五厘程度であった。

正徳期に新宮から江戸へ送られた池田御役所の熊野炭の総量は、把握できないが、表4と表5にみられる炭改めに、那智屋・熊野屋・菱屋・池田屋が取扱った一〇万二〇四〇俵と五万九四俵がひとつの目安となろう。江戸へ搬送する廻船は、主として新宮廻船か鵜殿廻船が使用された。積荷は、紀州領の公用荷物や商人の民間荷物などと新宮水野家の荷物が相乗りであった。しかし、明和四年(一七六七)二月十八日に、公儀御船手御役所へ江戸の紀伊國屋六右衛門が提出した書付に、「紀伊国新宮、水野土佐守手船三艘」とあり、水野家は、五五〇石(沖船頭ともに水主十二人乗)の手船を所持していた。[10] ちなみに、「就中明和丑寅両年者凡三拾万近ク焼出し」とあり、新宮領から江戸へ送られる熊野炭の総量かも知れない。

三　池田御役所の御炭直支配

文化二年(一八〇五)正月の北山組の「御炭御仕法立に付御書附并書上控」[11] は、前年度中の炭の出方が減ったため、新宮水野家は江戸表で支障が出てきた。その対応策に新たに作成した「御仕法」が記されている。二月に、川丈の大庄屋八人と那智・尾呂志両組の大庄屋一〇人が、新宮の御会所へ集められ、水野家の大目附衆・郡御奉行・御勘定頭らの重臣が立ち会いの場で、近年山方では、炭の「焼劣り」が目立っており、出炭量も減って九万俵程度しか川船で出て来ないと申付けられた。しかし、江戸市場の状況をみると、「出炭之儀ハ、此節ゟ十二月中迄拾四万俵出炭無之候ハ而者御差支ニ相成」というわけで、新宮領では、しばらくの間、池田御役所が炭の「御直取扱」をするようになった。

かつて明和年中（一七六四〜七二）には、庄主が六〇人余もいて、拝借銀を五、六〇〇匁位を借りていたが、こうした盛況を復活するには、大庄屋中が「請合」（保証）で借用ができ、御下米も各組へ渡して庄主に届くようにしなければ、山方での炭焼きが盛んにならない。また炭問屋から庄主への「渡り銀」が不足しているときや、仕入れ時に、「過銀」が出た場合には、池田御役所が中に立って対処しているが、新宮領の一〇人の大庄屋が連名で、池田御役所へ一四万俵の出炭に努力する旨の「書上」を提出している。[12]

新宮領内の各村々の炭山では、山村に居住する農民が、ほぼ一年間を通して炭を焼いている。彼らは、山間の零細な耕地を耕しながら、作間稼ぎで炭焼きをするから、農繁期になると出炭量が減少した。文化四年三月に、池田御役所の役人から大庄屋中へ命じられた出炭予定の一四万余俵の月割り出炭計画によると、年初めの一月は別として、麦の収穫期と田植え期になってくる四月・五月と、稲の収穫期にあたる八月・九月の出炭量は少なくなっている。池田御役所は、この時期に各大庄屋をとおして庄主たちに炭焼きの督促をさせたり、村役人が炭山を巡廻して出炭の催促を繰り返した。

焼かれた炭は、川船の着船場までかなりの山道を運び出さなければならなかったから、その人足の確保が重要であった。池田御役所への出炭量が少ないのは、炭を焼く量が少ないだけでなく、炭山から持ち運ぶ人足が不足して、せっかく焼いた炭を運び出せないのが原因でもあった。文政十三年（一八三〇）十月、江戸市場の木炭需要が増加しているのに出炭状況がよくないため、池田御役所から調査を命じられた請川組大庄屋須川助右衛門は、村々へ入っている。そして、山々には焼かれたままの炭が大量に残っているのを見て、「此節ハ……作付ケ相片付キ次第役持ニ為致、早々積下し可申候」と、作付けが終わると、「役持」（強制的）にして、早く集めて川船で積み送ると報告している。[13]

天保十一年（一八四〇）の史料にも同じ問題がみられる。[14] 池田御役所から三ツ村組大庄屋と大山組大庄屋にあてて出された九月六日付の書状には、「稲刈入之時節ニ候へ共、大躰ハ九月二十一日ハ炭持ニ罷出候様厚世話いたし御炭御積出」とあり、稲刈り期の多忙な時期でも都合をつけて炭の運び出しに出仕するように仰せつけている。大庄屋から村々の庄屋・肝煎に対して、稲の刈入れ時であるが、早く炭を仕出すように庄屋や持子共（運び人足）へ厳しく申付よと通達している。また十月二十二日付の川ノ内組大庄屋から三ツ村組大庄屋への書状には、小栗栖村の百姓が入鹿組の山で焼いた炭を三ツ村組の楊枝村山崎から川船で新宮まで運ぶ予定が、運び人足が不足して一〇〇俵程の炭が炭山に残っていると書かれている。また、三ツ村組大庄屋から川ノ内組大庄屋への書状には、十月二十五日の大水で、道路が崩壊したので修復しなければ炭の運び出せないから、楊枝村領域は、三ツ村組で修復すると伝えている。霜月朔日付の川ノ内組大庄屋から三ツ村組大庄屋への書状にも、「当組之義も組内有炭夫々役持申付候」とあり、「役持」の人足を集めて楊枝川村の船着場へ炭を運び出そうと、大庄屋同志で出炭の手段を講じた。

しかし、池田御役所が、浅里・三ツ村・大山の三組の大庄屋へ十二月八日付で出した書状には、「焼主共当暮迄出炭御請申出候へ共、未タ不下り之向も多分有之候付、弥以御請申出之通、当廿五日迄ニ無間違指下候様焼主共へ訖度申通、出炭有之様厚相心得取計可申候」と、炭を積んだ川船が下って来ないので、池田御役所は、庄（焼）主共に十二月二十五日まで炭を出してくるように督促している。

池田御役所では、炭をいくらで買いあげたかを知る史料がないが、文政三年（一八二〇）八月の北山組の「御炭方諸事控」[15]に「定式出炭仕入買元、平均弐匁六分積り」と北山地方の炭の価格を記している。次に嘉永六年（一八五三）二月に、三里組大庄屋に対して、切原村の吉三郎・六右衛門・二兵衛ら三人と三越村・伏拝村・切畑村の一四人の庄主たちが、近くの山は焼尽くしており、三越村領では、十津川境界付近の遠山でなければ炭焼きはできないと述べ、「遠山ハ諸入用等多相掛リ候ニ付、焼出し方当惑仕候、仍之右山出炭壱俵ニ付弐匁八分五厘替御買上被為下候様奉願上候」と願い出ている[16]。池田御役所の炭の買上げ価格は、一俵につき二匁一分～二匁八分というあたりであったと推定される。

四　炭山の育成と山村救済

新宮川と支流の北山川の流域に広がる川丈八か組の村々は、熊野炭の主産地であるが、池田御役所は、たえずそれらの村々の炭竈数や出炭状況を調査している。また、庄主への拝借米（銀）や仕入銀などの貸与を行ない、炭山を掌握していた。山方では、庄主が焼子に米・資金を前貸しし、焼いた炭で返済するしくみであった。一般に庄主は、山林の所有者などが多く、焼子が焼いた炭を集めて出荷をしていた。また池田御役所の役人も、たえず新宮領内の炭山を巡在して、庄主や焼子の状態を調査したが、その調査内容や日程は、各組の大庄屋から庄屋など村役人に連絡され、出炭状況を詳しく報告させた。このように、行政組織をとおした出炭体制が確立されていたから、池田御役所が立案する出炭計画に基づいて、炭山への出炭量の割当てが円滑に行われていた。

天保四年（一八三三）十一月十三日に、三ツ村組大庄屋西与茂七は、庄主から願出ていた仕入米の借用の取次ぎを池田御役所に申出たところ、天保四年の拝借米を先に返納することを申付けられた。[17]「巳(天保四)年拝借米共上納不致候ハ而者取扱致かたく候……上納相済候へハ仕入米ハ御借し可被成候間、上納為致候様御申付可被成候」と記されている。それでもなお巳年分が返納されないままで、仕入米の借用をめぐって、池田御役所と庄主との交渉が続いていた。

この問題に大庄屋が関与しているが、炭を焼き、出炭させることによって山村を活気づかせ、生活する人々の救済のねらいもあった。池田御役所は、庄主と焼子の関係を熟知している大庄屋にその処置を依頼した。三ツ村組以外の大山組や請川組、三里組でも資金や仕入米の援助の必要な庄主がかなり輩出しており、深刻な状況になっていた。

同七年十一月に、川丈の大庄屋が連印で提出した「口上」[18]には、雨天続きで田畑とも凶作で米穀は高騰し、山方は不景気で稼ぎがなく、年貢などの納入期になっているのに納められずに困窮する人々が増加しているとある。こうした中で、請川組大庄屋代役の同村庄屋甚蔵らが、御勘定所から二万俵の炭の増産を申付けられて困惑していた。翌八年三月二十五日頃より、天保飢饉が熊野地方で激しくなったため、疲弊して救済すべき飢人が続出していた。新宮水野家は、領内の実態調査をしているが、この年十二月二十五日付で、大山・浅里・三ッ村の三組が合同で拝借米の延引の書付を池田御役所へ提出しなければならないほどの困窮ぶりであった。

天保飢饉に川丈の村々が苦しんでいる中で、同十一年一月十日池田御役所は、川丈の大庄屋中にあてて、「御定下し方之儀、去る冬より段々出劣ニ相成、池田御役所有炭無少、猶又此節船々数艘帰帆いたし……早々出し方いたし候様夫々焼主中へ申付」と、前年冬から出炭量が激減しており、池田御役所の炭の保有量も少なくなっている状況を伝えている。また、江戸への廻船が帰帆して来ているのに、炭の流下量が少ないと積荷が不足するから、早急に炭の出荷をさせるように督促の書状を川丈の大庄屋衆へ通達している。四月四日には村々を巡在している池田御役所の役人が、三ツ村組で和気村に宿泊したとき、組内の全庄主を集めたが、「少々病気ニ而も押而罷出候」と、厳しい姿勢で臨んで、炭の出荷の督促をしている。また四月二十九日には、池田御役所の炭蔵に江戸送りの「御炭」は残っていないので、少量でもよいから出荷せよと命じている。六月六日の池田御役所から浅里・三ツ村・大山の三組の大庄屋へあてた書状には、田畑の作付もほぼ終わったので早々に山に入って炭焼きに取りかかるように促している。

池田御役所は、八月十三日と十五日に御炭御用の役人を、それぞれ川丈の村々へ入り込ませて、竈数は何基で、作間稼ぎに炭を焼いているのは誰と誰かなど具体的な報告をさせている。また、九月三日には、元締の榎本和田平・橋本権左衛門と御勘定所組頭松原三郎右衛門ら水野家の主要な役人三人を派遣した。

一行は、新宮を出発して南筋（那智大田・色川組）から入り、那智・大田・色川・大山・三ツ村・敷屋・請川・三里・川ノ内・北山と領内一〇組を巡在する予定であった。大雲取越えで大山組に入った一行は、三ツ村を巡在して、日足村から継ぎ船で川を登って次の組を訪れている。一行の目的は、「御用談被仰聞候儀ハ第一御炭出精」とあって、用件は「御炭」焼出しの催促であった。遠方の山々へ入って炭を焼くことも指示しているが、遠方のため調査が困難な山林の報告もさせるほど出炭の催促は徹底していた。一行は、九月十日に新宮へ戻っているが、さらに池田御役所の役人を派遣して、九月〜十二月の間にどれだけの炭の出荷ができるかも調査している。

また同十一年十一月一日には、大目付元締兼帯柳瀬源五右衛門以下、元締御役目兼帯渡辺意気蔵、御勘定組頭平松九十郎らの重役衆と池田御役所の松本愛蔵らの一行を「諸事御調べ御用」に派遣して領内の村々を巡在させている。三ツ村組へも、「御役人衆御炭御用ニ付、近々内当組江入込可被成候、夫ニ付、焼主共江為心得可申付候」との通達が、大庄屋をとおして各村々の庄屋中へ届けられている。

まとめ

新宮領では、川船を駆使して新宮川（熊野川）流域の村々から木炭を新宮の池田御役所へ運び出させた。池田付近の川畔には炭納屋が建ち、集積された炭は江戸市場の状況を見て廻船で運ばれた。新宮水野家は、毎年全歳出分の約六〇％位を領内の山村からの熊野炭の購入費にあてていた。

新宮水野家が、江戸市場へ大量の熊野炭の出荷を始めるのは、延宝六年（一六七八）、深谷に炭方御役所を設置した頃から、天和元年（一六八一）の池田御役所へ移転の時期と考えられる。その頃江戸屋敷へ家臣が多く集められたからであろう。江戸へは、毎年少なく見積っても一五～二〇万俵ほどの熊野炭が、新宮から廻船で運ばれた。熊野は江戸の都市生活を支える暖房などエネルギー源の供給地になっていた。

熊野炭を生産する領内の山村地帯が度重なる飢饉に悩まされている生産性の低い地域であるだけに、新宮水野家は、統治をおろそかにはできなかった。各村々の炭山で炭竈を築いて炭を焼く焼子に、庄主の手を経て資金や米麦の借用をうけて、焼いた炭で相殺する仕組みが山村にできていた。庄主は、江戸問屋や池田御役所から拝借金を借りうけて、焼子に貸しつけた。

庄主は、焼子の焼く炭を村々から集めた運び人足を駆使して、川船への積み出し地まで運び出し、新宮池田御役所へ搬送した。流域の村々へ網の目のごとく延びている新宮川とその支流は、熊野炭を運び出す水路となっていた。

庄主も、焼子も、運び人足も、ともに山村の狭小な耕地を耕す農民たちで、農閑期の作間稼ぎに炭を焼き、搬出などをして生活をしていた。池田御役所は、何度も炭方役人を村々へ派遣して調査を行ない、執拗に催促をして炭の生産に携わらせているが、またその一方で、郡方御奉行所の役人が、領内の大庄屋に対して管轄下の庄屋に庄（焼）主・焼子に早く池田御役所へ炭を出させるように指示させている。

このように新宮領の統治機構をあげての出炭体制にもかかわらず、山村の生活は殊のほかきびしいうえ、炭焼きや炭の出荷は過酷な仕事であるだけに、池田御役所では、出炭予定量を確保するのは困難をきわめた。

新宮水野家は、大量な熊野炭の江戸市場への販売によってあげていた毎年の収益は把握できないが、それによって、財政的危機を切り抜けていた。そのため炭の買付けに巨額の買付金を投じているが、それが領内の山村に還元された。前貸しの借用金や米麦を受けて厳しい生活に追込まれている山村の領民にとって、生活を潤していたことはいうまでもない。こうして山村は飢饉を回避していたが、新宮水野家の山村統治は、熊野炭の出荷によって維持されていた。

〔注〕

(1) 『和歌山県史』近世（和歌山県　一九九〇年刊）五八四頁。
(2) 『丹鶴日記』（翻刻版）（新宮市立図書館　一九九八年刊）三三一〜三三四頁。「御物成御勘定目録」に表記されている石高と、所載されている石高の実数の合計は合致しない。
(3) 前掲『丹鶴日記』二七五〜二七七頁。
(4) 『新宮市史』史料編上巻（新宮市　一九八三年刊）二四三〜二五四頁。
(5) 『和歌山県史』近世史料五（和歌山県　一九八四年刊）二七三〜二七五頁。
(6) 熊野記念館準備室保管史料の岡家文書。
(7) 前掲『丹鶴日記』二〜三頁　以下断りのない限り同史料によった。
(8) 前掲『丹鶴日記』。
(9) 前掲『丹鶴日記』。
(10) 前掲『和歌山県史』近世史料五　二七三〜二七五頁　寛政三年七月、「御炭之儀ニ付御勘定所ゟ被仰出之趣書附写シ」。

(11) 前掲『和歌山県史』近世史料五　二七五～二八一頁　北山組「御炭御仕法立に付御書附并書上扣」。

(12) 前掲「御炭御仕法立に付御書附并書上扣」。

(13) 『本宮町史』近世史料編（本宮町　一九九七年刊）六六〇頁。

(14) 熊野市紀和町和気西家所蔵文書。

(15) 前掲『和歌山県史』三〇九～三三〇頁。

(16) 前掲『本宮町史』近世史料編　八三八頁。

(17) 前掲西家所蔵文書。

(18) 前掲西家所蔵文書。

〔付記〕

本稿をまとめるにあたり、旧熊野川町史編さん室と、故木村靖二氏のお世話になったことを感謝する。

第四節　熊野地方の御仕入方役所と山村

——口熊野を中心として——

はじめに

藤田貞一郎氏が、紀州領の御仕入方に着眼して、徳川期の経済思想・経済政策の根底に流れている「御救」の概念と「国益」の概念の意義やその構造を明らかにされたのは、昭和四十一年のことである。(1)その後も藤田氏は、御仕入方についての明解な論考を次々と発表して、徳川期の経済思想史についての一貫した見解を提示されている。(2)そして、そのことは、また紀伊徳川領の政治史研究にも大きな示唆を与えてきた。(3)

熊野地方に、紀伊領の御仕入方を設置していくのは元禄末期以後であるが、平地が乏しく、険しい山岳地帯の中にある山村やリアス式海岸沿いの斜面状の土地に漁村集落を形成して、生活をする人々の生業の育成に大きな役割を果たした。熊野地方の御仕入方は、材木・炭・漁獲物などの生産と販売の組織を確立して、いわゆる小百姓を自立化させる機能をはたしており、「御救」の性格が強く、近世後期に豊沃な紀ノ川平野や和歌山城下と周辺部など物流の拠点に創設された御仕入方や、江戸深川御仕入方など都市商業資本への依存を深めた「御国益」の性格の御仕入方とは異なる面がある。[4]

しかし、文化十年（一八一三）六月の進達書に、[5]「御国益御救に両全之業に相成様取計」とあるように、その御仕入方設置の基本的な考えがあるが、設置されたそれぞれの地域の状況によって、「御国益」に重点があるのか、「御救」に重点があるのか特色が出てくる。とりわけ熊野地方の多くの御仕入方には、幕末期まで「御救」の色彩が強いが、本節で対象とする口熊野の安宅川（日置川）上流域の四番組や古座川流域の三尾川組と古座組および新宮川流域の本宮御仕入方の状況をみると、常に林産業の育成と山村の食糧の確保が御仕入方のかかわる主要な任務であった。

崩壊直前にある山村社会で村役人と協力しながら、山村の体制を維持している御仕入方の姿がある。山林の維持と保護策および木材の販売、また熊野炭の生産に携われる庄（焼）主と焼子の拝借銀と根質物の取扱い、常に欠乏に悩まされる飯米の給付・貸付けなどをとおして、御仕入方の地域社会との結びつきの状況をもう一度考えてみたい。

一　安宅川・古座川流域の御仕入方

(1)　天明飢饉と四番組

十八世紀前半に熊野地方に御仕入方役所が設立された。元禄十三年（一七〇〇）に周参見組大野、十五年の古座組高川原の御仕入方は、ともに安宅川と古座川の川口に近い川湊で、木材・炭など山産物の集散地にある。また宝永元年（一七〇四）には、周参見組市鹿野と三尾川組西川の山間部の要衝の地に創設されている。(6) 口熊野の内陸の山間部は、生活のきびしい僻村であるが、十八世紀前半頃から開発の手が入り、山間僻地の貧しい領民の救済に取りかかっていた。古座浦に置かれていた口熊野代官所が、この頃、周参見浦へ移転しているのも、内陸山間地帯への往来の便利さを考えたからであろう。(7)

　こうした領民の救済策にもかかわらず、熊野地方は何度も飢饉に悩まされていた。とりわけ天明期の飢饉は被害も大きく、熊野全域に多大な爪跡を残した。

　天明七年（一七八七）九月、口熊野四番組の和田・下川上・下川下の三か村の庄屋・肝煎が連名で大庄屋に提出した「乍恐奉願口上」によると、(8)「当村々之儀、当春夏御救米頂戴仕難有漸々相凌候処……村中六歩通りも潰百姓ニ罷成、頭百姓之者も当春ゟハ漸々日々を相凌兼居申…」と、村中の六〇％位が潰れ百姓になり、頭百姓でさえも生活の維持がしにくくなっていた。それは、「卯辰（天明三・四）両年困窮以来米穀高直ニ而」と、天明三・四年に熊野地方を襲った飢饉が回復せず、「田畑修理等得不仕候ニ付、諸作物実入悪敷小前之者共此節ゟ給物等も無御座日々を凌兼居申候」という生活状況が続いていたからである。三か村は、木材を売って畑年貢の上納にあてるために天野川御役所に木材の買いあげを願い出て御見分も受けていた。

　八年五月には三か村が大庄屋に提出した願書には、川口の日置浦まで木材を管流させ、「流し入用人足」の飯米代を支払うと山元の益銀はなくなってしまうと記している。そこで、市鹿野御仕入方へ集荷する安宅川流域の諸産物を山越しで運んで、富田川を鮎川から新庄方面へ出荷する方法を考えて、炭・杉板・茶などの一年分の概数を示しながら、それらを新庄の問屋で買いあげてほしいと願い出ている。

翌六月、下川上村の庄屋・肝煎が、近露御仕入方へ提出した「預り一札」によると、御納所銀六〇〇匁を拝借するために、村内の小前から質物にする釜・鍋・平釜・煎鍋など一一種、二六二点の生活用具を集めており、その品々を庄屋・肝煎が保管している。また拝借銀は期限をおくれずに返納するとある。

十月には、下川上・下川下・和田・平瀬の四か村の庄屋・肝煎が、大庄屋から御米一五〇石を借用しているが、折から前年の夏以来村々で疫痢が流行しており、家族全員が病死する家も出ていた。老人・女・子供のみが残って乞食同然となり、明家絶株も増え、田畑も荒れたままで惨たんたる状況になった。御代官が巡在したとき、村々での生活ぶりを尋ねられたが、飯料として毎年市鹿野御仕入方から五〇石の御救米を拝借しているが、さらに一か村あたり五〇石、四か村で合わせて二〇〇石の拝借を願い出ている。それは、「御救等奉載候而も其時々渇命相凌、此上際限もなく御願申上候儀も難仕候得者、才木稼専ニ取組為相稼候ハヽ、自然と取続可申」とあり、「御救」による一時凌ぎだけでなく、才木稼ぎに恒常的に携わることによって生活を維持させるという拝借願である。

寛政元年（一七八九）九月の「願口上」は、四か村の他に近露・野中・高原・真砂・北郡・大内川・面川・下木守・五味の九か村が加わり、一三か村の庄屋が連名で近露御仕入方と四番組大庄屋にあてて出された願書である。天明八年夏の疫痢の流行で病死者が続出して絶株者が増えたので、その者らの納入すべき三七五石の年貢分を「村迷い」に割り当てているが、納入できないことを記している。(9) 天明期の飢饉は、寛政元年頃まで爪跡を残していた。

(2) 寛政二・三年の松杉檜の植樹

口熊野四番組の下川上村に残されている、寛政二年（一七九〇）戌四月の「三木御植木模様相認候帳」[10]には、「在中江申聞候御成木利益有之段御通詞」として、「杉檜之実生立苗仕方之事」、「植木山取扱心得書之事」、「植木類成木売立差引之事」の三項目が記されている。「御通詞」によると、「其土地相応之産物夫々出精致仕出候得者、其土地ハ豊ニ相成、勿論御国之御益ニ相成」と、その土地に適した産物を見出し、生産を盛んにすれば、その地域が潤うだけでなく領国の利益になるという「国益」の理念に立脚した殖産政策である。

しかし口熊野では、植樹をおろそかにしており、はげ山が多く村々は貧しい。また毎年野山の山焼きをしなければ、猪・鹿・猿などが襲って農作物が荒らされるが、その防垣に使用する樹木も少ないため遠方から運んで来なければならない。村人は防垣の心得もないから無防備に等しいので、植樹をして生態系を変えることにより獣害を防ぐことができると「御通詞」は説いている。しかしその一方で、「諸木生立野山茂リ込候ハ、猿鹿出荒作方之差支ニも可相成と疑念致」と批判的な声もあった。

苗買代の調えられない者には、春の植え付け時に七年賦で貸し付けて植樹させ、村々の植え付けのむつかしい場所は御仕入方が植樹して、「御救御慈悲之御取扱」と称した。御仕入方の役人へは、「植木山取扱之心得書」が渡された。

「三木」とも植え込みの間は、正月〜二月中として、植え付け地は、肥えた土地には杉、やせた土地は檜、はげ山へは松を植え、一間あたり二畝に一一二本を二～三尺程隔てて植えた。五月～六月には、入念に見廻り手入れをして、枯苗は翌年春に植え替えた。一番修理は五、六年～一一、二年、二番修理は一〇年～一六、七年で行った。肥沃な土地では六、七年で六、七尺～一丈に育ち、十分猪鹿の防禦柵になった。柵苗は小木で一〇町の長さに苗七二〇〇本を植え、苗木の植え込みと生育を指示している。

「杉檜之実生立苗仕方之事」など三項目は、植木の種実から苗を生育させる栽培法や成木となって販売したときの益銀の見積りである。「杉檜松植付模様」には、山之凹凸や曲直によらず、苗は一間半に一本ずつ植え、一町あたり苗一〇〇〇本とし、これより厚く植えると枯傷や欠木が多くなり、薄いと木枝付きや木性がよくない。また鍬を打ち込んだとき、刃先に赤土が付く所へは杉を植えるのがよいと述べている。

「松杉檜苗直段積」には、松苗一〇〇本につき二匁～三匁五分位まで、杉苗は一〇〇本につき一匁二・三分～一匁七・八分まで、檜苗は一〇〇本につき一匁三・四分～一匁七・八分までとしており、これらの「三木」の植旬は、正月中旬～二月中旬としているが、海岸地域と山間奥地とでは旬合に差異があった。「植木類修理手入取扱之次第」には、奥山中在々は実入りが少なく、「歩合四歩通位ゟ四歩半五歩半迄歩合ニ取扱候」としたが、「御仕入方植木歩合之半減ニも行届兼申候筋も多御座候」と、御仕入方が算定した収益どおりには行かないこともある。

成木の売価格について、杉は三〇～五〇年もたてば植樹したときの七〇％が伐採でき、三〇％が枯木で「欠木」になる。山間部と海岸部を平均して一本四匁位で、一万本植樹しており、「斧掛り」（伐採）できるのは七〇〇〇本で、益銀は二八貫匁である。村方は六〇％の一六貫八〇〇匁を得るが、その中から地拵えなどに雇った人夫賃を払うと、御仕入方の実際の取分は四〇％の一一貫二〇〇匁で、この中から枯れ木分の修理料は御仕入方が支払うとしており、綿密な調査による試算である。

寛政三年五月十一日に紀伊領勘定奉行所から口熊野代官所へ申達した書状に[11]、周参見・江田・四番の三組のうち、植林を希望する四七か村で、それぞれ村役人が立会って植木の見積りと歩合を定め、議定帳を作成したとある。こうして口熊野領分に設けられているうちの五か所の御仕入方が、それぞれの村を分担して管轄し植樹をした。

枯木灘に沿う江住御仕入方が支配したのは、見老津浦・大鎌村・里川村・和深浦・田子浦・江田浦の海岸沿いの江田組六か浦村である。周参見御仕入方の支配は小川村・城村、小付村・大付村・小河内村・和深川村・口和深村・大間川村、周参見浦の九か村、市鹿野御仕入方の支配は、中流域の柿垣内村、中野又村、北谷村、合川村、玉伝村の周参見組の五か村と、小谷村、深谷村、竹野平村、向山村、熊野村、面川村、五味村、串村、谷野口村の上流域の四番組の九か村である。近露御仕入方の支配は、最上流部の野中村、近露村、平瀬村、和田村、下川上村および富田川の中流域の北郡村、真砂村、西谷村、高原村、大内川村を合わせた四番組の一〇か村である。

御仕入方役所は、各村々が苗木を持ち合わせているのか、他から取り寄せて整えようとしているのかを調査し、種実と苗木の用意をした。

(3) 弘化四年の御仕入方役所の再興

口熊野に創設された御仕入方は、途切れることなく継続して経営されていたわけではない。地域の状況の変化によって停廃止をしたり再開したりしている。また新たに設置して全品の貸借による生業の援助や米麦の取扱いなど山村の生活と深くかかわっていた。天明飢饉に被害の大きかった安宅川上流の四番組の村々で、農民保護に一定の役割をはたしてきた近露御仕入方へ、天保九年（一八三八）五月、口熊野四番組の村々は、炭の直焼きの許可を求めた[12]。当時は近辺の山々の木は伐り尽され、遠方の山に入らなければ炭が焼けなくなっていた。「御役人衆見分被成下候処、御引合ニ不相成様被仰聞御取扱無御座候付、無拠勝手焼御免之儀奉願上候処、御聞届被成下候」とあるように、御仕入方は採算が取れないと判断していたが、四番組の村々は、炭の直焼き、直売りの許可を得て炭の生産を続けようとした。

これに対して、近露・真砂・市鹿野の三か所の御仕入方は、諸仕入銀、諸貸付銀などの返納を条件に直焼きを許可した。その結果、ひとまず四番組内にある近露・真砂の御仕入方は廃止されたので、四番組の村々は、直焼き炭を新たに新庄・田辺へ出荷する流通機構をつくった。このとき、四番組と入り組んでいる周参見組の内から、四番組直焼きに紛れて「抜炭」をする者が出て、市鹿野御仕入方の御仕出し炭の取締りがしにくくなっていた。また四番組直焼き炭の新しい販売先の田辺・新庄へは、七、八里もあって遠く、直焼きを許可しても出荷はできにくい、四番組の前ノ川流域一二か村は、これまでどおり市鹿野村枝郷の滝へ運び、船積みで運び出すようにと口熊野御代官に説得された。そこで滝に出張所を設けて役人を詰めさせ、極印改めをして安宅川を積み下させるようにした。

真砂御仕入方の炭の買上げ値段は、元来上々炭六貫五〇〇匁入り一俵銀二匁三分であったが、田辺・新庄商人の買上げ値段は、上々炭五貫入り一俵銀三匁六分で、山村の炭を焼く人には、田辺・新庄へ売る方が不利であったが、遠山に入り込んで炭を焼くため、非力な老人や子供の持ち運びが困難であった。五貫入りの俵であれば運び易く、便利であると五貫入り俵の規格を求めた。(13)

村々が懸念していたのは、今後御仕入方が再開されることにより、「勝手焼」が差止めになり、田辺・新庄の商人との間でやっとできた流通機構に支障が起こることであった。四番組の村々では、庄主が仕込銀を御仕入方で借りて返却できないとき家財道具を没収せず、なお残銀があるときは「村迷い」にしないことや、金相場が御仕入方により違いがあるのを田辺の金相場を基準にするように要求しており、従来御仕入方との間でできていた契約の改正も求めている。

文化十三年八月、紀州領内では、これまで郡代官所が預かっている社倉・義倉の有物や正金銀を御仕入方へ預けて頭取が保管し、書類を郡代官所へ提出して置いて、必要なときに「御代官一札」で渡すようになった。「御代官所御救宛御囲米」と称されて、(14)常に食糧不足に苦しんでいる山間の村々へ御仕入方を拠点にした対応策が実現した。

天保七、八年の飢饉のとき、口熊野でも米価が高騰していた。四番組の米価の高騰は激しく、御仕入方は高い値段の五七・三%にあたる一七二匁位で販売し、年貢米の納入期にも米穀の融通を受けている。(15)

村々の炭の「勝手焼」（直焼）の許可を認める代わりに、天保九年、近露・真砂の両御仕入方を引払っていたが、[16]八年の歳月が過ぎた弘化三年（一八四六）四月、支流の前ノ川流域の一一か村の庄屋が肝煎と頭立二〇人が御仕入方の再興の願書を提出している。[17]翌四年二月には、平瀬村庄屋・肝煎連名の「願口上」によると、[18]天保期の連年の凶作のために米価が高騰して、「小前一統露命繋方無之及渇死程」の状態になっていた。平瀬村は、「御収納凌方之手段無之、所持之田畑山林共不残本銀返或者質物等ニ差入借銀ヲ以年々上納之規矩相立申候」と、困窮に苦しむ百姓たちは、「御慈悲之御救」の御仕入方の再興を要望しており、その声は四番組の広範に起っていた。

こうして御仕入方は、弘化四年に再興されるが、前ノ川に沿う九川・長瀬・伏莵野・原・五味・下露・谷ノ口・東の八か村一〇二人が連名で提出した「書上」[19]には、御仕入方からの拝借銀により山方諸商品の仕込みができ、本銀返しも取り戻せるようになったと記している。

田辺御代官所は、十二月二十六日付で、「四番組在々先達而炭勝手焼差免、真砂近露両村御仕入方引揚ニ相成有之候処、此度村々願之品有之、以前之通右両村へ御仕入方役所取建炭直焼直売差留候旨申来候、此段町在商人共へ心得可申候事」との通達が、大庄屋を経て村々へ伝えられた。[20]真砂・近露の御仕入方を復活させて村々の炭の勝手焼きが差留められた。

(4) 下川下御出張役所の設置

弘化四年（一八四七）七月、組惣代の野中村の中村弁之助が近露御仕入方へ提出した書状に、[21]下川上村・下川下村・平瀬村や枝郷の竹之又・西之又などは不便な土地で、近露・真砂の御仕入方や合川御仕入方へ行くにも三〜四里ほどあり、山坂や難所を越えなければならない。また大水が出ると通行の出来なくなる川越えの地でもある。御仕入方もこの地域の掌握は十分できないとの理由で、下川村下へ御仕入方の御出張役所の設置を要望した(22)。

十一月には、その許可が下り、中村弁之助が御出張役所へ詰めるようにし、四番組大庄屋渡瀬安右衛門の協力を得て、御仕入方と同等な取扱いができるようになった。また地元の村々から要望のあった手質貸しや米の小売りをすることも認められた。手質貸しの利銀と米の小売りの益銀を中村弁之助の出仕中の雑銀にあてている。

下川下村に設置した御出張役所は、近露御仕入方の管轄ではなく、和歌山の御仕入方元役所からの直接の指示に基づいていた。中村弁之助は、和歌山までよく出向いており、伝馬継ぎの書状の往復も盛んに行われている。

嘉永元年（一八四八）八月、熊野地方は大洪水に見舞われた。富田川筋は「百年以来不覚之大水」、安宅川筋、新宮川筋は「古来未曽有之大洪水(23)」とある。この年十二月に雑木山一か所を根質物にして銀六貫四〇〇匁を御仕入方から借用を申し入れ、中村弁之助の見分も受けていた。翌二年正月に再度提出した「口上(24)」に、「才木仕出し」の入用銀とあり、被害は残っていた。

安政三年（一八五六）十一月に、中村弁之助が近露御仕入方金役衆中へ提出した願書に(25)、下川村下へ着任後十年が過ぎたが、彼の努力にもかかわらず村々の景気は回復していない。年貢の滞納も減らず、村々の困窮者も続出していた。

領民の生業を支援しながら利益をあげようとする御仕入方仕法は破綻して、下川村下に置かれた「御出張御役所」が廃止された。安政五年と推定される。その三年後の万延二年（一八六一）二月、平瀬、下川上、下川下、和田の四か村が連署して、近露御仕入方へ提出した願書[26]によると、廃止されている御出張所の再興への取組みが再度始まっている。

(5) 西川御救御仕入方

古座川流域に西川、滝野拝、高河原の三か所の御仕入方が存在している。

西川御仕入方は、幕末まで「西川御救御仕入方」と称されていた[27]。寛政十一年（一七九九）六月、西川村の常松が「御役所炭」の炭焼きをするにあたり、必要な銀米と御年貢米などを西川御救御仕入方から借りうけている[28]。そのとき、山林一か所を根質物に差し入れたが、西川村領にある山林には、杉檜が五三〇本生育していた[29]。また文政二年（一八一九）十一月に、西川御救御仕入方から山方仕出物の二割引下げが発表された[30]。これに対して松根・西川・成川・下露・平井の五か村の庄屋・肝煎が連名で訴えた願状には[31]、耕地が乏しく山稼ぎで生活しているが、近くの炭山は、木が伐り尽され遠山でないと伐木がなく、場所も悪く採算が取れない。また、炭俵を川船に積み込む真砂まで運ぶ道程は約三里で、毎朝未明に運び出しても帰村するのは昼頃になるが、これまでの運び賃三五文を二割引き下げて二八文では過酷すぎる。そのうえ、他の山方仕出物すべてが二割下げになると、生活が維持できなくなると訴えた。

その一〇年後の同十二年四月にも、成川・松根・西川・平井の四か村の庄屋・肝煎に各村の「炭庄屋」

が連名で、同じ趣旨の願書を再提出している。[32] また、同年七月に、西川村庄屋・肝煎・炭庄屋が連名で提出した「炭山追願書附」[33] には、遠山になれば焼いた炭の運び出しには、道・橋の整備や駄員の費用も多くかかるとの理由で、一俵あたり銀二分五厘の買いあげ価格を要望した。

少し時代が下った天保七年（一八三六）十一月には、西川御救御仕方の炭の仕出しにたずさわっている農民たちが、その年の暮に、「越年飯米」の拝借を願い出ているが、[34] 佐田・下露・平井・西川・成川・松根の六か村の庄屋も連署している。また十二月に、平井村から出された「御返米借用仕根質物之事」[35] には、御仕入方から借りた米三石を「越年飯米」として、根質物には平井村内の檜杉山一か所を差入れている。木数は三〇〇〇本余で借米は、翌八年四月中に返済するとしている。万延二年（一八六一）正月にも、成川・松根・平井・下露・西川の五か村が西川御救御仕入方から米一五〇石の売り下げを願い出ている。[36] 前年の凶作により口熊野は米が不足しているうえ、他所からの「廻り米」も乏しく、古座湊から米が登って来なくなり、米価は高騰した。西川御救御仕入方は、保管している年貢米を売り払って凌いで来たが、その貯蔵米も尽きたので、和歌山からの廻米を願い出ていた。

御仕入方のもう一つの使命は、山村の人々の米穀など食糧の確保であったから、西川御仕入方は、こうした「御救」の役割を担っていた。地域の人々には「御救御仕入方」の呼称は定着していた。

文久三年（一八六三）七月に西川御救御仕入方へ、平井村から出された願状に、[37] 村は疲弊して年貢の収納が進まないので、「上組頭」と「中組頭」に三九人の農民が、村内の炭木山で焼いた炭を売って借用銀の半分を返済するために、他の諸荷物より炭の運び出しを優先すると決めている。古座川上流の地域では、食糧の確保と炭の生産量を増やし、販路の拡大が喫緊の課題であった。

西川御仕入方には、柳沢市左衛門という役人がいたが、滝野拝御仕入方へ転勤になったとき、西川村から留任運動が起こっている。[38]「御同人儀、至極実意ニ御取扱御苦労被為成下候」との書状が、郡御代官所へ提出されている。また稲葉梅之助という役人も、「当役所江御詰被成下、在柄模様も能御案内ニ而至極実躰ニ長々御苦労被成下」との理由をあげて、村人が留任を求めている。御仕入方には、山村の人々の生活に気配りを怠らない役人が勤めており、疲弊に苦しむ農民の生活を保護していた。

二　本宮地方と御仕入方

(1) 本宮御仕入方と木材移出

本宮御仕入方役所から、正徳四年（一七一四）八月に久保野村の庄主孫左衛門が、炭の仕入れ銀三〇〇匁を借りており、[39]元文五年（一七四〇）九月に久保野村庄主の林蔵が、小割物・材木を納めるため、所持する山を抵当に入れて、渡瀬村の善大夫から杣挽賃銀に充てる八〇両を借りている。[40]
本宮御仕入方関係の文書には、根質物に関するものが多い。天保十一年（一八四〇）五月に、下湯川村の庄主権右衛門が、本宮御仕入方へ御材木請負の根質山を提供しているが、[41]それには、七月に杉檜山七か所で、木材一万九七〇〇本、代銀二九貫一〇〇匁、九月には杉檜山四か所で木材九万六五〇〇本、代銀一八貫七五〇匁、合わせて杉檜山一一か所、木数二万九三五〇本、代銀四七貫八五〇匁である。さらに銀二五貫を同村の庄主忠次郎と折半で借り入れ、代銀一二貫五〇〇匁、杉檜山四か所を根質物とし、合計六〇貫三五〇匁が全額である。また九月には、根質物杉檜山四か所、木数一万七六〇〇本、代銀一八貫七五〇匁の「根質物入添証文」も記されている。本宮組下の山林地主で、本宮御仕入方から庄主を申しつけられて山林業にたずさわる人が多くいたが、庄主たちは、所持する杉檜山を根質物にしながら資金をつくり、経営していた。

本宮御仕入方が取扱う木材は、新宮川を流下して、鵜殿浦に設けられている紀伊領の御材木所で買いあげられ、上方や江戸の木材市場へ搬送された。湯川村の庄主権右衛門と忠治郎は、天保十年二月頃、本宮御仕入方から仕込銀を借用して、材木の請負いや仕出しをしていた。新宮川を流下する木材は、ひとまず鵜殿浦で集荷され、新宮の相場で「御見競」（競売）された[42]。鵜殿御材木所が「入用木」として買上げ、「余木」は江戸・大坂の問屋へ販売し、その売上げ金で、拝借銀を返納した。鵜殿御材木所を中心とする木材販売も、当初は順調な経営が続いていたが、木材相場は変動が激しく、弘化元年（一八四四）秋頃から木材価格が下落して多額の損害が出た。また川下げ期に、大水で大量の木材が流出して資金繰りができなくなり、拝借銀の返納も困難になった。

弘化三年（一八四六）春、江戸で大火があり、木材価格が上がったので熊野地方から大量に送って利益をあげた。このとき新宮領主水野忠央は、三月二十三日付で「御勝手方改革」を発表して、新宮湊の廻船主へ御用金代わりに所持する廻船を徴発して御手船とした[43]。水野家に新宮領内の廻船を支配されたため、新宮領以外の熊野材の江戸市場への販売はできなくなり、本宮付近の山村にも影響を及ぼした。庄主の権右衛門は、根質の杉檜山の木は、「上ハ木之分、材木仕可成丈ケ上納仕、其余者小木筋生立銀成候迄御慈悲御取扱ヲ以、上納御延引被為下」と、上木を伐って上納銀にあて、残りは小木が成長するまで上納を延引したいと要望している。

権右衛門らの苦労にもかかわらず、木材の仕出しはなかなか好転していかなかった。弘化三年霜月に権右衛門は、以前に提出している「根質別帳」の山々をしばらくの間本宮御仕入方へ引き揚げてもらい、拝借銀がすべて返納できれば、その根質山を返還してほしいと本宮御仕入方へ願い出ている。御材木の請負筋の差引残銀は、銀八八貫五三七匁三分五厘、そのうち、権右衛門分は五〇貫五九匁八分五厘、忠治郎分は三八貫四七七匁五厘であった(44)。

(2) 安政二年の村替えと御仕入方

新宮領主水野忠央は、嘉永五年(一八五二)十二月、徳川治宝が死去すると、治宝付きの家臣を一掃して紀伊政権の統治権を掌握した。忠央は、統治上の便宜と新宮領の財政の利益のため、嘉永五年以来の海防に多額の費用を要するとの理由で、自領の知行替えをはかり、安政元年(一八五四)十一月、北山組内の四か村を新宮領に編入しようとして、翌二年三月、有田・日高両郡にあった新宮領を「表領」の奥熊野の入鹿組一〇か村、本宮組一二か村、木本組一か村、合わせて二七か村と交換すると発表した。村替えは該当する村々だけでなく、木本二分口役所のほか、小色川・本宮・成川・木本の各御仕入方も水野家の支配になり、御仕入方の貸付銀、仕込銀、根質物などの処理は水野家の役人が取扱うことになるから、村々では生活に大きな影響が出ると警戒を強めた。本宮では、新宮川の川原へ大勢の人が集まり反対を主張して不穏な動きがあったが、取りあげられなかった[45]。

九年前の弘化三年三月に水野忠央は、「御勝手方改革」を発表して、大坂送りの材木類の冥加銀、廻船主たちの所持船の提供、在中からの炭の産出や木材の流下量の増加や浜手の漁事稼ぎの出精などに新しい賦課を次々と打ち出していた。逼迫する財政の打開策であり、政治活動の資金に充てようとする財政策であった[46]。

本宮の社家・大庄屋・村役人は、隠居中の徳川治宝に救済の歎願をした。嘉永元年（一八四八）十二月、治宝から「口達覚」が出されたが[47]、それには、「両君様達御聴御厚御仁恵之思召を以前段新規主法筋都而午年以前之通ニ被複候筈」と、両君様（治宝と藩主斉彊）から、弘化三年（午年）以前の状態に戻すことが記されている。このとき本宮組の村々では、「新宮表御仕法替ニ而当時山林買求候筋も無数、誠ニ以当惑を極仕候」と、御勝手方改革の新法により、組内の山林業を衰微されると不信感をもった[48]。庄主たち山林所有者は、今回の村替えによって仕込銀や飯料の拝借にも支障を来たし、杣・木挽き・日雇人などの生活にも影響があると考えた。

もう一方の熊野の主産業である木炭業は、従来民間で焼き出していたのを御仕入方が資金を貸与して製炭を奨励し、「熊野炭」の名で販売するようになった。村々には、製炭にたずさわる庄主が炭焼きの技術を有する焼子を統轄して製炭をしていた。村替えにより御仕入方が引上げられると、御仕入方を核にして形成されてきた生産・販売体制が解体されることが見えてきた。大瀬村の百姓一同が、安政二年四月に熊野本宮十二社大権現などに出した「祈願誓一札」[49]には、村替えの通達に反対して、「御表様御支配不奉離様奉歎願事ニ御座候」と、「御表様」（紀伊徳川家）の支配を離れないでいることを熱望している。

本宮組の村替え反対派は、八月から奥熊野御代官所との交渉に入るが、聞き入れられなかった。村替え該当の四組二七か村の激しい抵抗が二年も続き投獄者を出しながらも、ようやく四年七月二十二日に木本御代官所から通達が出た。「此度土佐守殿訳而御願之品も有之候ニ付、格別之訳を以御村替御居置之条被仰出候」[50]とある。村替え中止の通達が、二七か村へ伝えられた。

(3) 安政期の本宮御仕入方

本宮御仕入方役所の諸産物を取扱っている新宮の材木問屋住吉屋弥次右衛門が、安政六年十月に本宮御仕入方に提出した書状[51]によると、近頃江戸市場での中板の売り値が良くないので仕切銀の納入も滞りがちであった。そこで、江戸表で心当たりの問屋二、三軒のうち、身元の確かな一軒に試に中板を売捌いたところ、これまでの問屋筋より値段もよく、仕切銀なども御定法どおり遅滞なく渡すというので、住吉屋はすぐに江戸へ下り、取引きに関する諸事を取り決めた。これまでの問屋筋と同じように取引をすることを願い出ている。

十二月二十三日付で、住吉屋武兵衛が本宮御仕入方へ出した書状[52]には、板の売捌きについて所々を調べたところ、「美濃屋善右衛門ト申方随分手堅キ仁と相見へ申候間、同人方江懸合仕直段之儀、尺ニて拾四五枚、九寸ニ而拾七八枚、八寸ニ而弐拾壱弐枚、七寸ニて三拾枚位」と、美濃屋善右衛門という身元の良い問屋を選び、中板の厚さの応じた値段を決めている。このとき、新宮からの廻船が入津すると、深川御仕入方へ届けたうえで板荷物の取扱いを認められた。本宮御仕入方から和歌山の勘定方へ上申して、深川御仕入方へ、「此度住吉屋武兵衛江戸表江板類材木共捌キ差向候付、同人江相任せ可申」との通達が届けられている。

江戸では、飯田屋・美濃屋の二問屋と板の代金と仕切状を引き替えに渡す約定が成立しているが、「深川御仕入方と有之候而者外方江荷物渡し方難出来」と深川御仕入方の介入を拒否している。[53] 二月には、本宮村の鍵屋伝左衛門が、本宮御仕入方へあてて提出した「口上」[54]には、鍵屋は、嘉永四年から本宮御仕入方の御用達をしており、和州十津川郷垣平村枝郷の蕨尾に住む縁者に周辺一帯の村々を引き受けさせて仕出し炭や板類を買い入れて生業を営んでいた。十津川郷で産出される角材は、新宮の地挽き板より劣らないので、江戸市場で売れ行きが伸びると、所持する資産などの担保物件に提出したことを記している。

本宮御仕入方は、鍵屋を御用達に任じ、「篤実出精御国益」について精励させようとしている。鍵屋は、出荷する山産物に煙草・棕櫚皮・鳥黐・小角類・間板・紙芸・松脂・椎茸の八品目をあげ、これらを江戸へ直々に交易すれば利益はあがると説いている。[55]

万延元年(一八六〇)閏三月には、養蚕に関する記述がある。[56]「昨年出来立候蚕糸其表ニ而善悪為御試候処、生合宜敷由ニ付猶精々多分飼立之儀取計候」とあり、出来たての蚕糸の善悪を和歌山で調べたところ評判は良く、蚕を増殖するようになった。また織立ての絹切れを見て至極好評で、「右等之絹其外何そ面白キ新規之品多分織出し候ハ、自然業相立一廉之御産物ニ可相成品ニ付、猶私共ニも厚工夫有之様委細申越候御趣承知仕度」と、新規な品の織出しを勧めている。本宮には諸紬・結城紬・帯地など高度な織方の技術を心得ている職人もおり、工夫をさせ、更に珍しい織方を生み出すことができる。桑苗も多く増殖させ、領民と結びついた養蚕業が成果をあげていると、本宮御仕入方が紀州領の総元締衆中へ報告している。

御仕入方の経営に手腕を振ったのは、本宮社家出身の竹内彦右衛門である。彼は天保九年（一八三八）十二月、和歌山へ召し出され、御寄付方貸与所で勤務した。同十四年五月、本宮御仕入方御用認物勤、安政五年（一八五八）十一月御仕入方元締格となって御仕入方の経営に深くかかわった。慶応二年四月に養蚕方に就いたので、本宮御仕入方は養蚕振興に着手した。熊野本宮大社の上手の中州に一万本の桑の苗木を植えている。竹内の御仕入方・物産方の勤務は三〇年を超えたが、養蚕振興に情熱を傾けた。その結果、明治二年には、繭一五石、生糸三〇〇斤を生産し、三年には、上反物一一反を織って新宮へ出荷した。三年春には、丹後地方の養蚕の指導者男女一人ずつを招いて技術向上をはかったが、三か月間の教授料七〇両の大金を払っていた。本宮御仕入方は、明治維新の激動に紆余曲折をしながら、明治三年（一八七〇）八月、本宮物産方として御仕入方の組織と機能を引き継いだ。

まとめ

本稿は、口熊野御代官所が管轄する近露・下川下・西川などの御仕入方と奥熊野御代官所が管轄する本宮御仕入方について考察した。御仕入方は地域の住民と密接に結びついている役所だけに地域の実態により、その経営に特色が見られる(58)。

近世中期以後、紀伊領では、口熊野への御仕入方の経営が積極的であった。口熊野の内陸部は、紀伊山地の険しい山岳と、それを縫って急流が蛇行してできた複雑な地形をつくり、熊野地方でも類を見ないほどきびしい自然条件で、耕地が乏しい。そのため人々の多くは、生産性の低いわずかな耕地を耕しながら、木材業や薪炭業によって生活してきた。そのうえ、連年的に襲われる天変地異にも悩まされた。御仕入方は、こうした村々の保護と人々の生業の育成に大きな役割をはたした。人々の交流も遮断されるような山間僻地では、河川が物資の輸送の大動脈であり、木材・炭の流下のみならず、山村で不足する米・麦が運びあげられて人々を救ったが、御仕入方がそれにたずさわっている。熊野の御仕入方の「御救」としての機能を十分に発揮していた。

新宮川（熊野川）は、口熊野の古座川・安宅川よりひとまわり大きい河川で流域面積も広く、後背地の森林もさらに深い。その中流に位置する本宮からは、早い時期から木材・炭が筏や川船で川口の新宮・鵜殿へ流下している。本宮御仕入方は、山林所有者のうちから庄（焼）主を任じ、貸付銀・拝借銀として貸与し、伐採や販売にたずさわらせた。庄主は、杣・木挽きを抱え、焼子を支配して金銭・飯米を貸しつけ、木材・炭を掌握した。このように「御救」的な要素を含みながら「国益」の概念に基づく産業政策も展開した。

本宮御仕入方には、この国益概念が脈々と流れており、やがて幕末・維新期に、本宮社家出身の竹内彦右衛門のように国益理念をさらに発展させながら、新しい時代を見通せる御仕入方役人が出て来た。

〔注〕

（1）藤田貞一郎『近世経済思想の研究』（吉川弘文館　一九六六年刊）

（2）藤田貞一郎『国益思想の系譜と展開』（清文堂出版　一九九八年刊）、『和歌山県史』近世、『田辺市史』第二巻。

（3）拙著『紀州藩の政治と社会』（清文堂出版　二〇〇二年刊）、小山譽城著『徳川御三家付家老の研究』（清文堂出版　二〇〇六年刊）その後刊行された自治体史にも取りあげられている。

（4）前掲『近世経済思想の研究』一四六頁。

（5）『南紀徳川史』第一二冊　三八五頁。

（6）奥熊野では、元禄一五年に木本浦・尾鷲浦・長島浦、宝永二年には新鹿浦、同三年本宮村、同四年大又村などに設置した。

（7）前掲『紀州藩の政治と社会』八五～八七頁。

（8）『大塔村史』史料編（大塔村　二〇〇五年刊）七〇〇～七二五頁、天明七年九月「諸願達留帳」、以下断りのない限り同史料によった。

（9）前掲『大塔村史』史料編　七一一～七一二頁。

（10）前掲『大塔村史』史料編　五二六～五三三頁、以下断りのない限り同史料によった。

（11）前掲『大塔村史』史料編　五三三～五三四頁。

（12）『南紀徳川史』第一二冊（名著出版　一九七一年刊）四四四頁。『大塔村史』史料編一　五三六～五四〇頁。

（13）前掲『大塔村史』史料編一　五三八～五四〇頁、以下断りのない限り同史料によった。

（14）『日置川町史』第二巻（日置川町　二〇〇四年刊）六八一頁。なお『南紀徳川史』第十二冊の四七七頁に「御代官一札」が所収されている。

(15) 前掲『大塔村史』史料編一　五三九～五四〇頁。
(16) 前掲『大塔村史』史料編一　五四三～五四四頁。
(17) 前掲『大塔村史』史料編一　五四七頁。
(18) 『紀州田辺御用留』第四巻（清文堂出版　一九九八年刊）三一～三二頁。
(19) 前掲『大塔村史』史料編一　五四九～五五〇頁。
(20) 『紀州田辺御用留』第四巻（清文堂出版　一九九八年刊）三一～三二頁。
(21) 前掲『大塔村史』史料編一　五五六～五五七頁。
(22) 前掲『大塔村史』史料編　五五八～五五九頁。
(23) 『紀州田辺御用留』第四巻　二六七頁。
(24) 前掲『大塔村史』史料編　五六〇頁。
(25) 前掲『大塔村史』史料編　五八五～二八六頁。
(26) 前掲『大塔村史』史料編一　五八八～五八九頁。
(27) 『古座川町史』近世史料編（古座川町　二〇〇五年刊）四四〇頁、文書にはすべて「西川御救御仕入方」と記されている。
(28) 前掲『古座川町史』近世史料編　四四〇～四四一頁。
(29) 前掲『古座川町史』近世史料編　四四二～四四三頁。
(30) 前掲『古座川町史』近世史料編　四四〇～四四一頁。
(31) 前掲『古座川町史』近世史料編　四四二～四四三頁。
(32) 前掲『古座川町史』近世史料編　四四三頁。
(33) 前掲『古座川町史』近世史料編　四四三頁。
(34) 前掲『古座川町史』近世史料編　四四五頁。

(35) 前掲『古座川町史』近世史料編　四四五～四四六頁。
(36) 前掲『古座川町史』近世史料編　四五六～四五七頁。
(37) 前掲『古座川町史』近世史料編　四五七～四五八頁。
(38) 前掲『古座川町史』近世史料編　四六一頁。
(39) 『本宮町史』近世史料編（本宮町　一九九七年刊）四五五頁。
(40) 前掲『本宮町史』近世史料編　二七二頁。
(41) 前掲『本宮町史』近世史料編　二八三～二八六頁。
(42) 前掲『本宮町史』近世史料編　二七八～二八〇頁。
(43) 前掲『本宮町史』近世史料編　二八〇～二八二頁「新宮表御趣意ニ付船々不残御手船ニ相成候趣ニ而江戸送り積方も難被遊被御聞」とある。
(44) 前掲『本宮町史』近世史料編　二八二頁。
(45) 前掲『本宮町史』近世史料編　五五〇頁。
(46) 『本宮町史』通史編（本宮町　二〇〇四年刊）五三六～五四二頁。
(47) 前掲『本宮町史』近世史料編　五五八～五五九頁。
(48) 前掲『本宮町史』近世史料編　二八一頁。
(49) 前掲『本宮町史』近世史料編　五七四～五七五頁。
(50) 前掲『本宮町史』近世史料編　五八二頁。
(51) 前掲『本宮町史』近世史料編　二八八～二八九頁。
(52) 前掲『本宮町史』近世史料編　二九〇～二九一頁。
(53) 前掲『本宮町史』近世史料編　二九一～二九二頁。
(54) 前掲『本宮町史』近世史料編　二九二～二九六頁。

(55) 前掲『本宮町史』近世史料編　二九六〜二九七頁。

(56) 前掲『本宮町史』近世史料編　二九六〜二九七頁。

(57) 奥熊野御代官所の管轄下の御仕入方で、元禄・宝永期（一六八八〜一七一一）に設置されているのは、宮戸・成川・木本・新鹿・尾鷲・長島などで、主として熊野灘沿岸の漁村である。

〔付記〕

本稿をまとめるにあたり、大塔村史編さん室（現田辺市）に多大のお世話になった。

第三章　交流と地域社会の動向

第一節　「熊野の縄文文化論」と近世の熊野

はじめに

日本の基層文化を縄文文化においている梅原猛氏は、熊野は近畿地方でもっとも縄文文化が残った地方だという。壮大な構想で書かれている『日本の原郷　熊野』で、熊野には縄文文化の面影を多様にとどめているところに風土的特徴があり、「漁撈採集の国」として、つい最近まで熊野の人たちは、縄文時代の生活の風習を脱することはできなかったと述べられる。(1)

十九世紀中頃、『紀伊続風土記』の編さんにかかわった加納諸平は、調査のために三度訪れて見た熊野の山間の人々の生活が、聞きしにまさるきびしい状態であるのを知り、強い衝撃をうけていることにも触れて、梅原氏は、「実際徳川の中期までは、熊野の人はこのような生活をしたのであろう。熊野に稲作農業の恩恵が入ったのは、徳川の末になってからである。」と説かれ、(2)縄文的な生活形態が近世後期まで続いていたと見ておられる。

いま、梅原猛氏の説く壮大な熊野の縄文文化論そのものについてとやかくという力は浅学の私にはないが、近世史の立場から若干の見解を述べさせていただきたい。

一　「丸山の千枚田」の成立

慶長十八年（一六一三）六月の「紀伊州検地高目録」に記された紀伊国七郡（名草・海士・那賀・伊都・有田・日高・室）一〇七五か村の総石高は三七万六五六二石余であるが、そのうち室（牟婁）郡は三九五か村、八万八九七三石余である。(3) 慶長六年（一六〇一）に浅野幸長が実施した紀伊国総検地の結果をまとめたもので、田畠の等級に応じて石盛を決め、一筆ごとに田と畠を表記して村高を確定している。このように熊野地方では、稲作も行われており、石高制の基盤が形成されていることは、速水融氏の研究にも見られることである。(4)

慶長十八年六月の「紀伊州検地高目録」に記載されている村々は、十六世紀中頃〜十七世紀初頭の田畠の状況を示していると考えられるが、熊野地方でも検地を終えて、浅野幸長に年貢を課せられる村として把握されていた。中世の村落の名残りを有しながらも、石高制に基づく米穀生産が行われているのを知ることができる。

奥熊野入鹿組丸山村には、「丸山の千枚田」と呼ばれるみごとな棚田がある。(5) 棚田が開発された時期は定かでないが、「紀伊州検地高目録」には、「丸山村」として本田高一一五石三斗六升と小物成四石一斗八合が記されており、その棚田の反別は七町一反八畝で、田の枚数は二一四二枚と畠は九八枚である。平均して一枚の田地は一〇坪程度であるが、慶長検地時には天水引きの水田がすでにできあがっていたと考えられる。中世以来の長い年月をかけて灌漑技術を駆使して棚田を作成したのであろう。

近世に入っても、丸山村では棚田の開発は延々と行われており、貞享四年（一六八七）に五左衛門が二反程、（人工八〇〇人）、利左衛門が一反程（人工三〇〇人）、伝兵衛が二反程（人工六〇〇人）、茂右衛門が一反程（人工三〇〇人）と四人の百姓が六反程を開起している。それぞれの開起田地に記された但書に、「在所より拾弐町程隔り山中にて御座候」、「谷合悪所にて御座候へとも田地不足に御座候に付植〆申度」とあり、在所より離れた所で、谷水の取水もあまり良くない谷川であるが、「右場所作土悪敷御座候へども世悴ども多く御座候処、田地不足ニ御座候ニ付植申し度存じ奉候」とあり、開発し尽くされてわずかに残っている土地の開墾可能な場所を見つけて子々孫々のために開起したのである。

こうした棚田は、地力も乏しいために堆肥などの踏み入れが必要となる。そのための芝刈や施肥、取り入れた稲の運搬など、作業に必要な日数は平坦地の何倍も多くかかり、そのうえ、各自の田畑は一か所にまとまっておらず、各所に分散している場合が多いから、農作業をより困難にしていた。

熊野地方を流れる安宅川・古座川・新宮川（熊野川）の大河川や周参見川・大田川・船津川・赤羽川などの中河川は、下流域でも沖積平野が狭いため、平地が少なく全流域とも灌漑用水やため池はあまり発達していない。だが広大な内陸部や熊野灘・枯木灘に沿う村々では、丸山村のように大規模ではないが、山の斜面のわずかな平坦地を開墾して、天水引きの零細な棚田が発達している。熊野地方の地形・風土に応じて農民が、営々と棚田を築きあげていることからも、近世初期には、熊野地方では稲作が広範に展開していたと考えられる。

二　「西国順礼日記」に見る米の流通

近世中期以降西国三十三所巡礼者の旅日記が多く残されている。それらのうちの一冊から考えてみよう。「西国順礼日記」[6]は、江州日野の辻武左兵衛門が同行者四人と安永二年（一七七三）三月八日に西国巡礼のために出発し、閏三月十一日に帰郷するまでの三四日間の状況を記した旅日記である。一行は、三月九日に伊勢国へ入り、津の茶わん屋六兵衛宅へ宿泊し、伊勢路を南下した。松坂を過ぎ、十日は竹川・十一日は田丸、十二日は三瀬川で宿泊して、三月十三日に紀伊国へ入り、長島組の二郷で宿をとっている。十四日は馬瀬、十五日は尾鷲、十六日は大泊と歩いて、十七日には新宮に入り、熊野速玉大社を参拝して同地に宿泊、十八日には那智山に到着して一番札所を参詣し、廓之坊に泊っている。翌日は大雲取を越えて小口、二十日は小雲取を越えて請川で宿泊して、二十一日には明和七年の火災で焼失した熊野本宮大社を参拝し、湯峯の湯治場を経て野中まで歩いて宿泊、二十二日は近露、大坂峠を越えて高原、芝と中辺路の難所を通り抜け、塩見峠を越えて上三栖で宿泊した。二十四日は田辺を経て南部で宿泊し、以後は熊野街道を北上して、第二番札所の紀三井寺へ向っている。

この日記を通して、西国巡礼に出た人々が順拝する札所や、途中で立寄る著名な神社仏閣・名所旧跡などが記され、当時の富裕な庶民の旅の状況を知ることができるが、とりわけ興味深いのは、宿泊地ごとに白米一升の値段が書き込まれていることである。そのうち、熊野地方（牟婁郡域）のみを表1に示したが、その一一か所の宿泊地は、熊野灘沿いに発達した船舶の発着地か、街道の中継地で、人の交流も比較的多い物資の集散地である。二郷は六〇文、馬瀬・尾鷲・大泊が六二文で、奥熊野の熊野灘沿岸は、ほぼ一定している。内陸部の新宮川沿いの請川も六二文であるが、支流の赤木川の中流に開けた、大雲取越えと小雲取越えの結接地の小口は六八文、中辺路に沿う野中は六六文と他の地域よりかなり高い。新宮と那智山の廊坊の米価は記されていない。この状況から見る限り、熊野地方には多く旅人宿があり、かなりの米が行き渡っていたことが明らかである。

表1　熊野地方各地の白米1升の値段

日　時	宿　所	泊り宿	白米1升の値段
3月13日	二　郷	丸屋半兵衛	60文（8合升）
3月14日	馬　瀬	竹本屋長七	62文（8合升）
3月15日	尾　鷲	勘六	62文
3月16日	大　泊	山本屋兵七	62文
3月17日	新　宮	長田屋茂兵衛	—
3月18日	那智山	廊之坊	—
3月19日	小　口	文右衛門	68文
3月20日	請　川	八三郎	62文
3月21日	野　中	又右衛門	66文
3月22日	上三栖	沢右衛門	58文
3月23日	南　部	田中屋源七	58文

（「西国順礼日記」より作成）

米価においても、湯浅六〇文、和歌浦六〇文、粉河六〇文、石津六五文、大和の岡六〇文、法隆寺前六〇文などと記されており、畿内の各地と比較しても極端に高かったわけではない。熊野地方が飢饉で食糧に苦しんだ享保後期と天明期の中間期で、社会生活も少し、安定した時期にあたり、街道沿いの庶民が宿泊する旅籠も米はたやすく手に入れることができたようである。

三　飯米不足と熊野地方

熊野地方の新田は、十七世紀までに新田高全体の約八五％が開発されたといわれるが、その一方で、田・畠ともに荒廃地も多く発生して荒高が増加していた。[7] ここに農耕の発達を阻害する自然的な悪条件が熊野にあった。したがって、元禄～享保期（一六八八～一七三六）からは、新田や新畠を開発するよりも荒廃地を荒起して新田に繰り込むようになっていた。このように「本田畠」の荒廃が進行していく中で、本田の熟田化と荒廃田畠の荒起し化へと農業生産の形態が変化して行った。[8]

また、近世中期頃の熊野地方では、河川流域の狭小な沖積平野や山の斜面を開墾した田畠で、農民による米麦の栽培が広範に行われていたが、反当収量は低く、村々では必要飯米に達していなかったので、絶えず食糧不足に悩まされていた。そのため、飢饉が発生すると、その影響がすぐあらわれた。

天明八年（一七八八）十月、口熊野の安宅川上流にある四番組の下川上・下川下・和田・平瀬の四か村から大庄屋へ提出された願書に、[9]「近年不作打続其上世上一等困窮之折柄、去夏村中家別痢疫相煩、家内五人七人有之候筋者壱人も不残病死仕、又者家内ニ而達者成ル者相果、老人或者女儀幼少之子供杯相残候筋者乞食ニ相成、明家絶株ニ多罷成村々一等亡所同断ニ相成人数相減候、田畑等夥敷荒辺甚難渋仕候儀ニ御座候」と、たいへんきびしい記述も見られ、天明飢饉の中で疲弊した山村集落の破壊が進んでいた。連年的に襲って来る飢饉や天然痘などの流行にも悩まされ、村々は耕作不能に苦しんでいた。

古座川上流部の山村も耕地が少なく、必要飯米の絶対量が不足しているので、上納米（年貢米）は現地で売り米にして年貢は銀納化した。上納米が売り切れると古座浦から川船による「登し米」によって凌いでいた。万延二年（一八六一）五月、成川・松根・下露・西川・戸井の五か村の庄屋が連名で、西川御救御仕入方へ提出した願書に、[10]「日々窮民共江御売下ヶ被為成下候様仕度」と、米一五〇石の売り下げを求めている。これは、古座川上流部の村々のみの話ではなく、天候不順による作柄の影響のうけやすい山間地の村々に共通することであった。

『紀伊続風土記』の編さんにたずさわって熊野の地を見分のため訪れた仁井田ら一行は、熊野に住む人々の生活の厳しさに衝撃をうけているが、それは天保大飢饉の真最中の光景を見たのである。米穀の流通機構もまだ確立していない紀伊徳川家の政治体制下では、僻辺の熊野地方での適切な流通政策を生み出せず、目を覆うような惨状が生じていたのである。

明治二年（一八六九）二月、牟婁下郡民政知局事を勤めた堀内信が記した「在郡日記[11]」にも、「当郡之儀は実に山海のみにて平田坦畝は十の一にも不及、年分食料七分は他所米を仰き」とあるように、明治初期ころの奥熊野で生産される米穀は、必要飯米の三〇%しか賄えていない。

そうしたところから、『紀伊続風土記』の「牟婁郡総論[12]」に記されているように、「多くは穀食せずして、もっぱら芋を常食とし、草芽果実を輔とするもの比々皆これなり」とあるように芋を常食とする地域もあった。

芋類とともにカシやトチの実なども重要な食材となった。堀内信が尾鷲組嘉田村を視察しているが、

「嘉田の村山橡樹(トチ)多し、実を採り餅に製す、実を粉砕し水に和し、団して平形となし焼く也、之を試みるに少し風味あれとも二つとは好みがたし」[13]と記している。また、巡視で訪れた本宮の湯峯でも、休憩した某家で昼食をとったとき、家の高い所に置かれた紙袋には何が入っているのかをたずねると、案内の郷長からカシの実の粉が入っていると聞いている。「麦芋つきれば之を食す、本年(明治二年)の如き米価暴貴食大に欠之、故に衆争ひ拾ひ近山は既に尽したれば、遠く三四里の深山に分けて入り拾ふ」と記されているように[14]、木の実を拾うのも困難であった。山間地は食糧の確保に苦労をきわめた。

古座川上流部では、昭和初期ごろでも各家々ではカシやトチの実を拾って米俵に詰め、天井裏に貯えて置く風習があったという[15]。山間部の人々は、飢饉への備えを怠ることはできなかった。

まとめ

『日本の原郷　熊野』で、「熊野に稲作農業の恩恵が入ったのは徳川の末になってからである。」と記されていることについて、少し疑問をもってまとめたのは小論である。

熊野は畿内から近距離にありながら、長期間漁撈採集による社会を維持してきたという考えがある。急峻な山岳地帯が広がり、耕地も乏しく、波浪の激しい外洋に接した風土的特徴が、その状況を生み出したと見ている。

しかし、温暖多雨地帯にある熊野は、近世以前から稲作栽培が行われており、中世後期～近世初期には新田開発も盛んに行われていて、熊野のほぼ全域の山間の平坦な斜面や、渓谷に沿う狭小な平地などで広範に水田耕作が展開していたことが、慶長六年（一六〇一）の各村々の検地帳が大量に存在していることから知ることができる。

近年、その熊野地方でも自治体史（誌）の刊行により新しい事実が明らかになった。本節は、そうした成果を踏まえて熊野地方の水田耕作の発展について考察した。

慶長六年、浅野氏による紀伊国の検地により、室（牟婁）郡三九五か村、八万八九七三石余が確定した。各村々の検地帳に田畠とも米で石盛りをして、一枚ごとに面積（反・畝・歩）と耕作者名が記され、他に茶・桑・漆なども米に換算し、帳尻にそれらを合計した村高が書かれている。これらの検地帳は、十六世紀後半の耕地の状況を投影していると考えられ、米作が既に行われていたことになる。

熊野市に「丸山の千枚田」と呼ばれる歴史的景観のみごとな棚田が存在する。慶長検地時には、この棚田がすでに存在していたが、さらに十七世紀前半にも、農民による新田開発がさかんに行われており、稲作栽培の意欲の高い地域である。

しかし熊野は、地形的に灌漑用水も発達せず、天候不順にでもなればすぐ凶作となり、惨たんたる状況になった。村方文書の願状にも、熊野を訪れた人の記録にも、熊野の惨状を記した内容が多い。もともと熊野は、全域の必要飯米を賄うことができない土地柄である。領主権力による適切な食糧の流通策が実施されておれば回避されたはずである。

高温多雨地帯で山野の植物も豊富で植生も多彩である。こうした豊かな森は、木の実、山野草、薬草なども生育しやすく、食用に多くを供した。また漁業も発達して海産物も入手しやすい土地であり、人々は、それなりの飢饉の対応をしていた。

熊野地方の困窮する状況を記した近世の記録は、天明期（一七八一〜八九）や天保期（一八三〇〜一八四四）といった歴史的な飢饉時のものが多い。熊野の人々の日々の暮しは決して楽ではなかったが、悲惨さを強調しすぎないようにしなければならない。

〔注〕

（1）梅原猛著『日本の原郷』（新潮社　一九九八年刊）。
（2）前掲『日本の原郷』三九頁。
（3）『和歌山県史』近世史料三（和歌山県　一九八一年刊）三〜一三頁。
（4）速水融「近世初期の検地と本百姓身分の形成—慶長六年紀州検地帳の研究—」（『三田学会雑誌』第四十九巻第二号　一九五六年刊）・「封建領主制確立期における浅野氏」（『三田学会雑誌』第五一巻　第一二号）。
（5）『紀和町史』下巻（紀和町　一九九三年刊）七六三〜七七〇頁「丸山村の千枚田」の項参照。
（6）『本宮町史』近世史料編（本宮町　一九九七年刊）八七〇〜八九一頁。
（7）廣本満「熊野地方の新田」（『半島と海と陸の生活と文化』雄山閣　一九九六年刊）。
（8）廣本満「吉宗の農政」（『和歌山地方史研究』第二八号　一九九五年刊）。
（9）『大塔村史』史料編一（大塔村　二〇〇六年刊）七〇九頁。
（10）『古座川町史』近世史料編（古座川町　二〇〇五年刊）四五六〜四五七頁。
（11）『南紀徳川史』第一一冊（名著出版　一九七一年刊）三八二頁。
（12）『紀伊続風土記』第二輯（歴史図書社　一九七〇年刊）六〇六頁。

(13) 前掲『南紀徳川史』第一一冊 四〇九頁。
(14) 前掲『南紀徳川史』第一一冊 四二二頁。
(15) 『古座川町史』民俗編（古座川町 二〇一〇年刊）参照。

第二節　熊野地方の木地師の生活

はじめに

近江国蛭谷の「氏子駆帳」と君ヶ畑の「氏子狩帳」は、全国的に分布する近江の木地師集団の状況を知る上で貴重な文書である[1]。それには、時代ごとに熊野地方はもとより、有田・日高地方の山村に散在して居住し、木地椀を生産した木地師を数多く記しており、紀州の木地師を知る手がかりを与えてくれる。

紀伊半島は、広大な山林地帯にあり、その中央部にある大和国吉野郡一帯へは、木地師が早くから入山して木地椀を生産した。また大和国から伸びる梁山脈の一環を形成している熊野地方と、その隣接地の有田・日高の山岳地帯や伊勢国南西部の山岳部へは、尾根伝いに木地師が良材を求めて往来し、居所を設けていた。

近世中期になると、諸産業の発達にともない人口増加もあり、人々の生活様式に変化があらわれた。木地椀など食器類の需要も多くなり、生産量も増加した。紀州では、黒江村が漆器生産地として発展し、木地椀類の一大需要地となった。多くの木地職人が集まり、親方的役割を担う木地屋が全国的に販路を拡げていった[2]。また木地師が生活する山村へは、木地椀を買い集める商人が入り込むようになると、深山に入って木地椀を生産する木地師の生活にも変化が起こってきた。

広範に森林の広がる紀伊半島の中央部から南部にかけての山村に、近世以来多くの木地師が入山して木地椀を製造しているが、その状況はあまり明らかではない。木地師研究の先駆的役割をはたしている杉本寿氏は、紀伊国の木地師の歴史は古いと説いて、(1)旧来の手彫りの木地製品、(2)それと同系統の杓子、(3)近江系木地師の轆轤機による木地製品の三系統があり、それ以外に、(4)塗物師があるとするが、その研究は、黒江漆器に関する研究が中心で、(1)・(2)・(4)についての解明が詳しい[3]。したがって、本稿では、(3)の近江系木地師の轆轤機を駆使する木地椀生産を考察して、木地師の生活を明らかにしながら、その特殊性を考えることにする。

一　「氏子駆帳」・「氏子狩帳」と木地師

木地師の本拠は、近江国の蛭ヶ谷の筒井八幡宮と君畑の大皇大明神にあり、惟喬親王を祭神とする伝承が広く知られている[4]。しかし、木地師伝承の内容は史実ではなく、近世になって成立したことが明らかになった[5]。

徳川政権は、天領、大名領を問わず職人統制を行うようになり、職人の統制は、村と村役人を越えた

「頭」に統制されるようになった。木地師の統制の権利を認められた蛭ヶ谷と君ヶ畑によって、全国的な木地師集団の支配組織が形成され、木地師の源流が近江国にあるという伝承が生まれた(6)。

木地師は、全国各地で良材のある山に入って木を伐ることが認められたが、入山して良材を伐り尽して木地椀が作れなくなると次の新しい山を求めて移住した。たとえ何十年も住み慣れ、世代が代わっても、その場所は仮の住所であり、戸籍は蛭ヶ谷と君ヶ畑に置いていたので、木地師たちの往来や転住は、そこで発行する往来手形や寺請手形によっていた。手形は、木地材を求めて山から山へ移住していく木地師の証明書であった。彼らは轆轤師とも呼ばれ、その職種から挽物師、杓子師、塗物師とも称した。

東北日本から九州まで、木地師が入山している諸国の山々を訪問して、木地師を掌握するための使者が廻国行脚し、木地師とその一族の寄進を記した「氏子駆帳」・「氏子狩帳」を作成した(7)。

木地師が、木地椀の用材に求めたのは主としてトチノキ(栃)であった。材質は緻密であるのに柔軟であるため、工作が容易であり、仕上がり品には反転歪が少なく、木地椀としては最高の樹木であった。ケヤキ(槻)はトチノキよりも材質が堅く、仕上がり品には変形歪みがないので重宝がられたが、もっとも熟練した木地師でなければ、細工は困難であった。ブナ(橅)は材質がトチノキに似ているが、細工後は反転歪が甚しいため、高級品には不適当であった。しかし、標高五〇〇メートル以上の山岳地には、ブナの樹林帯が多かったから、用材として大量に伐採され、木地椀に使用された。

『永源寺町史』木地師編は、現存する「氏子駆帳」と「氏子狩帳」から諸国に居住する木地師の正確な人数を把握することは困難であると述べているが(8)、史料の整わない木地師の状況を知る上で無視できない史料である。同書に所載されている「氏子駆帳」は正保四年（一六四七）が最も古く、明治期まで三二回である（表1）。「氏子狩帳」は、元禄七年から明治期まで二九回（他に不詳が二回）の調査が記されている（表2）。廻国は近畿地方は多く、中国・中部地方が次に多い。四国・九州は近世中期に多くなる。北陸・関東・東北は寛政十一年以外は概して廻国はあまり行われていない。廻国行脚は数年にほぼ一度の割合で実施されているが、ときには七・八年～一〇年余り、実施されないこともあった[9]。

宝暦八年（一七五八）三月の「氏子狩帳」の前文に、「筒井宮者御神領茂無之、境内御除地分計ニ而諸国

表1　蛭谷筒井公文所「氏子駆帳」廻国先

年代	廻国数	年代	廻国数
正保４年（1647）	18	安永４年（1775）	4
明暦３年（1657）	15	安永９年（1780）	24
寛文５年（1665）	13	寛政９年（1797）	6
寛文10年（1670）	16	寛政11年（1799）	25
延宝７年（1679）	16	文政13年（1830）	34
貞享４年（1687）	15	天保元年（1830）	5
元禄７年（1694）	19	天保14年（1843）	8
宝永４年（1707）	27	弘化３年（1846）	14
享保５年（1720）	17	安政３年（1856）	1
享保12年（1727）	28	安政４年（1857）	14
享保20年（1735）	27	慶応３年（1867）	3
元文５年（1740）	29	明治11年（1878）	12
延享元年（1744）	31	明治13年（1880）	14
寛延２年（1749）	11	明治16年（1883）	2
寛延４年（1751）	25	明治26年（1893）	2
宝暦８年（1758）	3		
安永３年（1774）	7		

（『永源寺町史』木地師編下巻より作成）

表2　君ヶ畑高松御所「氏子狩帳」廻国先

年代	廻国数	年代	廻国数
元禄７年（1694）	7	寛政12年（1800）	6
享保４年（1719）	1	文化５年（1808）	7
享保５年（1720）	1	文化５年（1812）	2
享保11年（1726）	3	文化12年（1815）	3
延享２年（1745）	7	文政９年（1826）	3
宝暦２年（1752）	3	文政10年（1827）	3
宝暦６年（1756）	8	天保３年（1832）	5
宝暦10年（1760）	3	弘化２年（1845）	11
宝暦11年（1761）	5	弘化３年（1846）	6
宝暦14年（1764）	8	安政４年（1857）	3
明和２年（1765）	9	明治５年（1872）	21
明和７年（1770）	11	明治６年（1873）	2
安永２年（1773）	3	年不詳巳年	5
安永３年（1774）	0	年不詳酉年	4
安永４年（1775）	12		
天明６年（1786）	3		
寛政９年（1797）	6		

（『永源寺町史』木地師編下巻より作成）

木地轆轤師氏子衆中助力ヲ以神職相勤リ候事、御信心之輩者多少ニよらす分限相応之御寄進所希候」と記されているように、筒井八幡宮や大皇大明神の社殿などの新築や、改築などの諸費用の寄進を名目に行われたが、先触の廻状が行き先の木地師の居住する村々に届けられたのち、木札を持った使者がやってきて御札を配り、諸種の名目の賦課金を徴収した。木地師たちは分限に応じて寄進をした。

二　紀伊山地への木地師の入山

温暖多雨の紀伊半島の南部一帯は、樹木の生育に適した紀伊山地で、豊富な木材資源の産出地である。内陸部は、天領の大和国吉野森林地帯であり、海岸部は、熊野地方から南伊勢へと続く紀州領の森林地帯で、近世初頭から近江の木地師が入山していた。

しかし、紀伊徳川政権が、農村を対象にした最初の総合的な法典といわれる正保二年（一六四五）九月の定書と、その三二年後に出された延宝五年（一六七七）十月の定書には[10]、松・杉・檜・楠・栢（落葉の喬木）・槻（けやき）の「六木」は留木で、無断で伐採を禁止しているが、木地師については何も書かれてはおらず、対象にはなっていない。

しかし、元禄七年（一六九四）閏五月三日に、木本浦の奥熊野御代官所から、「在々山中ニ居申候木地師共、宗旨改之儀いかが仕候哉」と尋ねられた入鹿組大庄屋は、組内の村々に入山した木地師の男女の人数を調べて、寺請状を提出させて、きりしたん誓文状を書かせている[11]。このように熊野地方では、元禄期には、すでに木地師は宗門改めをとおして奥熊野代官所に把握されていた。

だが木地師は、年貢と出役（夫役）の義務が課せられていなかった。また貞享五年（一六八八）正月十二日に奥熊野代官所が、配下の大庄屋中へ出した書状に、[12]「在々山ニて百姓ども相願ひ候て、山手銀取らせ、他国の者に材木又は柴などからせ候」とあり、本来その村の百姓だけが入山を認められていた山林であるが、他所者の木地師にも立木の伐採を許可した。その場合山手銀などを納入して入山させた。

紀伊国へ移住して来た近江の木地師に関する最も古い記録は、蛭谷の筒井八幡宮の延宝七年（一六七九）九月七日の「氏子駆帳」に記されている「紀州室郡熊野之内粉之本木地屋」（奥熊野相賀組）の吉右衛門・市郎右衛門尉・六左衛門尉・三郎右衛門・庄兵衛・五兵衛・四郎兵衛・八郎左衛門・喜兵衛・治右衛門・市兵衛の一一軒の木地師とその家族

表3　奥熊野相賀組粉之本村の木地師の納入金

	初尾(穂)	氏子狩	官途	えぼし	なおしど
・吉右衛門	5匁	1匁8分			
子八郎兵衛			2匁5分	1匁	
子多兵衛			2匁5分		
子左兵衛				3匁5分	
・市郎右衛門尉	8匁	8分			
・六左衛門尉	5匁	1匁6分			
子長三郎				3匁5分	
・三郎右衛門	10匁	1匁4分			2匁
・庄兵衛	10匁	6分			2匁
・五兵衛	1匁	6分			
・四郎兵衛	1匁	4分			
隠居安兵衛		4分			
・八郎左衛門	4匁	1匁			
子善九郎			2匁5分		
・喜兵衛	5匁	1匁8分			
子喜太夫			2匁5分		
子久三郎			2匁5分		
子三蔵吉三郎				3匁5分	
・治右衛門尉	5匁	1匁6分			
子伝兵衛			2匁5分		
・市兵衛	3匁	1匁4分			
子太郎長次郎				3匁5分	

延宝7年9月7日「氏子駈帳」より作成

を合わせた二二人である。[13] 一一軒の木地師は、「初尾料(穂)」を一匁～一〇匁、「氏子料」を四分～一匁八分を納めており、その子供らが「官途成」(衛門尉・兵衛・大夫などと名乗る儀式料)や「烏帽子着」(木地師の成人式料一匁～三匁五分)を納めて一人前の木地師になっている(表3)。

木地師は、「氏子狩帳」や「氏子駆帳」には「木地屋」と記されている。さまざまな納金をしている木地師と家族は、筒井八幡宮では「木地屋」と呼んで把握されていた。木地椀を作成する工程の全てに精通した親方的職人に統率されている組織であった。木地屋は一か所に多く集団で入山することは稀であった。良材を大量に入手できなかったからである。

紀伊国への木地師の入山状況を郡別にまとめると、有田・日高・口熊野・奥熊野と、新宮水野氏の所領に広がっている(表4)。延宝七年(一六七九)の「氏子駆帳」には、有田郡では「きしうのくに山ゆかハ山木地山」七軒八人、「紀州有田木地屋」一一軒一四人の二集団が記され、有田川上流部の山保田組の上湯川・下湯川の両村に分散し

表4　紀伊国郡域別木地師分布状況

	有田	日高	口熊野	奥熊野	新宮領	計
延宝7 (1679)	2			14		16
貞享4 (1687)		5		5	5	15
元禄7 (1694)		3	13	29	10	55
宝永4 (1707)		6	8	8	7	29
享保5 (1720)	1	4	1	10	8	24
享保11 (1726)	2	3			3	8
享保12 (1727)		6	1	11	3	21
享保20 (1735)	1	4		5	3	13
元文5 (1740)	1	4	1	1	3	10
延享元 (1744)	1	7	1		3	12
延享2 (1745)	2	5		3	1	11
寛延2 (1749)		2			3	5
寛延4 (1751)		4	1		6	11
宝暦8 (1758)				4	2	6
安永3 (1774)			1	4	3	8
安永9 (1780)			11		5	16
寛政14 (1800)		3		2	1	6
文化5 (1808)	1	5		5	7	18

(『永源寺町史』上巻より作成)

て入山している。森林の深い奥熊野では、集団の人数は多い。先述の「粉之本木地屋」の他に、尾鷲組へは九月末～十月初旬にかけて、四～九軒からなる一〇集団が入山しており、北山組では四～九軒の三集団が、また貞享四年にも奥熊野へ四～九軒からなる五集団が入山している。

紀伊半島の東南部に位置する「奥熊野」は、分水嶺が熊野灘に接近しているため、領域全体が海岸まで比較的標高の高い山がせまっている。この地域は、屈指の多雨地帯で樹木の生育が早く、良材も手に入れやすい。分水嶺の北側に新宮川の支流の北山川水系が広がっているが、熊野灘に注ぐ中小河川がつくる小水系もいくつかあって、木地師の入山が容易であったことが、元禄七年の「氏子駆帳」からも想像できる。しかし十八世紀前半には、入山する木地屋の件数は増えているが、一・二軒～三・四軒と全体として人数は減っている。原木が大量に生育する山林が減って来たからであろう。

貞享四年（一六八七）に日高郡へ三～七軒規模の木地屋の五集団が入山しているが、内陸部を蛇行して流れる日高川の奥地の山地組の龍神地区と寒川地区である。元禄七年にも三集団がみられる。口熊野の木地屋は、元禄七年の「氏子駈帳」が古く、一三軒みられるが、安宅川（日置川）上流の四番組と古座川上流の三尾川組の山間地帯である。周参見組、江田組、古座組など海岸沿いの村々には、木地屋は入山していない。(14)

新宮領は、新宮川流域の山間地帯を所領に置いていて、平地が少なく耕地が乏しい。新宮川をはじめ、北山川、赤木川、大塔川、三越川の各支流が注ぐ流域全体が、豊富な樹木の繁茂する森林地帯である。貞享四年の「氏子駆帳」には、五集団あり、「熊野大雲取之内長谷木地や」一六軒、「くまのくも取山木地や」七軒、「高田木地屋」三軒、「新宮おく大野谷きちや」六軒がある。元禄七年には、一〇集団あり、「熊野新宮奥三越山」で一〇軒、「紀州熊野三越山木地屋」三軒、「紀州熊野新宮奥篠尾山木地屋」六軒、うち一軒に「玉井(置)口木地や」とある。十七世紀後半ごろ新宮領域の山々への入山が多くなっている。

大和国への木地屋の入山は、それより早い。大和国南部の吉野郡とその北東辺に隣接する宇陀郡を含む広大な森林は、紀伊山地の中央部を占める山岳地帯であり、一大森林地帯を形成している。この山岳地帯の北部から紀伊水道へ西流する吉野川(下流は紀ノ川)と、その支流である高見川・丹生川を含む流域は、近世以前から木材を産出した吉野林業地帯である。一方南部も熊野灘へ南流する十津川(下流では新宮川)は、支流の北山川などの流域を含んだ広大な木材の産出地であるが、吉野川流域よりも新宮川上流の十津川地方や北山川上流の上北山・下北山領への木地屋の入山が多い(表5)。

大和国の吉野郡の森林地帯は、全般的に狭隘な耕地に依拠しながら、家族労働による小規模な林業を兼業として生活している山村であるが、十七世紀中頃、入山した木地屋は、人数・規模とも紀伊国の比ではないくらい多人数で、一〇軒前後の集団である。しかし、十八世紀以後になると一・二軒の小規模な入山が多くなっている。

熊野地方や大和国十津川地方に隣接する伊勢国南部も紀伊山地の一部を形成しており、近世に入って木地屋が多く入山している。「氏子駆帳」によると、伊勢国で木地屋が分布しているのは、大台原付近の大杉峡に水源を置く宮川流域の多気郡と宮川支流の大内山川の渓谷から宮川の右岸に広がる度会郡、また高見山から国見山にかけての高見山地を水源にする櫛田川流域、および紀州領の一志郡を合わせた四郡にあ

表5　伊勢国・大和国地域別木地師分布状況

国	伊勢国					大和国		
郡	多気	度会	飯南	一志	計	吉野川流域	十津川 北山川 流域	計
寛文10（1670）						4		4
延宝7（1679）						5		5
貞享4（1687）						9	12	21
元禄7（1694）	3			1	4	5	9	14
宝永4（1707）	4		4	3	11	8	53	61
享保5（1720）	10	1	5		16	13	39	52
享保11（1726）			4		4	5	19	24
享保12（1727）	7		11		18	6	38	44
享保20（1735）	3		6	2	11	2	40	42
元文5（1740）	2		7	1	10	5	31	36
延享元（1744）	2		10		12	3	24	27
延享2（1745）	2				2	2	33	35
寛延2（1749）			1	1	2	11	18	29
寛延4（1751）			4	1	5	13	17	30
宝暦8（1758）	1	2	2	2	7	9	17	26
安永3（1774）	2	1	1	1	5	2	7	9
安永4（1775）		12	1		13			
寛永9（1780）			6		6	1	7	8
文化5（1808）	7	1	5		13			
慶応3（1867）	4	6	12	2	24			

（『永源寺町史』上巻より作成）

る。いずれも伊勢国西部にある山岳地に広がる森林地帯の中の村々である。このうち多気・度会・飯南は伊勢神宮の神領三郡である。三郡の山林は、近世以来植林も行われ人工林が多い。

「氏子駆帳」などによると、伊勢国への木地屋の入山は、元禄期以降の十八世紀前半から増えている。大和国南部一帯の深山幽谷の険路を分け入って、木地屋たちは良材のある森林を発見して居住しているが、やがて伐り尽くすと紀伊山地の脊梁山脈の山坂を越えて紀伊国の熊野や伊勢国の森林地帯へ移住して行った。

三　黒江漆器と木地屋

文化期ごろ（一八〇四〜一八）の調査である『紀伊続風土記』は、黒江村の項で、「当村旧戸数少かりしが、二百年前より渋地椀を製し出し、漸々其業盛して諸国に販売し、国として至らさる所なきに至[15]」とあり、一大漆器生産地を形成して、諸国へ多量に販売していたことを伝えている。

寛永十五年（一六三八）正月に著わされたと伝えられる『毛吹草』第四の「従諸国出古今ノ名物聞触見及類」の紀伊（南海道）には、「黒江渋地椀」とあり[16]、すでに近世初期には、庶民の食器である渋地椀の生産が行われているが、寛永二年（一六二五）二月の「塗師中之帳[17]」によると、黒江村には塗師職人が塗師株を形成していた。塗師は漆塗り職人で、塗りと研きを繰り返して漆器椀を製作した。

元禄期の後半頃作成された「諸色覚帳[18]」にも、「黒江村にて椀多く仕出し諸方へも遣わし候」とあるように、椀が生産されて大量に販売されていた。寛保元年（一七四一）頃に書かれた「名高浦四囲廻見[19]」にも、黒江村は「多くハ渋地椀をこしらゑる事を所作する在所なり」と記され、「木地ひきあり、木地けずり有、下地師あり、上塗師あり、紋を書き、絵を書く者あり、蒔絵師あり……」と、近世中期になると分業化が進んで、多様な専門職人が漆器生産にかかわるようになった。

黒江村は、漆器製品の材料に使用する木材を産出する土地ではなく、すべて他地域から購入していた。元禄後期頃の願書[20]によると、「当黒江村之儀、先年ゟ椀塗師仕来り申候、……然所ニ右椀之木地方々ゟ参候所々先御国田辺・受（請）川・新宮・勝浦・古座・賀田・椀本・三木・山白谷（ママ）・木之本・尾鷲・長嶋・伊勢之川崎・高野・其外作州、阿波・土佐・信濃・石見・周防・因幡・美濃・伊予・此所々ゟ右椀之木地積参候、大数三拾束余程年々入津仕候」とあり、領内では野上谷、有田川流域の高野山麓一帯の内陸部から口熊野、奥熊野にかけて、領内のほぼ全域から供給されていた。また、中国・四国地方の西日本や美濃・信濃など中部山岳地方からも広範に購入しており、海路を廻船で運ばれて日方浦で荷上げされた。

黒江村と日方浦の木地問屋・漆問屋・椀問屋が、それまでは問屋仲間の申合せもなく、売買のときの値段も一致していなかったが、享保十六年（一七三一）に「吟味之上此度右三品之問屋別紙之通人数を相究メ申付候」と、新しく木地・漆・椀の三種類の問屋の数を決めている。[21] 黒江村では、箕島屋吉左衛門を惣問屋頭取にして、木地・漆・椀の三品の問屋が二軒、漆・椀の二品の問屋が五軒、木地問屋が五軒、漆問屋が八軒、椀問屋が一軒で二一軒あり、日方浦は、木地問屋五軒のみである。「黒江村之儀ハ諸方より入人多ク参居住仕椀職を仕習ひ候故、右之手筋へ数多買ニ参諸国へ売出し申候……」とあるように、椀職人になるために黒江村へ多くの人が集まってきた。

黒江村と近江の小椋谷との関係を知ることができるのは、蛭谷の筒井八幡宮の「氏子駆帳」に記されている宝永四年（一七〇七）二月の「黒江町木地屋」[22] が最も古い。それには九人の木地屋が、「氏子駆」（氏子狩）と「御初尾」（御初穂）を納入し、四人の木地屋が「御初尾」のみを納入している。次に古いのは、享保五年（一七二〇）十一月二十六日の「氏子駆帳」[23] で、「紀州黒江木地屋中」として三六人の木地屋が記されている。そのうちの二四人が、「氏子狩」と「御初尾」を納入している。「氏子狩」は、個人の負担力に応じて差があり、三分〜一匁八分と開きがある。「御初尾」は、八分以下で、全体の六三％にあたる一五人が二分である。それ以外に、「官途成」＝一匁二分五厘が二人、「直衣途（のおじど）」（一代一度の木地師の仲間入りの儀式）＝一匁を六人、「烏帽子着」＝一匁七分五厘を六人が、それぞれ納入している。このときの全納入金額は、「新銀高合四二匁六分」であった。

蛭谷の「氏子狩帳」(24)には、享保十二年十二月と同二十年十二月の記録が残っているが、二十年のときには、氏子狩が一六人、御初尾が一八人、えぼしきが二〇人で、全納入金額が二四匁一分五厘である。「阿州木地師や甚右衛門分紀州黒江村勘重郎取次」と添え書もあり、黒江村に居住していない木地屋から預けられた納入銀も含まれていた。

一方君ヶ畑は、享保十一年（一七二六）四月の「奉加帳」(25)がもっとも古く、「熊野屋」「土佐屋」「作州」など肩書に地方名を付した木地屋四軒を含んだ全一九軒が、銀二四匁八分を納めている。こうしたことから、黒江村の木地屋が近江国の蛭谷や君ヶ畑と密接に結びつくようになるのは、享保期になってからと考えられる(26)。

それ以後の蛭谷の「氏子駆帳」や「寄進帳」の表紙は、元文五年（一七四〇）四月、延享元年（一七四四）六月、寛延二年（一七四九）八月、同四年（月不詳）、安永三年（一七七四）正月、同九年四月、安政三年（一八五六）九月、慶応三年（一八六七）十一月の八冊があり、君ヶ畑は、寛政九年（一七九七）三月の「御初穂帳」が一冊のみである。「氏子駆」「御初尾」などを諸国の木地師が上納した金額が記され、いずれも蛭谷と君ヶ畑の両所の使者が、諸国を廻国したときに作成したものである。黒江村を訪れた実際の年月は、元文五年のときは四年後の延享元年、寛延二年のときは四年後の宝暦三年、安永九年のときは二年後の天明二年で、前述のとおり、廻国は数年~十数年かけて行われている。

元文五年の「氏子駆帳」[27]では、「紀州黒江木地屋中」として二〇人の納銀を記している。御初尾の納入は一七軒あり、そのうち、石見屋勘左衛門、日方木地屋伊右衛門、黒江木ちや徳兵衛、京屋伊右衛門の四軒が「氏子かり」も併せて納入している。他に「ゑぼしき」一軒、不明二軒である。これとは別に「黒江問屋中」として御初尾を五軒が納銀しており、木地屋中と問屋中が別々に記されていて、別個の職能集団化していた。

延享元年にも三三匁八分五厘を納入しているが[28]、二三軒が御初尾と氏子狩の両方を納め、氏子狩のみが五軒、御初尾のみが四軒納入している。末尾に「黒江村・日方浦」と記されており、隣村の日方浦にも木地屋が生まれていた。寛延四年の「氏子駆帳」[29]には、「紀州黒江村木地屋中」として、御初尾と氏子狩の両方を納めている木地屋が三九軒、氏子狩のみが四軒、御初尾のみが一軒で、記入のない二人を合わせて三八匁六分五厘である。これとは別に「紀州日方うら」の六人が御初尾四匁九分を納めており、黒江村から分かれて「木地屋中」を結成している。

安永三年(一七七四)「勧進帳」[30]には、「紀州黒江木地屋惣中」の三三軒が三九匁八分五厘、「同所日方浦問屋の七軒が六匁二分、「同国保田」の一軒が三分を納めているが、黒江村では、木地屋が八軒しかなく、漆屋、絵屋が一軒ずつの他は、升屋五軒と諸国名を屋号にした問屋である。「同所日方浦問屋」など八軒も六匁五分を納めている。その六年後の安永九年の「氏子駆帳」をみると、黒江村の三三軒のうち、二二軒が継続して納入しており、新規の納入者が一五人記されている。

四　熊野の木地師の生活

「氏子駆帳」や「氏子狩帳」の元禄七年（一六九四）の項に[31]、古座川流域で入山した木地屋は、「えび木地や」「同国内松ね村大屋谷木地屋」の二集団、宝永四年（一七〇七）には[32]「紀州古座奥長迫木地や」「紀州松根木地屋二軒」「松根とろこか谷木地屋一軒」「こさおくくほか谷木地屋八軒」と、古座浦の五集団、安永九年（一七八〇）には[33]「添野川山木地屋」「同国之内七川成川木地屋」「同国松根山木地屋」「同国小森山木地師」など四集団が記されており、近世中期には、古座川流域の山々で木地椀を生産する木地屋が生活していた。

一方安宅川上流の四番組でも、元禄七年の「氏子駆帳[34]」には、和田山三軒と将軍山五軒、「氏子狩帳[35]」には、和田山六軒と大内川山二軒が記されている。また、宝永四年の「氏子駆帳[36]」に記された北ノ川四軒と滝谷山四軒は、「御はつお」「うしこかり」がそれぞれ四軒分と、帽子着料一一人分、官途成料七人分、直衣着料一人分を納めている。他に安永三年には[37]、和田一軒、同九年には、平瀬四軒、下川下一軒、下川上一軒、和田一軒、将軍川一軒、木守五軒の木地屋が記されている。

木地椀の用材を求めて入山した木地屋たちは、家族が居住できる質素な家を建て、轆轤を駆使して木地椀を削る男性（家長）を中心に、それを補佐する種々の雑仕事を家族が協力して行なう生産形態であった。宝暦十三年（一七六三）四月、山主の三尾川組西川村の善太夫ら四人と佐田村の兵次助の五人が、木地屋の平蔵、長三郎、市郎兵衛にあてて出した「玉山木地口銭定之事」[38]によると、玉山で木地轆轤一丁につき、一か月五匁八分三厘四毛を払って入山を認められ、用材がなくなるまで稼いでいるが、このとき、用材を伐ることのできる範囲の境目を決めて、口銀を年に二度ずつ納めた。また住居の近くで菜園を作ることのできる範囲も決めている。

入山にあたって木地屋は、山見として用材の蓄材量を推定して採算が取れると判断すれば、村役人の世話をうけて村と契約を結んだ。木地屋の入山に関する嘉永元年（一八四八）と同二年の文書が平井村に四通残っている。[39]嘉永元年十二月の「木地木山売附一札之事」によると、西川村の玉山でトチノ木と雑木を一か年の口銀九両で木地屋の平右衛門に手渡している。西川村の村上源太夫が売主惣代となり、西川村と平井村の庄屋が連名で署名しているが、口銀を五月と十二月の二度に分割払いにした。約定が成立すると手付金に金一両を納めて山入りし、規定どおり稼ぐことができた。

嘉永二年十月の文書は、平井村惣代定蔵と組頭三人が連名で、同村庄屋安之右衛門宛てに出されている。木地屋が村内の成井谷惣山のトチノ木と雑木を買求めたので、村中寄合を開いて相談をしている。この年は、平井村の稲作は凶作で年貢は完納できなかった。米価も高騰していたが諸稼ぎもなく深刻な状況であった。「右栩木雑木共此節木地師ゟ望聞合ニ付、末々迄村中熟議致御願申上候間、御聞済被成下候」と、村中で相談の上、平井村惣代・組頭らは、木地屋へのトチノ木と雑木の売渡しの承諾を庄屋・肝煎に求めている。

庄屋・肝煎は連名で、嘉永二年十月、木地屋の平右衛門・善吉・茂右衛門の三人に宛てて、成井谷惣山でトチノ木・雑木山一か所を四三両で売渡すが、その手付金二両を受取り、また用材の伐採の期間を三か年とし、売渡金の残金の六割は十月中に納入すると記した証文を出している。(40)

一般に木地師は、その技術を維持するために惟喬親王を「業祖」とし、木地師仲間以外の子女との婚姻を避け、山奥に入って地下の人々とは交流しないといわれるが、熊野地方ではそうした傾向はみられない。

三尾川組添野川の臨済宗妙心寺派の無量山善光寺の過去帳に、「享保十八年三月廿日、木地屋七大夫事、一無禅定門」、「延享三年十一月十六日、性月本光信女、木地屋興兵衛姑」、「寛延、妙義禅定尼、木地屋興平妻」と、木地師の家族の戒名が記されている。また松根の臨済宗妙心寺派龍寿山永泉寺の墓地にも木地師の墓碑が三基残っている。(41)四番組和田の曹洞宗田辺城下法輪寺末の梵光寺の過去帳にも小椋勘右衛門一族の四人の戒名が残されている。また口熊野四番組の曹洞派法輪寺末の法伝寺の過去帳にも木地師の法名が見える。(42)このように地下の寺院から戒名をうけ、地下の人々と同じ弔いをしている。

近世中期以後になると、木地師から轆轤の技術を学ぶ地下の人も出ており、木地椀の販売にたずさわる商人との結びつきもあり、地下の人々との交流は次第に深まっていった。こうして木地師は、近江の君ヶ畑や蛭谷とも離れ、熊野地方の寺院の檀徒になり、その子孫の代々も土着して木地師の仕事を引継いでいた。

享保十年(一七二五)の「町江川諸職人諸商売」(43)によると、田辺城下には、塗師屋一二軒、匣屋・指物屋九軒があり、取扱っている木製品は、三番組や四番組の山村で木地屋が生産していた。

高池下部の臨済宗妙心寺派祥源寺の境内の西国三十三度順礼供養の宝篋印塔の基壇の正面に、「大坂道頓堀幸橋、金屋平兵衛、木地屋伊右衛門、同おかな、同長兵衛、木地屋茂右衛門」左側に「北堀江四丁目金屋□右□□、真砂孫左衛門　同おきく、同弥兵衛、同□□□」と刻まれている。[44] 彼らは、古座川の川船輸送の中継所である真砂の取扱業者か、上方などの市場へ輸送する仕事に関係している商人か運送業者であろう。古座川流域の山々で生産された大量の木地椀が買い集められて、川口の荷積地である高池・古座あたりから廻船に積み替えられて搬出されていた。

黒江は、近世をとおして紀州漆器の一大生産地として全国的に知れ渡っていたが、天保期には飛騨・美濃両国の山岳地帯からも木地椀が送られている。木地椀の輸送は、川船で長良川を下り、桑名から廻船で黒江へ運ばれた。[45] 黒江村は木地椀の需要が大量にあったが、周辺の野上谷や有田地方といった狭い範囲からの供給だけでなく、熊野地方はもちろん伊勢・美濃・飛騨などの用材を多く取り入れて、全国的に知られる漆器生産地となっていた。

ま と め

紀州の木地師を考えるとき、漆器の一大生産地である黒江村を抜きにして語ることはできない。黒江村は、近世以前からの漆器生産地として栄えて来たが、近世中期に近江国の小椋谷と関係が深くなって更に大きな漆器生産地を形成する。

紀州の木地屋の研究は、こうした点から黒江漆器の研究が中心になるのは当然であるが、それとは異なり、人里離れた深山に少人数で住み、轆轤などを使用して木地椀を生産して生活している人々もいることに注意しなければならない。

紀伊半島の南部一帯は温暖多雨で、豊富な木材資源を内蔵する。この地域に十七世紀中頃から多くの近江系の木地師が入山するようになったが、彼らは、紀伊山地中央部の大和国南部から峯伝いに移住してきたのであろう。この木地師の居住する場所へ、近江の蛭谷（筒井公文所）と君ヶ畑（高松御所）の両所から使者が行脚廻国をして来たが、木地師は氏子料、初穂料や元服して一人前の木地師になる儀式料・官途成、烏帽子料などを寄進した。これが氏子駆あるいは氏子狩である。

「氏子駆帳」には、木地師を「木地屋」と記している。奉加銀などを徴収するため木地師を統轄する家長らを木屋屋と呼んだ。木地屋には、定住している者もいれば、良材を求めて流浪して生活する者も多いが、幕府は、村の機能とは別に職人集団の頭をとおして掌握した。(46) しかし奥熊野では入山した村で宗門改をうけている。

近世中期の木地師の墓碑が熊野地方の各地に存在し、寺院の過去帳にも戒名が見られる。近江蛭谷、君ヶ畑の氏子を離れて居住地と結びつく人も増えていた。また、木地屋が生産する木地椀を買い集める商人が、山村深く入り込んで木地椀を買い集め、黒江村などの生産地へ送っていた。

〔注〕

（1）『永源寺町史』木地師編、上・下巻（永源寺町　二〇〇一年刊）。

（2）冷水清一著『海南漆器史』（自刊　一九八一年刊）『海南市史』第一巻通史編（海南市　一九九四年刊）の「近世」、第二巻各説編（海南市　一九九〇年刊）。

（3）杉本寿著『木地師制度の研究』第一巻（清文堂出版　一九七四年刊）の「紀伊国の木地師制度」の項、八八七頁。
『北山村史』上巻（北山村　一九八四年刊）、「第四章第五節の里」、『熊野市史』上巻（熊野市　一九八三年刊）「第二章第三節（五）山と人生・熊野木地師」、『紀和町史』下巻（紀和町　一九九三年刊）「第七章第三節木地屋の村」は取上げられている。

（4）『永源寺町史』木地師編下巻（永源寺町　二〇〇一年刊）の「解説」。

（5）前掲『海南市史』第二巻各説編（海南市　一九九〇年刊）六〇八〜六一一頁「四木地師と惟喬親王」。

（6）前掲『海南市史』第二巻六一二〜六一五頁「六木地屋文書の役割」。

（7）『国史大辞典』第四巻（吉川弘文館　一九八四年刊）「木地屋」の項。

（8）前掲『永源寺町史』木地師編下巻の「解説」の項。

（9）前掲『永源寺町史』木地師編下巻「解説」の氏子駆帳および氏子狩帳の廻国先一覧表。

（10）平山行三著『紀州藩農村法の研究』（吉川弘文館　一九七二年刊）三〜一九頁。

（11）『紀和町史』下巻（紀和町　一九九三年刊）二〇二頁。

（12）前掲『紀和町史』二〇三〜二〇四頁。

（13）『永源寺町史』木地師編上巻（永源寺町　二〇〇一年刊）一七二頁。以下断りのない限り本書によった。

（14）前掲『永源寺町史』木地師編上巻　三〇〇頁に、元禄七年に「き州くまの二色山木地や中間」が一点所収されている。

(15)『紀伊続風土記』一（歴史図書社　一九七〇年復刊版）三八四頁。
(16)『毛吹草』（岩波書店　一九四三年刊）一八一頁。
(17)『海南市史』第四巻、史料編Ⅱ（近世）四八四〜四八八頁。
(18)『和歌山県史』（和歌山県　一九三〇年刊）四七〜九四頁。
(19)前掲『海南市史』第二巻　七九〇頁。
(20)前掲『海南市史』第四巻　史料編Ⅱ　四八八頁。
(21)前掲『海南市史』第四巻　史料編Ⅱ　四九六〜四九七頁。
(22)・(23)　前掲『永源寺町史』木地師編上巻三四〇〜三四一頁、および同四二一〜四二二頁。
(24)前掲『永源寺町史』木地師編上巻五〇八頁、および五三七〜五三八頁。
(25)前掲『永源寺町史』下巻　二四頁。
(26)前掲『海南市史』第二巻　六一四頁。
(27)前掲『永源寺町史』上巻　六三九〜六四〇頁。
(28)前掲『永源寺町史』上巻　七一三〜七一四頁。
(29)前掲『永源寺町史』上巻　七九八〜七九九頁。
(30)前掲『永源寺町史』上巻　八四八〜八四九頁。
(31)・(32)・(33)　前掲『永源寺町史』三〇〇頁、三三八〜三三九頁、八七八〜三七九頁。
(34)・(35)・(36)・(37)　前掲『永源寺町史』二九九頁。三三九頁、八七八頁。前掲『永源寺町史』一五頁。
(38)『古座川町史』近世史料編（古座川町　二〇〇五年刊）二一八頁。
(39)前掲『古座川町史』近世史料編　二四八〜二五〇頁。
(40)前掲『古座川町史』近世史料編　二四九頁。
(41)古座川町史編さん室の調査による。

(42) 大塔村史編さん室堤友和氏の調査史料の提供をうけた。
(43) 『くちくまの』54号（紀南文化財研究会　一九八三年刊）。
(44) 上野一夫「大辺路の暮らし―大辺路を辿った巡行者」、なお宝篋印塔の銘は上野一夫氏の解読による。
(45) 『椀木地輸送と黒江』（紀州漆器の里黒江の歴史文化伝承会　二〇〇四年刊）。
(46) 前掲『海南市史』第二巻。

〔付記〕
本稿をまとめるにあたり、大塔村史編さん室の高根佐男・堤友和両氏と古座川町史編さん室の後地勝氏の助言を得た。

第三節　近世の熊野三山と西国三十三所巡礼

はじめに

熊野参詣は、鎌倉期以降地方在住の武士や一般庶民も加わり盛況となった。そのため十五世紀には、「蟻の熊野詣」といわれる状況を生んでいる[1]。このように庶民層にも支えられた広範な熊野信仰は、十六世紀以降どのように引き継がれていくのであろうか。

熊野三山の檀那売券の大量な売買は、熊野地方の貨幣経済の展開に大きく影響し、田畑、家敷、山林、荒野なども対象に拡大した。土地売買の作法を生み出し、売券の書式も整ったものになっている[2]。

天正期（一五七三〜九二）に新宮を拠点にして堀内氏は、東熊野一帯を支配するが、那智山実報院は、堀内氏と結んで山内で有力となった。しかし、堀内氏善は、関ケ原の役で石田三成に与して失脚すると、浅野氏が入国して熊野地方は激動した。浅野氏は、慶長検地の実施と豊富な木材の収穫に反対する土豪層を鎮圧して、熊野地方の中世的社会構造が変革した。それとともに、熊野三山も諸国で支配していた財政的基盤を失い、三山合わせて一〇〇〇石の寺社領を安堵されるだけとなった。

こうした時代の変革期の熊野三山の動向について考察の必要性が指摘されている。[3]中世以来の熊野信仰にもとづく熊野参詣は、那智山を第一番札所とする西国三十三所巡礼の順路も確定して、近世社会に定着した。[4]那智山麓では、宿泊客をめぐっての対立も起こっている。中世の檀那制度下の宿坊に代わる近世の参詣者の宿舎の問題も考えられる。

そこで本稿は、近世の側からの視点で熊野信仰の推移を検討してみたい。

一　師檀制度の変化

熊野参詣道は、紀伊路と伊勢路が古くから知られている。平安期に始まる熊野三山の参詣者が、繁く往来した道である。しかし、白河上皇が第一回目の熊野参詣を行なった寛治四年（一〇九〇）以後は、和泉から雄ノ山峠を越えて紀伊に入り、南下して田辺から山間の道（中辺路）を本宮へ向う紀伊路が定着した。[5]本宮からは、熊野川を川船で下って新宮に到着し、さらに那智と合わせて熊野三山を詣で、大雲取・小雪取を越えて本宮へ戻り、往路の中辺路を戻って行くのが一般的ルートであった。

平安前期の熊野詣は、上皇、女院や貴族の間で流行したが、中世には貴紳に代わって地方武士や有力農民が参詣するようになった。那智山実報院の檀那売券を分析した小山靖憲氏は、十五世紀が熊野詣の最盛期にあたり、十六世紀に入ると衰退しはじめたと説いている。[6]

熊野参詣を目ざす信者にとって熊野への道は、けわしい山越えや河川渓谷など難所が多く、旅は難行苦行の連続であった。そのため、「先達」と呼ばれる道中の状況や地理に明るく、また参詣の出発時や途中の寺院で行う宗教儀礼の執行もできる専門の案内人に従って行くより他はなかった。先達は、主として地方在住の修験者がつとめた。熊野参詣の信者を「檀那」というが、先達はこうした檀那を案内して熊野へ導いた。檀那のもとへは、熊野参詣のできない人が代参を依頼に来た。熊野へ到着した檀那は、「御師」のもとへ赴いて長旅をくつろいだ。御師は宿泊のほか、祈祷や山内の案内などの世話をした。檀那と御師との関係は、その都度変わることはなかったから御師―先達―檀那という結びついた師檀関係が生まれ、それが、全国的に広がって行くなかで、熊野参詣は盛況を迎えることは既に解明されている。(7)

熊野本宮大社や熊野那智大社に多く残されている檀那願文には、先達名や檀那名も書かれており、師檀関係の内容や成立の状況などを知ることができる。御師にとって、檀那は収益源であり、先達はそれを誘導してくる人物である。したがって先達や檀那は、御師の動産として扱われ、売買の対象になった。檀那願文(8)が多く残っているのは、売買のときの証拠書類として大切に保管されたからである。

十五世紀中ごろから十六世紀にかけて、檀那の売買譲渡や檀那の取引きが多くなっているが、困窮して没落する御師と檀那を集積して財力を伸ばしていく御師があらわれている。那智山では実報院や廊之坊などが集積する方の代表的な御師で、山内でもしだいに大きな発言力を持ってきた。

檀那の売買が盛んになると、師檀関係にも変化がおこってきた。檀那を購入した新しい御師は、檀那の参詣に関する宗教的諸事まですべてを移行させたのではなく、元の御師や別の御師が代行したりした。したがって、何度も転売が繰り返された場合は、たいへん複雑な状態になった。文明五年（一四七三）八月二十五日付で、本宮の大工左官九郎が相伝の檀那を那智山の実報院に売り渡している。[9] 文明十三年（一四八二）四月二日には、本宮竹内良賢も相伝の檀那を実報院へ売り渡していた。[10] 実報院は本宮へも手を延ばしているが、檀那の売買は、那智・本宮それぞれ一山内のみで行われていたのではなく、三山が入り組んで行われていたから、その権利関係は複雑になった。

一方熊野三山への供物や寄進などを扱う先達も、神仏への貢献という宗教的論理によってそれを運用し、増殖などの金融活動を行なったから、師檀関係も変質した。[11] 山内において新しい経済構造が生じ、新たな問題を生み出すことになった。

二　土地売券と熊野本宮大社膝下の村々

熊野本宮大社に残されている田畑、屋敷、山、荒野などの売券から膝下の村々の状況を知ることができる。

嘉慶二年（一三八八）十一月七日付の「なかくうりわたすや志き之事」（売渡す）（屋敷）と「なかくうりわたす山之事」が古く、ともに「うり主湯峯」が「まん阿ミ」にあてて出している。[12] 売買の対象物件には、隣接地の東西南北の境界と売買価格が記されており、南北朝前半には、土地売券の書式も整い、土地売買の作法もできあがっていた。

応永六年（一三九九）四月十一日の「本銭返のやしきの事」[13]や同二十一年五月十日の「本銭返にうり申候畠の事」などの売券にみられるように、[14]買戻しを前提にした土地の売買契約が行われている。貨幣経済が浸透しやすい条件が備わっている熊野地方だけに破産の危険性とも隣あわせにあり、債務関係に関する対立も発生した。

文明十八年（一四八六）十二月二十三日の「かり申出子（出挙）米之事」[15]には、借主の興善院観尋が所持する山を質物に入れて出挙米三斗を借りているが、「来秋中すぎ候ハヽ、彼しちをなかし申へく候、天下一同のとくせい（徳政）行候共、無違儀沙汰可申候」とあり、徳政令の文言が記された土地売券が見られるようになる。その後、慶長六年（一六〇一）十二月十三日に、貸主の中永万五郎が借主下湯川のさこ源左衛門にあてた地替え証文まで、[16]ほぼ一〇〇年の間に徳政令の文言の記された土地売券を見ることができる。貨幣経済の浸透にともない熊野地方の地域構造に変化が起こっていた。

永正四年（一五〇七）十月二十八日の土地売券には、「其時之とり次、中原二郎衛門尉殿」とあり、取次人（口入）の名前が記されている。[17]土地売買に保証人の役割をはたす第三者が関与して、土地売買の保証体制ができあがっていた。

熊野那智大社や熊野本宮大社の檀那売券は、十六世紀になると減少している。戦国の動乱が熊野参詣者を激減させたからである。しかし、文明元年（一四六九）十月十八日付の「うけ（請）河九郎」が、「うけかわ（請川）の孫太郎」へ出した「永代売渡畠之事」[18]など五五通の土地の売券が残っている。田地二六通、畠地一七通、山七通、屋敷二通、荒野二通で、他に用水が一通含まれている。

また近世初頭の売券も一三通あり、田地四通、畠地六通、山二通、その他一通である。田地が少なく、畠地・山・荒野の占める割合の多い売券である。

斜面状の耕地では、多量の水を確保しなければならない田地よりも畠地の開墾に重点を置いていた。水田を維持していくために必要な灌漑用水も売買の対象になっている。荒野は開発の対象地には扱わず、土地台帳からも一応は除外した地目になっているが、必ずしも荒廃した不毛の土地を指しているのではない。年貢収納の確定しにくい土地であるため、年貢免除の対象地として保持されていた。

三　大坂の陣と本宮社家の盛衰

慶長十九年（一六一四）に発生した北山一揆は、ほどなく鎮圧されたが、その混乱をとおして十七世紀初頭の熊野地方の社会構造に、大きな変革をもたらした。慶長六年に浅野氏が行なった慶長検地と家改めにより、旧来の支配勢力であった寺社勢力が地位を剝奪された。また江戸城普請にともなう石船建造や四天王寺再興など諸寺の再建のための木材伐採といった相次ぐ夫役負担が増加して、山村の生活が破壊され、大きな不満が残った。一揆側に加わったのは、浅野長晟が支配する所領のうち、入鹿の五か村と、北山のうちの二一か村、尾呂志のうちの六か村など三二か村であった。鎮圧後に処刑された人数は三六三人を数えた(19)。

長晟の先代浅野左京大夫幸長は、田辺に浅野左衛門佐、新宮に浅野右近大夫を配して、不安定な熊野地方への睨みをきかせていたが、その右近大夫の所領のうちの一八か村が、一揆に加わって成敗されている。

熊野地方の蜂起は、大坂の陣の緊迫した状況の中で、大坂方からの誘いがあり、それに熊野地方の土豪たちが呼応して起こしたのである。しかし、熊野地方のすべてが大坂方の誘いに応じたわけではない。一揆に加わらなかった村も一〇か村あり、浅野右近大夫方に協力して一揆側と対峙した土豪たちもいた。慶長十九年十一月二十日に、浅野右近大夫が戸田六左衛門尉にあてた書状によると[20]、「在々百姓共之人質六十人計取候て二之丸ニ被置候」とあり、浅野氏は、人質を取って土豪の反逆を封じる方法もとっていた。

このとき本宮惣社人も連判状を書き、「一和尚、請川一臈、坂本一臈、中座之一ろう人質出候」と、浅野長晟に人質を出している[21]。だがその一方で、檜杖村の与左衛門という者が、本宮川筋の一揆勢の案内者になっており、本宮にも一揆側に加わった者がいた。すなわち社家の梅之坊、赤坂大炊之助、池穴伊豆らが大坂方に味方をしている。

一方竹之坊兵作、坂本甚九郎、坂本八郎左衛門らは、浅野側に加わり、討手として功をあげている。「惣社人中之さいはんハ祝着可被成候……御忠節之様子可申上候間、御ほうびとも被成候様申上候」と、浅野幸長の代官湯川五兵衛と長田五郎七から惣社中へ書状が出ている[22]。

このころ本宮では、竹之坊が急速に力を伸ばしていくが、それまで惣社人中へ預けていた竹之坊の跡職を改めて遣わされたことを、元和元年（一六一五）八月十二日に浅野左衛門佐が本宮社人惣中へ伝えている[23]。また八月二十六日の浅野長晟の書状によると、「梅之坊大坂一（揆）起之刻籠城仕候、竹之坊者此方へ忠節仕候ニ付き、右之坊跡職を令改易、竹之坊ニ遣之候」と大坂方に味方した梅之坊の跡職を没収して、竹之坊へ与えている。(24) さらに翌二年十二月、長田五郎七と湯川五兵衛は、木津呂角助、坂本甚九郎、二階勝助に池穴伊豆親子らの跡職の「追持」（名乗る）と、同二年分の田畑の年貢の「肝煎」（世話）をして納入するように命じている。(25) 次いで四年四月の「坂本甚九郎社領之覚」には、竹之坊の「抱地」（保管地）になっていた梅之坊明所のうちの米高六斗と大豆高九斗の納所を認め、(26) 同年十二月七日の「可相渡社領之覚」(27) には、湯川五兵衛、長田五郎七が、田畑高十石五斗は竹之坊の分、田畑高三石は一和尚子の分として、坂本甚九郎と木津呂角内に下付したことが記されている。

さらに興味深いのは、五年五月十二日に湯川五兵衛、長田五郎七から檀那裁許状を与えられていることである。(28) 玉置（木津呂）角助には、池穴伊豆親子らが没収された檀那のうち、「奥州の内伊豆」、「奥州之内ひえぬき」、「奥州之内志州之郷」、「九州之内肥後之国の檀那」の支配を認め、坂本甚九郎には、「安芸之毛利殿永代」と「紀伊国南部ノ庄永代」をそれぞれ与えている。そして、玉置角助と坂本甚九郎は、以前から伝えられている檀那をそのまま相続して、神物・供物を手に入れる権限を得ており、御師職を手に入れたわけである。坂本甚九郎は、七月十二日付で、浅野左衛門佐から、「従湯川五兵衛方書付渡置候伊豆父子跡之事、先年任軍忠御意以被仰付候、則末代不可有相違者也」との判物が与えられている。(29)

浅野氏統治時代には、熊野地方の統治もほぼ確立しており、熊野本宮大社を統轄する社人物中へも浅野氏の支配が及んでいた。社家の跡職や御師職の決定などは近世領主を無視してできなくなっていた。

四　社領の確定と諸式の変容

室町期に熊野参詣が盛況をきわめたのは、先達である山伏が仲介者となり、熊野三山の御師と信者（檀那）とを結びつけていたからであった。しかし、十五世紀後半になると諸国で定住する山伏も増え、先達を勤める山伏の中に熊野から離れる者が増え、従来の師檀制度の弱体化が起こっていた。一方これまであった諸国の戦国武将からの寄進物もなくなった。新宮の社家から身を興した堀内氏は、新宮を拠点に勢力を伸ばして、所領を拡張し、南は太田荘下田原から北は長島荘錦まで、熊野灘沿岸を所領にした。

天正期（一五七三〜九二）になると、堀内氏善が統轄する実報院御家中にあてて出した書状に、[30]「御山御執行儀、昔より一代持にて候、さ様ニ候てハ、御山又ハ御神領付而も御法度大方ニ候間、御衆徒中へ被仰談、末代実報院之家へ執行を御付候て可然候」とあり、これまで一代持ちであった那智山の執行職を末代まで実報院に付けるように申付けている。これと、同じ頃に出されている書状にも、「御上使衆今明日、本宮へ御付之由申来候、然者北山へ警固申付候条侍二人御仕立尤ニ候」とあり、御上使衆が本宮へ到着するので警固のために供侍を二人を徴することを実報院へ伝えている。またこの書状には、氏善が幼児を実報院へ託して寄親となることも記されている。[31]

同九年（一五八一）二月六日に、氏善が那智山執行法印御宿所にあてた書状には、「今度廓坊心替付而、我等一味之御存分外聞本望候、……廓親類衆之跡式可進置候[32]」とあり、廓坊一族の跡式を宛行うことを約束して実報院への味方を誘っている。また六月三日に出した氏善の宛行状（写）[33]には、実報院の忠節を賞して、反徒六人の跡職すべてを宛行うとした書状も出している。

近世に入ると、熊野三山では、新しく力を持った社家や衆徒が、これまで山伏・比丘尼などの勧進聖を掌握していた庵主や本願寺院に代わって諸職掌を握り、勧進聖が集めた願物で神社仏閣の破損を修繕した。また、灯明・供花の他や年中行事などの諸役も仕切るようになった。

氏善は、那智山で隠然と勢力を持つ実報院を味方につけ、東熊野一円を支配して、羽柴秀長の給人として二万七〇〇〇石を安堵された。秀長は、和歌山城に桑山、田辺城に杉若、新宮城に堀内を配置した。紀州の平定が完了した豊臣秀吉は、天正十三年五月八日、秀長に四国改めのため和泉・紀伊の浦々の船数調査を実施させたが、堀内氏善が支配する領域の浦々まで漏らさず調査するように命じている。また天正二十年（一五九二）の朝鮮出兵の陣立書には石高に応じた軍役が課せられたが、氏善は、五〇人の派兵を負担している。[34]

その後氏善は、慶長五年（一六〇〇）の関ケ原の役で石田三成に与したため、失脚して所領を没収されると、熊野三山もそれまでの神領地を没収され、御戸銭や檀那銭もすべて停止された。このとき三山総代として、本宮竹之坊、新宮立花坊、那智実報院の三役僧が和歌山まで出向いて、紀伊国主浅野幸長に窮状を訴えたため、慶長六年（一六〇一）六月に熊野三山の御神領として一〇〇〇石（実質は九五〇石）を安堵された。[35]このうち、新宮速玉社は三五〇石（二二一石四斗四升六合は新宮村、一二八石五斗五升四合は相野、高岡、鮒田、鵜殿の四か村に割当）、本宮社は三〇〇石（本宮村内）であった。[36]那智社には、慶長六年十二月六日付の浅野幸長の「寄進状写」によると、那智山麓の市野々の二河で三〇〇石の神領の配当をうけ、他に戸数、檀那つきも認められている[37]。また慶長七年八月十二日付の「那智山御神領割符之事[38]」によると、那智社領三〇〇石の内訳については、一〇〇石滝本領、一〇石滝執行、一三石講中衆、三石長厳衆、六石道場、二石奥之院、九石補陀洛寺に配分され、七口合わせて五二石と、残りの二四八石は一二四石が実報院、一二四石は御山（社人中）の支配としている。那智山では、那智山執行と滝本執行および十人の宿老衆の合議によって一山を運営している。宿老には那智山執行や滝本執行の長老級が就いたが、潮崎氏から出た尊勝院と米良氏から出た実報院が勤めた。それを二人の在庁が補任して実務にあたった。本宮・新宮の二社に対しても二人の在庁が担当した。那智山の御神体は大滝であり、古来各地から数多くの修験者が滝籠りの荒行に訪れており、それを管轄する滝本飛滝権現の奉仕は、本社の奉仕よりも重く、那智山年中行事の中でも滝本聖の行事は多かった。

浅野幸長が紀伊国へ入国して間もない慶長六年正月四日付で、実報院が那智代官へ報告した書上写「熊野那智山御神領之事[39]」には、那智山の社領六三三石四斗七升三合であるが、実報院は、そのうちの五〇〇石を支配していて那智山内で占める地位がきわめて大きい。

同六年六月朔日に実報院のうちの泰地織部が、那智代官にあてて提出した「紀州無漏郡那智山檀那所持分御指出之事[40]」によると、加藤名字一円、甲州西郡先達大井玉蔵坊引・同饗場名字共ニ一円、大和国牛か峯、やハた、備前之小嶋一円、奥州宮城等十八郷一円、九州肥前有馬之郡一円、紀州無漏郡ノ内相賀・高瀬・河内一円とあり、紀州牟婁郡の他に加藤名字・甲州西郡・大和国・備前児島・奥州宮城・肥前有馬など広く全国的に檀那を保持している。室町期以来、三山の熊野信仰の伝統を引く師檀制度の形態が、浅野統治下においてもなお存続していた。

慶長十二年九月七日付の那智山尊勝院から実報院にあてて出された「永売渡名字檀那之事」[41]によると、尾州中嶋郡のうちの「浅野」の名字と浅野在所十二郷および地下一族を「金二枚」で売渡している。実報院が尊勝院の檀那売券を買い入れて、那智山内での権限を強化していった。

しかし、慶安三年（一六五〇）十二月十三日付で、実報院が天満村の大仙坊に出した「本銭返し申檀那之事」[42]によると、実報院が所持している九州九か国の檀那所を銀五貫五〇〇匁で売り渡したが、一〇年を経過すれば永代知行を認めている。このような「本銭返し」の書式は、既に永享十一年（一四三八）に見られたが[43]、近世に入って多く発せられるようになった。かつての檀那売券に内在する師檀関係に比べて、御師と檀那の結びつきが希薄になっているだけに、檀那証文の抵当物件化が進んだ。

延宝五年（一六七七）十二月四日の那智山執行代の神光坊が御奉行所へ訴えた「先例之覚書」[44]によると、那智山の一山支配の重職である執行職には、衆徒座中のうちから器量人を選び、聖護院門跡から令旨をうけて社僧の一臈に昇進すると記されている。また穀屋は、入寺のときに執行や執行代に礼儀を勤め、年礼や八朔の礼も勤めているが、穀屋は、本来は、神社仏閣の破損を繕ったり、灯明を灯すのが役目であり、祭礼や仏閣の勤行を勤める役目ではなかった。しかし、前日の十二月三日に御奉行所へ提出した「訴状」[45]によると、那智山執行代の神光坊が、穀屋は年礼や八朔の儀式など古法の諸事を勤めなければならないと、寺社御奉行所へ訴えている。

寺社御奉行所は、穀屋方のうち大禅瀧庵主を新宮へ呼び出して様子を聞き、一山から尊勝院・宝如坊・実報院・西之坊・中之坊を、また天満組大庄屋代の次郎左衛門、補陀洛寺と先の大庄屋速水津衛門らも呼び寄せて立ち合わせ、衆徒方・穀屋方の双方から、古法を守ると記した「口上之覚」を提出させている。(46)

寛文九年（一六六九）六月五日に那智山惣代の宝如坊と衆徒中が、紀伊徳川家へ提出した答書(47)によると、「唯今一座之衆徒之内、麓ニ罷在軽衆徒之内ニハ社人ニ望申者一両人有之候得とも、此者社人ニ罷成、祓祝詞相勤可申為躰之者ニ無之候」とある。那智山外の軽輩の衆徒の中で、社人の希望者が増えているが、「社人……数多増候得ハ衆徒之配分之高減申故、弥衰微可仕と迷惑ニ奉存候」と、社人の増加が衆徒への配分の減少となり、衰微する原因をつくるとの理由で、社人の増加の抑制策がとられた。このように近世の那智山は、全山が存続していくために、山内の寺院構造に変化が見られるが、こうした状況は、那智山のみではなく、三山全体に起こっていたと考えてよいであろう。

五　西国三十三所巡礼

那智山青岸渡寺（尊勝院）を第一番札所とし、美濃国谷汲山華厳寺を第三十三番札所とする西国三十三所巡礼の道順が確立してくるのは室町時代中頃といわれる。(48)「蟻の熊野詣」と称され、武士や農民などの熊野参詣が盛況をきわめて来たのとかかわりを持ちながら、西国三十三所札所をまわる巡礼者も増加した。

中世以来熊野那智山の本願職を有する山伏や比丘尼が「熊野那智参詣曼荼羅」を携行して、熊野、現権の霊験を説き勧進を行ったが、山伏・比丘尼による絵解きは、三山の中でも那智山に多くの道者を引きつけた。勧進聖の宗教的・社会的活動をとおして熊野へ引きつけられた風潮が、熊野詣は西国巡礼を兼ねるという宗教現象へとつながって行き、(49)那智山は、西国三十三所の観音霊場の第一番札所となった。

中世末の熊野信仰の基盤は、関東以東の東北日本であったが、近世においても東北日本の農民による熊野参詣は続いていた。元禄期（一六八八〜一七〇三）ごろから、伊勢参宮の風潮が高まってくるが、各地から伊勢参宮に訪れた人の中には、熊野三山そのものよりも、西国巡礼の出発点として熊野参詣に来る人が増えてきた。(50)東日本のみならず、西日本の人々も、伊勢参宮から西国巡礼という道順が主流になった。西国巡礼に関する出版物も刊行されており、旅に出ることによって解放感を味わいながら、神社仏閣を詣でて自分を見つめ、生きている実感を強く持とうとする意識が、豪商や豪農および文人墨客など上流の庶民の間にも高まっていた。現世利益を求める気楽な参詣と近世以降大いに発展する物見遊山の要素が大きな意味をもってきた。庶民化がすすんだ西国巡礼は、近世社会の交通・宿泊所・情報が機構的にも整備されて、さらに発展した。こうして西国三十三所の札所を結ぶ順路ができあがった。

伊勢参詣から熊野へ来訪してくる人々の流れは、近世後期まで一貫して続いていたが、文化四年（一八〇七）十月の熊野本宮社中の「口上之覚」(51)に、「当宮之儀者正月早々より勢州越年之関東順礼数多参詣も有之事ニ候」とあり、伊勢参宮に来て越年する東国の巡礼者の中には、初詣に熊野三山を参詣する人々がいた。彼らは、そこから西国巡礼のスタートを切った。

那智山の青岸渡寺に詣でた人は、当然隣接する熊野那智大社にも参拝した。彼らは、那智山に来るまで新宮を通過して来ているので、熊野速玉大社を参拝している。那智山より紀三井寺へ行くには、田辺まで海岸沿いの大辺路を通って行くか、古来の中辺路を通るかであるが、多くは中辺路を通って熊野本宮大社を参拝している。観音信仰である西国巡礼に関係のない本宮・新宮を参詣していることから、熊野参詣と西国巡礼とは、庶民にとって別々の宗教活動ではなく、相互に関連性があったことは明らかである。すでに天文十五年（一五四六）三月十九日付の南光房道範が、尊勝院御房に出した「借用申料足之事」[52]に、「将又、巡礼にても、檀那にても参候ハヽ、今日より御嗳可有者也」とあるように、那智山では熊野詣の人々と西国巡礼者とは、区別して扱ってはいなかった。

西国巡礼は、京都・大坂・奈良など繁栄している近世都市を通っていった。名所旧跡も多く、見物も楽しい。道路も平坦で、宿泊所も整っていて快適で観光的な要素を味わうことができたから、西国巡礼者は、遊山的な気分を味わいながら旅を続けたが、そこまでの那智山を出発して急峻な熊野の山中を抜けて行く旅は、中世の道路そのままで通行は過酷きわまりなかった。

『熊野年代記』に記されている享和元年（一八〇一）～文政十年（一八二七）までの二七年間、毎年一万三千～三万人位の参詣者が伊勢路を通って熊野へ海岸沿いに入って来て、熊野川左岸の成川の渡しから渡し船で新宮へ入っている。新宮本願が渡し船を管理して渡し賃を徴収したから、毎年の熊野参詣者数はかなり正確に把握されていた[53]。幕末期になると減少気味であるが、それでも一か月に一〇〇〇～一五〇〇人程度であった。

六　那智山と山麓の宿所の対立

三山参詣者の宿泊施設の多くは、中世御師の系譜を引く宿坊などが経営していたが、近世になると参詣者もさらに増加したので、新たな宿所もできて対立が起こっている。寛文十一年（一六七一）三月五日・市野々村庄屋猪右衛門と覚園が、那智山の月行事あてに提出した「指上申一札之事」[54]によると、「宿坊へ御着不被成候道者衆ニハ、一夜之宿借不申様ニと代官・庄屋より度々御触被成候所ニ、今度大蔵坊様道者衆ニ宿借申ニ付為過料鳥目壱貫文被仰付候」とあり、道寸者（巡礼者）を勝手に泊めた大蔵坊は、鳥目一貫文を仰せつけられている。また寛文十三年七月六日付で、那智組の庄屋が、那智山御地頭中に提出した「指上申一札之事」[55]にも、新宮水野家の御掟目により、禁止されている道者への「宿借し」をしたことの詫びを入れ、今後は絶対に宿を借さないと誓約している。西国巡礼者の増加がある一方で、寛文期（一六六一～七三）頃から、巡礼者の宿泊について宿坊と山麓の旅籠との対立が目立ってきた。

元禄十四年（一七〇一）になって、那智山麓の村々で巡礼者を宿泊させていることに対して、那智山惣社中が御奉行所に訴えている。[56]それは、近年那智山麓で宿貸しをする者が増えて来たことに対する批判である。巡礼者相手の宿泊所の増加は、那智山の宿坊の経済的基盤をゆるがすことになるばかりでなく、宿坊で行なう厳格な参詣の作法も乱してしまった。那智山惣社中は、市野々に村の宿泊所を集めて吟味をし、二ノ瀬橋より下馬所までの間のすべての「宿貸し」の厳禁を訴えたが、宿泊所は一向に減少しなかった。

享保九年（一七二四）九月、新宮領奉行衆から那智組大庄屋への通達が届いたが[57]、それには、日中は巡礼者に「宿借し」を厳禁した上で、「然ル上者旅籠屋躰に見せ懸、夜具等出し置申間敷候、尤座敷仕切等之戸をも引立置、借し座敷と見へさる様に可仕候」と、旅籠風の構えを見せないようにと記した触を出している。もし病人が、日中に宿借りを申し出たときは、「其村又者近所之社家江案内いたし置、参詣人難儀無之様、早速社家江相渡可申候」と、その処置法を指示し、「夜中病人出来候ハヽ、医者をも附け随分介抱いたし候而、翌日者宿坊江相渡可申候」と、すべて宿坊へ処置を依頼した。「若夜中ニも相果候ハヽ、宿を借し候上者前々之通念入、其村ニ而取置いたし、尤国所江茂附届ケ可致事」と、病人や死者の発生には細かい対処方法が取られていて巡礼者には懇に対応していた[58]。

『紀伊田辺町大帳』の正徳六年（一七一六）六月の項に、「六月廿八日順礼大通ニ候間、火之用心其外諸事高直ニ無之様之事、六月廿四日晩ゟ同廿九日晩迄順礼田辺泊り之分四千七百七拾六人」と記されており[59]、真夏（六月）の六日間に巡礼者が四七七六人も田辺に宿泊している。熊野参詣を終えてきた巡礼者たちは、次に第二番札所の紀三井寺を目ざしていたが、田辺は南紀第一の都邑であり、熊野のけわしい峠道をいくつも越え、急流が岩をかむ渓谷を渡りながら、途中の不自由な山村の旅籠で泊ってきた巡礼者たちにとって、田辺の宿所は便利で行き届いており、慰楽施設もあって旅の疲れを癒すに十分であった。そうした関東・東北地方から来た人々は、言葉や服装に特徴があるので、中辺路沿いの村々の人は「関東べエ」と呼んでいた[60]。田辺の町方の北新町に、今も「左りくまの道」「右きみゐ寺」と刻まれた大きな道標が建っている。熊野街道の海岸沿いを通る大辺路と山間郡を通ってくる中辺路が合流する所である。ここから熊野街道を北上して紀三井寺へ向った。

寛政三年(一八九一)七月、田辺へ来た周防国佐波郡の巡礼者一行一三人のうち、利平次が病気のため逗留して養生している。宿の善兵衛が、七月二十六日付で下長町年寄次郎右衛門へ「口上」を提出した[61]。利平次の病は治り、二十九日に一行は出発していった。田辺は巡礼者にとって安心できる宿場であった。

七 「諸国檀那分ヶ帳」と那智信仰

天保五年(一八三四)に書写された『諸国檀那分ヶ帳[62]』には、諸国から那智山に参詣する人々を分宿させる三六坊(実際は二三坊)が記されている。近世の那智山信仰の全国的な広がりと那智山の宿坊の関係を知ることのできる史料である。

その「前書」は、天明五年(一七八五)四月にまとめられており、執行実報院法印道寿以下山内の主たる役僧一八人が連署している。収入源である三六坊の宿所を確立して各坊の経済的自立をはかることが目的であった。それには、中世より続いてきた「先達引き」が衰退したため、「国所分ち」(国別に宿所を決める)の形態を生み出した。したがって、檀那所売券では、僅かな持ち分しかない檀那所であっても、「何国何郡檀那一円」というように記し、所有権を明確にしている。他の檀那所も「書き立」(目録書)にしている。「掠め売」(不正売買)などもしばしば起こり混乱が生じた。「旁々以て檀那所混雑致し彼是争論に及び候」と、各坊同志で檀那所をめぐる争いも激しく起こり、檀那所改めもなかなかできなかった。このま

表１「諸国檀那分ヶ帳」の宿坊の状況

	宿　所	畿内	東海道	東山道	陸奥	北陸道	山陰道	山陽道	南海道	西海道
1	滝 庵 主	○	○				○		○	
2	明 楽 坊	○	○				○		○	○
3	尊 鹿 院	○	○		○	○		○	○	
4	宝 如 坊	○	○		○		○		○	
5	竜 寿 院	○	○	○	○		○		○	
6	実 仙 坊	○							○	
7	宝 春 坊	○	○						○	○
8	実報(方)院	○	○	○	○	○	○	○	○	
9	那智阿弥		○			○	○	○	○	
10	神 光 坊		○		○	○				
11	大 禅 院		○			○			○	
12	御前庵主		○	○	○		○	○		
13	理 性 院		○							
14	仙 竜 院		○							
15	橋 爪 坊			○	○					
16	春 光 坊					○				
17	補陀洛寺					○			○	
18	浄 厳 坊						○			
19	大 蔵 坊								○	
20	真 覚 坊								○	
21	仙 滝 院								○	
22	宝 泉 坊								○	
		8	13	4	7	7	8	4	15	2

『那智勝浦町史』上巻より作成

ま放置しておけば、檀那の取り扱いがさらに支障が出てくるので、社中が評議をして、「社法格式書」のとおり、諸大名諸士は、本名・字・氏・系図に基づいて檀那とし、町人・百姓は、生まれた縁故の在所ごとに檀那とすると決めている。また相対などによって勝手に檀那に任じたり、社法に障りがある場合はこれを糺し、入り組んだ所は檀那もつれが起らないように相談のうえ「替え引き」（交換）にした。比較的檀那数の多い、紀伊・伊勢・武蔵・下総などは、「国分け」にして、「諸国檀那分ヶ帳」を作成した。また、一山社中の外へ檀那所を売り渡すことや質物に入れることもかたく禁止した。

各坊（院）の分宿の状況を表1によってみると、畿内五か国と禁裏御所、公家門跡、聖護院門主門下などは八か坊、東海道一五か国は一三か坊、東山道八か国は四か坊、陸奥国は七か坊、北陸道七か国は八か坊、山陰道八か国は八か坊、山陽道八か国は四か坊、南海道六か国は一五か坊、西海道一一か国は二か坊に定めていて、那智山では、ほぼ日本全国の参詣者を把握していた。そのうち実報院は、西海道以外のすべての地方の参詣者を宿泊させていた。

まとめ

十五世紀は熊野参詣の最盛期であったが、十六世紀になると、熊野から伊勢に信仰の中心が移り、熊野参詣は衰退した(63)。それは、戦乱期に入り、旅の安全が保障されにくくなったことにもよるが、中世末～近世初頭に地方山伏らの先達が熊野詣から離脱したことが大きな原因であろう。やがて十七世紀後半に熊野詣が息を吹き返すが、西国巡礼者の増加と関連しているのは周知のことである。大量に伊勢参宮に訪れた人々の流れが、熊野へも足を延ばし、西国巡礼第一番札所の那智山青岸渡寺からスタートしていく。やはり近世の熊野詣も東国の民衆が多いが、畿内や周辺部からも訪れる人も増えていた。彼らは、西国巡礼を目ざしているが、そのほとんどが、札所でもない熊野三山も参詣していた。

近世の熊野詣は、伊勢参宮の延長であったから、伊勢詣のうちの一部の人が熊野を訪れたに過ぎない。伊勢詣にくらべて少ないのは当然であるが、「蟻の熊野詣」といわれた十五世紀の頃の人数を下まわっているとは考えにくい。中世の参詣は、武士や有力農民などに限定されており、圧倒的に人数の多い一般農民のうちの富裕層が参詣する近世にくらべれば格段と少ないと思われる。中世では、ほとんど参詣することもできなかった農民でも、途中の交通事情や道中での宿泊施設の向上と治安の維持も関係して参詣が可能になった。ただ一般の社寺参詣が中世から近世に入り、十数倍ないし数十倍にも上昇するほど盛況になっているのに、熊野詣がせいぜい二・三倍の微増に止まることから衰退あるいは不振と印象づけられる(64)。

これらの熊野参詣者の宿泊所は、中世の御師の系譜を引く院・坊が引き受けていたが、熊野一揆など近世初頭の熊野地方の動乱にかかわって御師の権限を剝奪された者もいた。また那智山の麓では、参詣者を相手にした宿泊所もできて、那智山内の宿坊との対立も頻繁に起こっている。また、その対立に新宮領の奉行所が介入して解決を図り、その過程では、混乱も生じている。近世の宿泊所は、中世の御師のように宗教的行事の必要がなくなっており、ただの宿所の提供者で、その変質が著しい。

西国巡礼には物見遊山的な要素があったが、大雲取越え、小雲取越え、三越峠越えなど、中世とはほとんど変わらない道路である。通り抜けるにはかなりの健脚を要した。熊野の山道は、とても物見遊山どころではなかった。

〔注〕

(1) たとえば、新城常三『新稿社寺参詣の社会経済史的研究』(塙書房　一九八二年刊)の第三章　第一節熊野詣、小山靖憲『中世寺社と荘園制』(塙書房　一九九八年刊)の第三部　第九章熊野詣古記録と参詣道の復元など。

(2) 『熊野川町史』通史編（熊野川町　一九九八年刊）三五四～三七四頁「中世熊野の経済と人々の生活」。

(3) 『熊野那智大社文書』第三巻（熊野那智大社　一九七七年刊行）同第五巻の「解題」。

(4) 前掲（1）および、新城常三「近世の熊野詣」(『日本常民文化紀要』第六輯　一九三〇年刊)。

(5) 前掲『中世寺社と荘園制』二〇九～二一七頁。

(6) 前掲『中世寺社と荘園制』二四一頁。なお小山氏は、『吉野・高野・熊野をゆく』(朝日新聞社　二〇〇四年刊)で、「蟻の熊野詣」の初出は、永享十一年（一四三九）ごろ成立した「杜詩続翠抄」巻十五とする。

(7) 前掲『本宮町史』通史編　一九一頁。

(8) 前掲『本宮町史』通史編　二一二頁。

(9) 『本宮町史』文化財編・古代中世史料編（本宮町　二〇〇二年刊）九三九頁。「本宮大工左官九郎檀那売渡状」。

(10) 前掲『本宮町史』文化財編・古代中世史料編　九四三～九四四頁「本宮竹内良賢檀那売渡状」。

(11) 前掲『本宮町史』通史編　二〇一～二〇二頁。

(12) 前掲『本宮町史』文化財編・古代中世史料編　八三六～八三七頁。

(13) 前掲『本宮町史』文化財編・古代中世史料編　八四九頁。
(14) 前掲『本宮町史』文化財編・古代中世史料編　八五九頁。
(15) 前掲『本宮町史』文化財編・古代中世史料編　九四八頁「観尋出挙米借用状」。
(16) 前掲『本宮町史』文化財編・古代中世史料編　一〇三一頁「中永万五郎下地書入状」。
(17) 前掲『本宮町史』文化財編・古代中世史料編　九五九頁「大野西垣内借屋二郎畠地売渡状」。
(18) 前掲『本宮町史』文化財編・古代中世史料編　九三七頁「請川九郎畠地売渡状」。
(19) 前掲『本宮町史』通史編　三二七頁。
(20) 前掲『本宮町史』文化財編・古代中世史料編　一〇三七頁「浅野忠吉書状」。
(21) 前掲『本宮町史』文化財編・古代中世史料編　一〇四四頁「湯川五兵衛、長田五郎七連署書状」。
(22) 仁井田好古編『紀伊続風土記』(三)復刻版（歴史図書社　昭和四十五年刊）二〇四～二〇五頁。
(23) 前掲『本宮町史』文化財編・古代中世史料編　一〇四五頁「浅野左衛門佐書状」。
(24) 前掲『本宮町史』文化財編・古代中世史料編　一〇四五頁「浅野長晟書状」。
(25) 前掲『本宮町史』文化財編・古代中世史料編　一〇四七頁「湯川五兵衛・長田五郎七連署書状」。
(26) 前掲『本宮町史』文化財編・古代中世史料編　一〇四九頁。
(27) 前掲『本宮町史』文化財編・古代中世史料編　一〇四九頁。
(28) 前掲『本宮町史』文化財編・古代中世史料編　一〇四九～一〇五〇頁「浅野氏檀那裁許状」。
(29) 前掲『本宮町史』文化財編・古代中世史料編　一〇五〇頁「浅野左衛門佐判物」。
(30) 『熊野那智大社文書』第三巻（熊野那智大社　一九七四年刊）一七二頁。
(31) 前掲『熊野那智大社文書』第三巻　一七二～一七三頁「堀内氏善書状（折紙）」。
(32) 前掲『熊野那智大社文書』第三巻　二〇六頁「堀内氏善書状（切紙）」。
(33) 前掲『熊野那智大社文書』第三巻　二〇六～二〇七頁「堀内氏善宛行状字」。

(34)『和歌山県史』中世（和歌山県　一九九四年刊）六八七頁。
(35)『新宮市誌』（新宮市　一九三七年刊）二七六〜二七七頁「和歌山殿様御附被遊候社領高割覚」。
(36)前掲『本宮町史近世史料編』四二四頁「熊野本宮神領収細取調帳」。
(37)前掲『熊野那智大社文書』第五巻　一八頁に「為那智山領於室郡市野々、二河西村一百石之所、御戸銭檀那着之儀令寄進者也」とある。
(38)前掲『熊野那智大社文書』第三巻　一一七〜一一八頁。
(39)前掲『熊野那智大社文書』第三巻　一一二〜一一三頁。
(40)前掲『熊野那智大社文書』第三巻　一一三〜一一四頁。
(41)前掲『熊野那智大社文書』第三巻　一一九〜一二〇頁。
(42)前掲『熊野那智大社文書』第三巻　一三一〜一三二頁。
(43)『熊野那智大社文書』第四巻　一六六頁。
(44)前掲『熊野那智大社文書』第四巻　二四〜二六頁。
(45)前掲『熊野那智大社文書』第四巻　二三〜二四頁。
(46)前掲『熊野那智大社文書』第四巻　二九〜三〇頁。
(47)前掲『熊野那智大社文書』第四巻　一六〜一八頁。
(48)前田卓著『巡礼の社会学』（ミネルヴァ書房　一九七一年刊）二六〜二七頁。
(49)豊島修著『熊野信仰史研究と庶民信仰史論』（清文堂出版　二〇〇五年刊）四八〜五〇頁。
(50)前掲『新稿社寺参詣の社会経済史的研究』所収「第七章第一節中世参詣の表頽―熊野詣」。
(51)熊野本宮大社所蔵文書「第四御宮・中四宮・下四宮・上神楽所・巽御門御再建筋控本宮社中」。
(52)前掲『熊野那智大社文書』第三巻　二三八頁。
(53)熊野三山協議会・みくまの総合資料館研究委員会編『熊野年代記』（同協議会・同委員会　平成元年刊）三一

九〜三二八頁。

(54) 前掲『熊野那智大社文書』第五巻　一九〜二〇頁。

(55) 前掲『熊野那智大社文書』第五巻　二二頁。

(56) 前掲『熊野本願所史料』七八五〜七八八頁。

(57) 前掲『熊野那智大社文書』第五巻　二三〜二四頁。

(58) 田辺市教育委員会編『紀州田辺町大帳』第一巻（清文堂出版　一九八七年刊）五九頁。

(59) 前掲『紀州田辺町大帳』第一巻　二三七頁。

(60) 杉中浩一郎著『熊野の民俗と歴史』（清文堂出版　一九九八年刊）「Ⅳ―3紀州田辺での関東べエ」。

(61) 前掲『紀州田辺町大帳』第一巻五九頁。

(62) 那智勝浦町史編さん委員会編『那智勝浦町史』上巻（那智勝浦町　一九八〇年刊）四四五〜四六二頁。

(63) 前掲『中世寺社と荘園制』二四七頁。

(64) 新城常三「近世の熊野詣」（『日本常民文化紀要』第六輯　一九八〇年刊）。

〔追記〕

本書の校正時に、和歌山市立博物館が、特別展『江戸時代を観光しよう』を企画し、寺社参詣、温泉、都市めぐりなど、紀伊国を訪れた旅人の動向を描き出した。

所収されている佐藤顕氏の「江戸時代、紀伊の寺社めぐり」の、西国三十三所観音巡礼、大和通り高野山〜粉河寺〜根来寺〜和歌山〜加太の行程、熊野参詣道の顕彰についての考察は参考になる。残されている数多くの「巡礼日誌」などの記述の検討により新たな事実の発見があるかも知れない。

第四節　保養施設としての南紀の湯治場
——湯崎・湯峯・川湯・龍神のにぎわい——

はじめに

元禄十二年（一六九九）二月書上の「御国并勢州三領共郡々覚記[1]」によると、口熊野では、「湧湯」が二か所あげられている。「湯崎ニ壱ケ所人の入多し」。他に「古座川筋洞瀬村ニ壱ケ所人多不入」とある。『紀伊続風土記』は、「牟婁温湯」（日本紀）、「武漏温泉」（続日本紀）をあげ、仁井田模一郎好古撰の「湯崎温泉記」を記して由緒深さと、規模の大きさを述べ、他方を「與古呂倶須温泉」として、月野瀬村の才の谷漆淵の下にある温泉で、「巖の間より少しつゝ出る湯ぬるくして沸かさゝれは浴し難し」と記している。また朝来帰村の項に、椿谷に小さい温泉のあることを伝えているが、朝来帰村を通った田辺領の巡見役人の「順在案内手張帳[2]」にも、「椿谷へ下ル、此所ニ三尺ニ弐尺余程ノ幅ノ岩穴に温泉湧キ候処有之候」とあり、椿温泉が確認できる。

「御国并勢州三領共郡々覚記」の奥熊野では、「湯場三ヶ所」として、「本宮・川合・二川」をあげている。「本宮」は湯峯温泉、「川合」は川湯温泉を指すが、「二川」は『紀伊続風土記』の「二河村」の項に、「今も他郷の人、隣村湯ノ川の温泉を二河の温泉といふ」とあり、湯川温泉のことを指している。

これら近世の熊野地方の温泉について記された記録は乏しいため、多くを知ることができないが、史料が整う瀬戸（湯崎）温泉、湯峯温泉、川湯温泉および日高郡の龍神温泉について整理をしてみよう。

湯崎温泉は、海辺の地の雄大で明媚な景勝の地にあり、豊かな泉源にもめぐまれて近世には、多くの湯治者が訪れていた。湯峯温泉と川湯温泉と龍神温泉は、山渓幽僻の地にあり、谷あいの凹地に自然に湧き出ている温泉で、療養泉として人々に利用されて来た。また現在も南紀を代表する温泉で、重要な観光資源を構成している。

日高川の最上流部にある龍神温泉は、紀伊山地の中、『紀伊続風土記』のいう「幽谷幽僻の地」にある。龍神を祀る難陀龍王社があり、「龍神」の地名のおこりとするが、その起源のわからない温泉である。小池洋一氏の研究が唯一の研究である(3)。

本節は、南紀の温泉が近世社会の中で、休息的な性格の保養所として人々の生活に位置づけられて来るのかを文献史料で確かめられる範囲で整理をした。

一　湯崎温泉と紀州徳川家の保養施設

(1)　保養施設の保持と田辺領の負担

瀬戸村にある湯崎の湯は、「牟漏之湯」と称され、古代の大宮人にも親しまれてきた由緒深い名湯である。景勝の地にある湯崎温泉に徳川頼宣は、保養所を設立する計画をたてた。『紀州田辺万代記』の慶安三年（一六五〇）の項に、(4)「大納言様瀬戸へ入御被遊、瀬戸御殿御普請奉行本間五兵衛殿」とあり、慶安三年に徳川頼宣が瀬戸村を訪れ、瀬戸御殿御普請奉行を置いて建設に取りかかった。

また万治二年（一六五九）七月二十四日に、御殿の普請用として田辺組の西ノ谷・糸田・伊作田の三村から縄束が納められ、組中全六か村から普請人足一〇〇人が徴発されている。(5)さらに寛文二年（一六六二）正月十二日には、田辺組の六か村へ瀬戸御普請人足の日用銀として、一二〇〇人分（二〇二匁）と一五三人分（二三匁四分）が課せられた。二回にわたる三二四匁四分の御普請人足日用銀を、田辺組の六か村に割り当て分担して納入させ、(6)瀬戸御殿の大規模な整備が行なわれていく。紀伊徳川家の本格的な保養施設となった瀬戸御殿の造営には、田辺領の田辺組六か村が深くかかわっていた。

徳川頼宣の瀬戸御殿への御成は、普請に取りかかった慶安三年と、それ以後は寛文二年六月、同四年三月、四月、五月、十月、同五年正月、三月、同九年二月、三月、四月、同十年二月、三月の一三回が記録されている。(7) また、寛文二年には、「三月浴於湯崎温泉」とあるが、この年三月十八日と翌四年四月二十一日には、のちに伊豫西条領主となる二男頼純を同伴して二度田辺から瀬戸御殿に渡っている。(8) このように瀬戸御殿は、頼宣と一族の保養所の性格を帯び利用されたが、安藤直次は、その接待にあたるため、たびたび和歌山から田辺へ戻っている。賄方は田辺与力が勤め、料理の仕出しは田辺本町の平兵衛ら町方の料理人が担当した。(9)

頼宣の瀬戸御殿への御成は、田辺を拠点にして行われており、田辺湾を船で瀬戸へ渡ることが多かった。また寛文二年六月には、瀬戸御殿の普請に尽力した田辺組大庄屋田所八郎左衛門を呼び寄せてお目見得をし、瀬戸御殿建設の労をねぎらって「御銀」を給している。(10) 同年七月、もとは田辺領であった瀬戸村が本藩領に編入替えされ、紀伊徳川家の管轄下に置かれるようになった。

同五年正月二十六日に瀬戸御殿に入った頼宣は、三月まで長期間滞在をしているが、ときどき田辺城下の散策に出かけた。そのときは、常に松原の仮御殿で滞在して闘雞神社を参詣し、御神楽や能楽を楽しんだ。また、二月十三日に、「於印南表辻新十郎殿鯨突」(11) とあるように、辻新十郎の豪快な捕鯨の見物もしている。

入国以来四〇年余にわたり紀伊領国の政治を牛耳ってきた頼宣も六十歳台に入っており、寛文七年には、光貞に家督をゆずっている。晩年は、家族的な瀬戸温泉での保養が多くなっていた。

元禄中期頃、熊野地方を訪れた紀伊徳川家の家臣児玉荘左衛門が書いた「紀南郷導記」(12) にも、瀬戸村のことが記されている。「鉛山村」の項に、「此所ニモ温泉四坪有リ、此内マブノ湯ト云フハ在所ヨリ東ニ在リ、筋気、脚気、冷病ニヨシト云フ、屋形ノ湯ト云フハ小瘡ヲ治スル事奇妙ナリ……元ノ湯ハ下疳・諸瘡毒ニヨシ、……崎ノ湯ト云フハ万病ニヨシト云フ、第一ニ手負・打身・打傷ニ入湯スレバ、忽チニ平癒スト云ヘリ」とあり、温泉は保養より医療の性格が強かった。

鉛山村の四か所の温泉のうち、崎ノ湯について、「湯壺ハ自然石ニシテ……其長サ三間余、湯口ハ御頭ノ形ナリ、此湯ニハ前君（頼宣）モ度々浴アソバサレキトナリ」とある。また「鉛山ノ上ニモ前君ノ御殿有リシガ今ハナシ」とあるから、頼宣が建てた瀬戸御殿は崎ノ湯付近にあったと考えられる(13)。

寛文十年二月八日に、中納言（二代目徳川光貞）が、瀬戸御殿を訪れている。領主としての来訪は最初であったが、このとき田辺の大浜（松原）御仮屋で、田辺与力衆や町方の大年寄衆のお目見得をしたり、闘鶏神社で能楽を楽しんでいる(14)。

この年二月、松平頼純は伊豫西条藩三万石の大名となり、十一月五日に西条へ出発した(15)。その後間もなく、十八日に頼宣は発病し、翌十一年正月十日に七十歳の生涯を閉じた。江戸にいた光貞は、頼宣の病状を聞いて帰国したが、その途中で悲報を知った。

その後、瀬戸御殿御成の記述が見られなくなるのは、光貞が第二代領主に就任して政務が多忙になったため、湯治の機会がなくなったのかも知れない。

元禄五年（一六九二）九月になって瀬戸御殿の普請に着手しているが、和歌山から勘定奉行が瀬戸に渡海している。九月二十二日に宰相様（光貞長男綱教）の瀬戸御殿への「御成」に備えて、田辺では、三栖口、秋津口などの小橋を掛け直し、本町御門も繕った。町中の大通りの家の軒口や表向の見苦しい所々を修繕させている(16)。

十一月二日に和歌山を発駕した綱教は、五日に田辺へ到着するが、町中では家々に軒灯をともし、江川出口、大橋詰、本町小橋のもと、本町会所の表、新町入口、湊入口の六か所に纒を二つずつ建て、本町、長町、新町の所々を茶屋躰風に拵えた。田辺城留守居の安藤小兵衛と与力衆が、西ノ谷浜で出迎えた。田辺領での出仕は、伝馬人足七三三人、馬一九四疋であった[17]。綱教は大浜御仮屋に入ったが、食事の接待は田辺の町方が担当した。綱教一行には随伴者も多いため、田辺から多数の商人が瀬戸へ派遣され、小屋掛けをして待機した。

瀬戸御殿で数日間の滞在後、綱教は、十一月十日に瀬戸を出発して陸路を帰和したが、人足・馬の準備を命じられた田辺町方は、馬を集めるのに苦労をしている。田辺組大庄屋が新庄へ出向いて迎え、闘雞神社前を通って大浜御仮屋まで案内した。町方では、赤飯や餅などを用意して御仮屋へ運んだ。また「町より賄人御仮屋へ六人、宝林寺へ九人、外ニ人足参候」と、町方がその接待にあたったが、一行は多人数であるため、その負担は大きかった。帰和する一行の翌日の休息予定地である南部へ一〇人と宿泊予定地の切目へも二五人の料理人を派遣している。

同七年五月十日にも綱教の瀬戸御殿への御成が発表されたので、町方では新しい手桶・柄杓を一軒に一つずつ用意するようにと通達が届いた[18]。二十三日に餅・赤飯の支度と宿舎の他に商人たちが瀬戸へ納屋を建てるように申付けられ、二十五日には、御関船二艘と御供船二六艘の大船団で綱教一行が到着して、瀬戸御殿へ入っている。二十六日は江津羅・綱不知、二十七日は神嶋への御成が続き、二十九日に船で田辺を訪れた。大浜御仮屋で昼食御膳を取ったが、その世話は田辺町方が担当している。一行は、権現馬場筋を通り、御年寄衆・頭衆・御奉行衆・御目附衆・与力衆など安藤家の家臣の御目見をし、長町筋・片町筋へと町中を散策して浜通りを通り、ひとまず大浜御仮屋へ入ってから船で瀬戸へ戻った。晦日には歩行で富田へ行っている。

内蔵頭(四代目頼職)の瀬戸来遊は、元禄十四年である。「巳三月廿八日七ツ時分、内蔵頭様御船ニて瀬戸湯崎へ御入」とある。田辺留守居の安藤小兵衛が渡海して接待にあたった。(19) 同十六年九月二十二日にも瀬戸への御成があり、十月四日には、田辺城下を散策している。

同十五年三月八日、「大殿様并主税頭様瀬戸御成被遊」とあり、光貞は、主税頭(頼方＝後の吉宗)とともに瀬戸御殿を訪れている。(20) 十一日に「商人酒屋銭屋小間物屋肴屋豆腐屋湯崎へ行」と、田辺では受け入れ態勢を固めたが、その他の諸入用品も町方で整えて役船で瀬戸へ運んだ。また、馬一一疋を用意し、二疋は瀬戸へ、九疋は田辺の馬屋へ入れた。頼方は、十二日に南部まで来て、堺浦から船で瀬戸へ渡海した。田辺では小早二艘、鯨舟一五艘を用意し、安藤小兵衛ら田辺の重臣らも湯崎へ渡海して接待に備えた。このとき、光貞の瀬戸御成は延期になり、頼方だけの来訪となった。頼方は三月二十五日まで一三日間瀬戸御殿に滞在し、二十五日の帰路には、富田の観福寺、新庄御口前所、田辺松雲院などを経て南部へ向い、切目で一泊して帰和した。頼方の瀬戸御殿御成に関して、田辺の商人が使った雑用銀が三二四匁六厘であったが、そのうちの半分が、安藤家から町方へ下付された。(21)

翌十六年二月十八日にも頼方の瀬戸御殿への御成があり、馬三疋の用意を申付けられた。頼方は十九日に江川浜から瀬戸へ渡ったが、御召船は和歌山から廻漕した。御供船は鯨船・漁船など敷浦や芳養浦からも集めた。三月十一日に頼方は、瀬戸御殿から船で田辺へ渡海した。用意した人足・馬・駕籠が不要になった。

紀伊徳川家の侍女一行もたびたび入湯に訪れている。天和四年（一六八四）三月、徳川光貞の側室寿光院の一行三〇人が瀬戸御殿に入っている[22]。その後も、安永三年（一七七四）十月、徳川重倫（八代）の侍女二名と随行の役人が数名[23]、文政七年（一八二四）閏八月と同九年二月に、徳川治宝（一〇代）の侍女一行が、それぞれ瀬戸御殿へ湯治に出かけている。

文政九年二月十四日の「御薬種畑御女中湯崎江御越ニ付御用留」[24]は、治宝の侍女一行が往路で、宿泊した印南浦の記録である。二三人が宿泊した御本陣と付添って来た御勘定同心二人、付人四人、医師一人と他に長持・挟箱、両掛、合羽籠など御用荷物を運ぶ人足など八三人である。受入れる印南浦では、九軒の旅籠別の人数と食事の内容が記されている。本陣の食事は「上通り」四人が一汁三菜、「中通り」一五人が一汁二菜、「下通り」四人が汁と香の物のみである。別宅の御勘定同心が一汁二菜、他の四人が汁と香の物、その他の旅籠では、士分が一汁二菜、他は汁と香の物のみである。一行に付いている駕籠日雇五六人の宿泊所を準備した印南浦は、さらに南部までの道中継人足四五人を出している。御女中衆と付添役人の宿賄や人足賃銭は勘定同心が支払いをした。一行は三月二十七日まで四〇日余瀬戸御殿に滞在し、帰路も三月二十八日に印南浦に宿泊している。

(2) 安政地震と湯崎温泉

安政元年(一八五四)十一月四日と五日に、二度紀伊半島一帯は地震に襲われた。湯崎温泉は、海浜の数町の間に家が密集して一村を形成しているが、「鉛山村」と称した。[25] このとき出火もあり、延焼して被害も大きかった。枝郷の綱不知では、波除堤も破損して大きな被害をもたらしたが、何よりも大きな被害は、全温泉の湧湯の出量が激減したため、温泉としての機能が止まってしまったことである。

田所左衛次が鉛山村庄屋に命じ、調査した内容に基づいて、翌二年五月十八日に御代官所へ報告した「口上」[26] がある。鉛山村には、崎之湯、館之湯、阿波湯、元之湯、浜之湯、まぶ之湯の六温泉があったが、崎之湯は、「三月(安政二)頃迄者一滴も出不申候処、四月頃よりは冷湯少々ヅ、出かけ候」とあり、館之湯は、「是も一滴も出不申候、此節ニ而者壱石嵩半計ハ出申候、尤暖気無御座冷湯ニ而御座候」、阿波湯は、「是又一滴も出不申候処、当月(五月)……少々暖気を含湯少々ツ、出申候」とある。元之湯、浜之湯の両湯は、「先達而より冷湯五六分目計出申候、今以同様ニ御座候」、まぶ之湯は、「先達而より湯者出候得共勢無御座、暖気至而少ク御座候処、三・四月ニ者弥暖気少ク相成御座候処、当月よりハ少々ツ、暖気相加リ日々ニ相直リ候躰ニ御座候」とあり、まぶ之湯は辛うじて温泉の機能を回復しているが、他の五つの泉源は止まったままか、冷水が出るだけであった。村中は難渋し、春以来寺社への立願や祈祷を行ない、五月三日から二十七日間の護摩祈祷もして、温泉の湧き出るのを期待した。「少々ツ、宜敷躰ニ付、此模様ニ而者追々相直リ可申候」と、田所左衛次は、郡代所へ報告している。

この頃の瀬戸村は、「専温泉浴客之宿を渡世ニ仕候ニ付てハ、宿屋職不仕者も万事ニ付来客余澤を受け渡世仕来候」という状態で、湯治場として繁栄していたから、湯治宿のみならず湯治客を相手にした諸商売にたずさわっている人も多かった。突如襲ってきた天災により生活を奪われた人々は、「当年ハ来客一切無御座候ニ付、宿屋職之者共ハ勿論小前末々迄難渋申上候」[27]という状況に追い込まれて、上納金や村小入用の納入にも支障が出ていた。

地震から一年余り過ぎた同三年正月十八日の「口上」[28]には、浜之湯は「当月十日比より大ニ暖気相増、最早快入湯出来候様ニ相成申候」と、温湯も出るようになり、まぶ之湯も「少々ぬるいながら入湯いたし申候」と、やっと二温泉が入湯できるようになったが、崎之湯・阿波湯・館之湯・元之湯は、まだ利用できる状態にはなっていない。田所左衛次は、ようやく四月八日になって、「崎之湯者未タ相替リ候義無御座候得共、其余ハ大体下地之通ニ相成入湯も出来候」と、崎之湯以外の温泉が、再び湧き出たことを宣伝する「口上」を提出している。[29]一方田辺・湯崎の「湯方惣中」からは、「当正月比より段々わき出、此節ニ而者本之通ニ相成候ニ付、御一統様賑々敷御来駕可被成下様奉希候」と記した「口上」を出している。

このとき、「賀湯崎温泉再湧」と染めた祝賀幟一本が田辺商人中から鉛山村へ贈られている。湯崎温泉の復活による入浴客の来訪は、田辺の商業の繁昌にも影響をもたらすと、経済効果をねらってこの幟をしばらくの間橋の欄干に建てていた。[30]

二　本宮湯峯温泉と人々の交流

(1) 湯治場としての湯峯温泉

『中右記』の天仁二年（一一〇九）十一月一日の条に「未刻行向湯峯……於湯屋浴之、谷底温湯寒水並出、誠希有之事也、非神験者豈有如此事哉、浴此湯人万病消除者[31]」とあるが、熊野三山を詣でた藤原宗忠は、このとき湯峯温泉を訪れて入湯しており、十二世紀初期ごろの平安貴族は、湯峯温泉を知っていたと思われる。遠い京都から苦難の旅を続けて来た人々には、旅の疲れをいやす場であった。また湯峯温泉は、熊野本宮大社の例大祭などの祭礼の潔斎をする場所でもあった。

時宗を開いた一遍が、熊野権現の託宣に、「信・不信を選はず、浄・不浄を嫌わず」と説いたことにより、身体障害者、癩者、乞食などの社会的な弱者も引きつけた[32]。前世の宿業と信じている癩者たちは、滅罪の苦行として険路を熊野へ目指したが、社会的な弱者の救済は施主の功徳であると説いた時宗の念仏聖の勧めが救いの手にもなっていた。

室町時代になって、熊野への道路の事情も改良されてくると、先達を必要とせずに往来できるようになり、病気の治癒のために熊野へ向かう人も増えて来た。また諸国を廻国する念仏聖たちは、奇病に罹った小栗判官が、熊野権現の霊験をうけて湯峯温泉で蘇生したとする「小栗伝承」の説話を説いて、湯峯温泉の名称を各地へ広めた。

熊野路の案内書として、貞享四年（一六八七）に記された「従紀州和歌山同国熊野道之記」[33]（著者不詳）の湯峯に関する記述にも、一遍が熊野権現の神託をうけて、大日越えの道を通ったとき、道端で出会った癩病の人をいたわって湯峯温泉で湯治させたところ、全快したという話を所載している。

この説話は、元禄期に熊野を旅した、児玉荘左衛門の『紀南郷導記』や、寛政期に古座浦に居住していた儒学者玉川玄龍の書いた「熊野巡覧記」にも記されているように、「小栗伝承」は熊野地方では共有の説話になっていた。近世になって湯峯温泉への湯治客の増加とともにさらに広く知れ渡るようになった[34]。

『南紀徳川史』の寛永六年（一六二九）の徳川頼宣二十八歳の条に、「七月浴於湯峰温泉、七月廿一日熊野へ御湯治八月廿日御帰城[35]」とあり、七月二十一日から一か月間の湯治をしたことが記されている。また『熊野年代記』の寛永六年に、「当国大納言頼宣公三山御社参、庵主ニ而御装束御案内、本宮竹之坊、新宮水野家、那智山那智阿弥御宿館也[36]」とあるが、紀伊入国後十年目の頼宣は初めて熊野を歴訪して熊野三山の社参をしたようである。このとき由緒ある湯峯温泉の湯治を楽しんだのであろう。

『紀州田辺万代記』の元文二年（一七三七）九月の条に、「表方御奉行森兵助様、本宮御入湯ニ大辺路通御越御上下拾三人[37]」とある。紀州家の上級家臣団一行一三人が、大辺路廻りで湯峯温泉湯治の慰安旅行をしている。和歌山城勤務の家臣団にも湯峯温泉が知れ渡っていた。

近世中期以降になると、一般庶民の湯峯湯治の記録が多くなってくる。安政四年（一八五七）正月二十三日、日高郡南谷組山口村の依岡宇兵衛が、五人連れで熊野三山の参詣に出発した。田辺から中辺路を通って二十五日に湯峯の西善兵衛宿に宿泊し、帰路も二十八日に湯峯に戻り、再度西善兵衛宿で二月四日まで湯治を楽しんでいる[38]。

『紀伊続風土記』の「湯峯村[39]」の項に、「渓の中一町ばかりの土地に人家其中に相重りて居る。皆旅舎にして浴客を宿す」とあり、谷あいの狭い地域であるが、地中から温泉が数か所湧き出る所があって、旅舎が集まって湯治場として繁栄していた。

『西国三十三名所図会』の嘉永元年(一八四八)の「序文[40]」によると、湯峯の湯治舎は、桁行九間余、梁行二間余の堂造りの建物で、内部は三区画に分かれ、奥を留湯、中を女湯、口を男湯と呼んだ。一般の熊野参詣や西国巡礼の人々が入湯料を払って入浴するのは男湯と女湯で、少し高額の入浴料を払って入湯するのは留湯であった。留湯は、湧き出る極熱の湯に長樋で取った冷水を合わせて湯加減を調整して浴室の槽中へ注いでいた。また、川底からの沸騰した熱泉に樋で引いた冷水を合わせて浴室に注ぎ、一方を男湯、他の一方を女湯とした。この湯舎の下手に離れて川端の橋詰にある小さな湯舎を「非人湯」あるいは、「乞食湯」と呼んで、乞食・癩者や障害者などが入浴できる湯舎を設けていた。この湯は男湯・女湯など一般の湯の余り湯を使ったと考えられる。ここにも差別が厳然と存在していた[41]。

このように近世中期になると、湯峯には貧弱ながらも社会的な弱者のための湯治場が設けられていた。ひとときのやすらぎを求めて遠路を訪れる人々を湯峯温泉は迎え入れる温泉であった。

(2) 湯峯温泉の湯樽搬送

享保十三年（一七二八）極月二十五日に、田辺江川口前所の元締岡田清吉から町方へ申渡しがあった。それには、明年（享保十四）正月十日に本宮湯峯から「御湯樽」五〇樽が到着するが、その湯樽を紀伊徳川家の御関船が、江川浦まで積込みに来るので町方の役人に連絡するように伝えていた。[42] 年の瀬もせまった極月二十八日に、田辺町会所では、到着する二五樽を御関船を待っている間、会津川沿いの「奇麗成家」に管理して置くことや、宰領人・御薬込みの役人、小頭の宿所の準備も命じられた。湯樽の保管は町役として町会所が担当した。正月十二日に残りの二五樽が到着したので五〇樽になったが、宰領人と御薬込の役人と請取人足二〇人および、その夜の夜番三人の町方の責任者が出て湯樽の番をした。

翌十三日には、宰領人・御薬込・小頭・江川浦庄屋が出て湯樽の積込みを見守った。十四日に出船したが、江川浦から漕船三艘が南部の堺浦まで付き添った。湯峯から湯樽が到着した正月十日と十二日には、田辺組大庄屋田所八郎左衛門が田辺組の組境で出迎え、多屋平次、糸川五郎右衛門、七郎右衛門の町方の大年寄が三栖口へ出頭して待った。また、湯樽が江川浦を出船するときにも、大庄屋や町年寄が、御関船の出船に立会うほど厳重であった。

この湯樽は、六代領主徳川宗直の命令で、和歌山城内へ運ぶ「殿様御用湯樽」と呼ばれ、[43] 湯峯温泉から搬送された。湯峯から北西方向の三越峠へ伸びる尾根道の「赤木越え」がある。急峻であるが、馬は通れるから伏拝から小森、水呑、発心門へと通じる中辺路の本街道よりも近道である。貞享四年（一六八七）

の「従紀州和歌山同国熊野之記」に、「道ノ湯川村庄家有、王子有、此所より本宮湯ノ嶺へ直に行近道有之、赤木越と云」と記されている。三越峠を越えて中辺路へ入り、小広峠へ通じた。田辺までは、近露・高原・三栖・田辺と整った伝馬継所の機能を利用して、御湯樽の運搬は行われた。

『田辺町大帳』享保十七年十一月の記述に、「田辺ゟ五年以前之通御舟ニ而和歌山へ積廻申筈ニ候、若雨等降候節ハ諸事五年以前之通ニ心得させ置候様ニ可申通旨奉行衆被申候」(44)とあるから、御湯樽の和歌山への積廻しは、享保十三年ごろから例年のように続いていたが、徳川宗直の指示による湯峯の湯樽の和歌山城内への搬送は、例年正月に行われている恒例の行事であった。

同十七年十二月二十三日にも湯樽二〇樽が田辺伝馬所に届いたが、そこから江川浦年寄吉兵衛宅までは、宰領人の奥村長右衛門の指揮により町役で運んでいる。二十七日にも湯樽が田辺伝馬所へ到着しているが、片町の七左衛門と上長町宗右衛門が三栖口から案内し、田辺伝馬所から江川町へは町役で運び、御船積才領人・御薬込・大年寄・大庄屋が立会っている。(45)和歌山へ積み出す江川浦での管理と船積みの責任は、田辺町会所にあった。

三　川湯温泉の大坂への湯樽販売

新宮川(熊野川)支流の大塔川の川畔に温泉街を形成している川湯温泉については、慶安四年(一六五一)十二月の「川湯持分支配之事」(46)が、現在知ることのできるもっとも古い文献である。それには、「先年〻川湯持分平野・田代・大野右三ヶ村三分壱宛支配仕来候」とあり、泉源は先年より平野・田代・大野の三村が三分の一ずつ支配してきた。「紀伊州検地高目録」[47]に記載の水無瀬村（平野村）九五石九斗九升五合、田代村七〇石八斗一升六合、大野村一二六石一斗五升八合が該当する。

「川湯」は、本村（水無瀬）の乾（西北）にある小名で、大塔川の流路や左岸の広い範囲に良質の温泉が湧き出ており、湯治に利用されていた。「為御薬師初尾遠路之湯治衆ニ壱人ニ銭十二文宛申受候、寅卯両（慶安三、四）年取集候へハ、銭一貫九百文御座候」と、泉源に祠った御薬師への初穂料として、他所から訪れた湯治客から、一人につき一二文ずつの銭を徴収していた[48]。慶安三、四年の両年の徴収金から銭一貫九〇〇文で畳九帖を購入し、「公儀様之御衆」が湯治に訪れたときの用意に保管していると、平野村庄屋が田代村と大野村の庄屋に報告しており、三村管理の湯治場ができていた。

享保七年（一七二二）五月に、川湯の湯宿藤四郎と宿屋中が、田代村庄屋にあてて提出した「湯治人宿屋無調法につき一札」[49]は、長期間湯治に逗留している浄瑠璃語りの平太夫が病死したため、その処理方法について縺れごとがあったが、兵右衛門が解決した一札である。「向後ハ近廻湯治人者格別之事、遠国之ものニ候ハ、致吟味一札ヲ取、其元様へ相渡し可申候」と、近隣村の湯治客、遠方からの湯治客とも十分身元を吟味して一札を取って宿泊させるようにしている。また「自今以後者宿家宿改之義ハ勿論湯作配之義ハ其元様御取扱ヲ洩レ申間敷候」と、宿改めと湯差配は洩れることのないように徹底すると、湯宿の四人が田代村の庄屋に誓約している。

十七世紀中頃には、まだ湯治宿が存在せず、御薬師初穂料を納入して湯治をさせていたが、十八世紀前半になると、他村からの入湯者も増えており、入湯料を徴収して入湯させる湯治宿ができている。湯治客も増えるにともない、大塔川沿いに湯治宿が建ち並ぶようになっていた。

明和五年（一七六八）三月、湯樽詰めで大坂へ温泉を売ろうとした川湯へ、田代・大野両村は湯銭の割賦分を渡すように申入れて争いが発生した。同年四月の「曖一札之事」[50]に、「此度本宮佐左衛門、兵大夫と大坂廻リ詰湯樽之義ニ付、田代・大野村江相談も無之、藤右衛門一存ニて約束致積廻セ申処、上ミ二ヶ村ゟ者湯銭を取割符致候様藤右衛門方へ申談候得共、湯者川湯領ニ候得者此方勝手ニ可致と少々心得違も御座候而一向聞入不申、双方論ニ及申候」と、争論の概略が記されている。すなわち、近年困窮が著しい川湯は、庄屋藤右衛門が独断で本宮村佐左衛門・兵大夫と相談して、大坂へ湯樽に詰めた湯を売ったので、田代・大野の両村は、三か村の共同持ちの湯であることが記されている慶安四年の証文を提出して、湯銭の割賦分を要求したのである。

「曖一札之事」は、その決着した証文であるが、(1)湯樽一樽あたり三文ずつの湯銭を集め、年内に大坂へ送る湯樽を三〇〇樽と見積って、九〇〇文を徴収し、そのうちの六〇〇文を田代・大野両村へ渡すことにする。三〇〇樽以上を積送るときは、川湯の村の状況を考えて、その湯銭はすべて川湯が支配する。また請川まで出す湯樽の駄賃は、川湯の稼ぎとして認める。(2)「不繁昌」のため、湯樽の大坂送りが中止するときは、湯銭は出さなくてもよい。(3)年間一〇〇樽以下のときも湯銭は出さなくてよい。の三か条の条件で折れ合ったことが記されている。請川村庄屋要助と物書の新助が「挨拶人」となって、平野村庄屋藤右衛門、田代村庄屋兵右衛門、大野村庄屋文蔵にあてた一札を書き、三人の庄屋に一通ずつ渡している。

また大庄屋須川善六にも一通を預けている。

湯樽の大坂への搬送ルートの記録は残っていないが、川湯から大塔川を請川まで川舟で運び、請川で積み換えて新宮川を新宮まで運び出して、新宮から廻船で大坂へ送ったと考えられる。(51)

九代領主徳川重倫の実母清心院へ「御召湯」七樽が川湯温泉から和歌山へ送られている。(52)年代が不詳であるが、四月八日、十日、十九日の日付けの記された書簡が三通あり、湯代三貫五〇〇文とある。湯樽は酒樽を使用していた。

『紀伊続風土記』の「川湯温泉」の項に、(53)「旅舎十余戸あり、温泉は川の中の二町計の間、幾処となく沸出て水面に沫（あわ）をなす、浴廬をなす。雨降水張るときは浴すべからす、其湯水中に湧き出る故、温熱大抵中を得て稍熱し、故に流水を和して浴す」とある。近年広く親しまれている川湯温泉の「仙人湯」そのままの描写である。天保期には大塔川沿いの二町程の間に数軒の湯治宿が並んでいた。

四　秘境の龍神温泉

龍神温泉は、日高郡の東部に広がる紀伊山地の高峰護摩壇山の西麓から流れる日高川の最上流部の「幽谷幽癖の地」にある。慶長期に作成された「紀伊州検地高目録」の日高郡の「山路組」に一六六石二斗六升一合として「龍神村」があるが、(54)その村内の小名「湯本」で湯が湧き出る所がある。(55)だが龍神温泉に関する近世史料は乏しく、その全容は詳しくはわからない。

宝永七年（一七一〇）十一月に、湯本の「百姓」が提出した「奉願覚」に、「湯本之儀先年人家無御座空地にて御座候処、南龍院様御入湯被遊由にて在家六軒御建させ近在百姓に被下置湯本江罷出申候」[56]と、人家のなかった所へ徳川頼宣が入湯して以来、在家を六軒建ててから近在（『日高郡誌』上巻は、殿垣内村とする）より移住が増えたと伝えている。『南紀徳川史』にも、「元和の頃、日高郡龍神温泉の浴室を建設し、村民に賜ふ」[57]とあるが、元和五年（一六一九）に徳川頼宣が紀伊国へ入国後、龍神温泉へ入湯のために訪れたことは一度もない。

三浦家文書の「寛永拾六年卯御留守之御案紙」[58]に八月十七日、「海野兵左義龍神へ被致湯治候故加判無之候」とあり、八月二十四日にも、「海兵左儀いまた龍神ゟ不被罷帰ニ付、加判無之候」とある。徳川家の家中の海野兵左衛門が龍神へ長期の湯治に出かけていた。寛永期（一六二四～四四）には、和歌山城下で龍神温泉は知られていた。

前述の「奉願覚」に、「其以後段々家建添、只今家数十三軒有之」とあるように、宝永七年（一七一〇）に家数は一三軒に増えていた。同年の「日高郡龍神村之内湯本百姓屋敷地間尺改覚」[59]によると、湯治宿を営んでいる一三軒の百姓屋敷地の間尺改めで、松屋・酒井屋・みつ屋・新宅・中屋・鍛冶屋・萬屋・松葉屋・若山屋・大阪屋・有野木屋・上御殿・下御殿・戎屋の一四軒の屋号が記されている。これらの湯治宿は、日高川上流の川沿いの往来に沿って建ち並び、山崖や川崖が迫った場所で無免許地であった。

『紀伊国名所図会』[60]に、「湯あみの人の旅舎すきまなく建てつらねたれば、自から比処の名となりて龍神の湯とぞいへり」と、龍神温泉の呼称の発生を伝え、十九世紀前半の盛況ぶりを記している。さらに、

「此旅舎のはしに、一かまへの浴室を造りて、其中を五区に分ち、留湯・女湯・男湯・高湯・疵湯と次第に呼び、外の方に非人湯といふものあり」と記している。つまり往来に沿って建ち並ぶ湯治宿の端に一軒の湯舎があり、内部は五槽に区分され、それぞれに湯の名称が付けられていた。また、その湯舎の外に「非人湯」があった。

「険しき山中なれは耕すべき地なく、海辺に程遠けれは、鮮けき魚はさらにもいはず、五穀の価もやゝ高し、されど南より北より負ひ来りて事かゝす」と、物価は高いが、他所から運ばれてくるので不足するものはない。「深山の奥なれども峰をこえ谷をわたりて国々より来る人四時絶間なく、春秋はことに賑はしく」と、遠方から湯治に来る人で賑わったことを伝えている。

龍神温泉への街道は、虎ヶ峯越えの田辺道（一一里）、南部川水系の南部道（一〇里）、切目川水系を経て日高川下流の天田まで通じる日高往来（一四里）が日高郡域の主要往来である。また笹茶屋を経て高野大門への大坂道（一二里）、殿垣内で大坂道と分かれ、高峰の城ヶ森を越えて有田郡に入り、井辻の峰を越えて野上谷に至り、小池峠を越えて名草郡に入って和歌山城下に通じる若山道（一四・五里）の五街道が通じていた。[61]

これらの龍神へ通じる街道は、明治期に入って県費補助里道として内陸部の主要道路になるが、[62]なかでも和歌山城下から名草・那賀・有田の三郡を通って龍神への最短ルートの龍神街道は、「温泉道」として知られた近世の幹線道路であったから、明治十三年（一八八〇）十一月には、大和街道や熊野街道などとともに県費支弁の八街道の中に入っていた。また伊都・橋本地方や大和五條方面の豪農や豪商たちも高野山経由で龍神温泉へ湯治に出かけており、紀ノ川流域では、龍神温泉は広く知られていた。

まとめ

温泉が医療の範囲を越えて、保養的な意味あいが濃くなるのは、「湯治」という生活習慣が庶民層にまで広がった江戸時代のことであろう。[63]南紀には、七世紀中ごろから大和の大宮人に親しまれた湯崎温泉や、熊野参詣の京都の貴紳が入湯した湯峯温泉などの温泉があるが、湯を楽しんだ人々の状況を知る史料は見つけにくい。

わが国では、昭和二十三年の温泉法により、泉源から摂氏二五度以上で、特定の化学成分が含まれている湯を湧き出している泉を温泉と定義している。[64]ポンプを使用して大量の湯を汲みあげて多数の湯治客が利用する現在の温泉施設とは異なり、凹地などから自然に湧き出る湯を利用して湯治場としているのが、近代以前の温泉であった。

本節は、南紀の由緒深い温泉である湯崎温泉と、幽山渓谷の秘湯といってよい湯峯・川湯・龍神の四か所の温泉が、娯楽的な性格をもった保養施設として、庶民生活の中に位置づいている問題を考えた。

七世紀ごろから古代王朝に親しまれてきた湯崎温泉は、近世に入って、慶安三年（一六五〇）に徳川頼宣が瀬戸御殿を建設して以来、紀伊領主とその一族や侍女たち、家臣団の武士たちの湯治場として利用されて来た。また廻国する公儀の役人の宿所になったこともあった。[65]田辺の安藤家が湯崎御殿の維持管理にたずさわっていた。

近世中期ごろには、湯崎温泉は六湯あり、湯治宿もできて湯治客相手の諸商売も繁昌するくらいにぎわっていたが、安政の大地震で湯の湧出が止まり、湯治客も途絶えたため、田辺町方もその影響をうけるほどの大規模な温泉であった。

湯峰・川湯・龍神の三温泉は、山間の渓谷に沿う秘境めいた温泉である。『中右記』に記されている湯峯温泉は、熊野参詣ともかかわり、多様な人々が湯治した由緒深い温泉である。龍神温泉は寛永十六年（一六三九）、川湯温泉は慶安四年（一六五一）が記録で確かめられる湯治場で、湯治客が訪れていた。ともに元禄期～享保期には川沿いの街道に数軒の湯治宿が並ぶようになり、近隣の農山村から人々が湯治に訪れていた。

湯峯温泉から御召湯として湯樽に詰め、和歌山城へ大量に運ばれるのは享保十三年（一七二八）頃からである。また川湯温泉から大坂へ売られるようになるのは明和五年（一七六八）である。温泉の湯は、商品として遠隔地へ販売されるようになっていた。

湯治場へ通じる幾筋もの街道も整えられ往来も便利になった。和歌山城下から龍神街道は「温泉道」と呼ばれる最短ルートであり、高野山の大門から通じる「大坂道」は、ともに険しい山道であったが、和歌山城下や紀ノ川流域の豪農・豪商が余暇を利用して湯治に出かけた。近世後期には、南紀の温泉は紀伊国に広く知られていた。

〔注〕

(1)『和歌山県史』近世史料五（和歌山県　一九八四年刊）九四九～九六二頁。
(2)『田辺市史』（田辺市　二九九六年刊）四二頁。
(3)小池洋一「龍神温泉の御殿と島原の乱」（『和歌山地理』第二四号　二〇〇四年刊）
(4)『紀州田辺万代記』第一巻（清文堂出版　一九九一年刊）一一三頁。
(5)前掲『紀州田辺万代記』第一巻　一三一頁。
(6)前掲『紀州田辺万代記』第一巻　一四二頁。
(7)前掲『紀州田辺万代記』第一巻　一四三～一八五頁。
(8)『南紀徳川史』一（名著出版　一九七〇年刊）二三〇頁　二三六頁。
(9)前掲『紀州田辺万代記』第一巻　一四六頁。
(10)前掲『紀州田辺万代記』第一巻　一四三頁。
(11)前掲『紀州田辺万代記』第一巻　一五一頁。
(12)校訂『紀南郷導記』（紀南文化財研究会　一九六七年刊）六七～六八頁。
(13)『白浜町誌』資料編は、瀬戸御殿を「瀬戸の結梗平の別邸」と推定している。
(14)前掲『紀州田辺万代記』第一巻　一八五頁。
(15)前掲『南紀徳川史』一　二四八頁。
(16)前掲『紀州田辺万代記』第一巻　三一四頁および『田辺町大帳』（清文堂出版　一九八七年刊）八六頁。
(17)前掲『紀州田辺万代記』第一巻　三一四頁。
(18)前掲『田辺町大帳』第一巻　九四・九五頁。
(19)前掲『田辺町大帳』第一巻　一四一頁　一六二頁。
(20)前掲『田辺町大帳』第一巻　一五二～一五三頁および前掲『紀州田辺万代記』　三八四～三八五頁。

(21) 前掲『紀州田辺万代記』第一巻　三八五頁。
(22) 前掲『田辺町大帳』第一巻　四三頁。
(23) 前掲『田辺町大帳』第五巻　一四〇～一四三頁。
(24) 『印南町史』史料編（印南町　一九八七年刊）五五三～五六一頁。
(25) 『紀伊続風土記』二（歴史図書社　一九七〇年刊）六五九頁。
(26) 『田辺御用留』第八巻（清文堂出版　一九九九年刊）四四～四五頁。
(27) 前掲『田辺御用留』第八巻　一一七頁。
(28) 前掲『田辺御用留』第八巻　一四九頁。
(29) 前掲『田辺御用留』第八巻　一八〇頁。
(30) 前掲『田辺御用留』第八巻　二〇三頁。
(31) 『本宮町史』文化財編・古代中世史料編（本宮町　二〇〇七年刊）三二六頁。
(32) 五来重著『熊野詣―三山信仰と文化―』（淡交新社　一九六七年刊）の「小栗街道」。
(33) 天理大学附属天理図書館所蔵文書、楠本順平「『従紀州和歌山同国熊野道の記』について」、杉中浩一郎『南紀熊野の諸相』（清文堂出版　二〇一一年刊）二四頁。
(34) 前掲『南紀熊野の諸相』三三～三四頁。
(35) 『南紀徳川史』第一冊（名著出版　一九七〇年刊）九二頁。
(36) 『熊野年代記』（熊野三山協議会・みくまの総合資料館研究委員会　平成元年刊）二〇二頁。
(37) 『紀州田辺万代記』第二巻（清文堂出版　一九九一年刊）五一六頁。
(38) 『印南町史』史料編（印南町　一九八七年刊）七八四頁。
(39) 前掲『紀伊続風土記』第三輯　一七七頁。
(40) 日本名所風俗図会18　諸国の巻Ⅲ『西国三十三名所図会』（嘉永元年の序文あり）。なお「本宮末社湯峯図」に

(41) よると、湯峯東光寺・王子権現・薬師堂の前に三区画に分かれた湯舎があり、その上手に「トメ湯」(留湯)と称するやや小さい湯舎がある。また下手の谷川沿いの橋のそばに小さい湯屋があり、「非人湯」と記されている。

(42) 服部英雄『峠の歴史学―古道をたずねて―』(朝日出版社 二〇〇七年)二一九～三二七頁。

(43) 『紀州田辺町大帳』第二巻(清文堂出版 一九八七年刊)二一～二二頁。

(44) 前掲『紀州田辺町大帳』第二巻 一一九頁。なお赤木越えの湯樽の搬送ルートについて、元本宮町史編さん室の坂本勲生氏の助言を得た。

(45) 前掲『紀州田辺町大帳』第二巻 一一九頁。

(46)・(48) 前掲『紀州田辺町大帳』第二巻 一二〇頁。

(47) 『本宮町史』近世史料編(本宮町 一九九七年刊)四八五頁。

(49) 『和歌山県史』近世史料三(和歌山県 一九八一年刊)三一～三三頁。

(50) 前掲『本宮町史』近世史料編 四八五～四八六頁。

(51) 前掲『本宮町史』近世史料編 四八七頁。明和五年子四月の「曖一札之事」に「請川迄之駄賃等之儀者川湯稼にも相成候ハ、大坂廻り詰湯樽之義者勝手ニ可被致と上ミ両村々申候」とあるから、請川へ運び新宮川を下ったと考えられる。

(52) 前掲『本宮町史』近世史料編 四八八頁。

(53) 前掲『紀伊続風土記』(三) 一七四頁。

(54) 『和歌山県史』近世史料三(和歌山県 一九八一年刊)二一一頁。

(55) 前掲『紀伊続風土記』(二) 五四九頁。

(56) 『日高郡誌』上巻(日高郡役所 一九二二年刊)七二頁。

(57) 『南紀徳川史』第十冊(名著出版 一九七一年刊)三九五頁。

(58) 『和歌山県史』近世史料一(和歌山県 一九七七年刊)一〇一一～一〇一六頁。

(59) 前掲『日高郡誌』上巻　七三～七四頁。

(60) 『紀伊国名所図会』下巻（貴志康親　一九三七年刊）四五六～四六四頁。

(61) 前掲『紀伊国名所図会』下巻　四六七頁。

(62) 『和歌山県立文書館だより』第二六号（二〇〇九年十一月刊）、同三二号（二〇一一年十一月刊）。

(63) 鈴木一夫『江戸の温泉三昧—温泉に癒される人々　温泉に生きる人々—』（岩田書院　二〇一〇年刊）一〇頁。

(64) 『白浜町誌』本編下巻三（白浜町　一九八八年刊）。

(65) 前掲『紀州田辺万代記』四・五の寛文七年正月に御国廻の御奉行所丹羽孫四郎、名高誠左衛門、川北安右衛門が「同十八日瀬戸鉛山へ御泊り」とある。

第五節　大辺路の整備と二、三の問題

はじめに

広くて山深い山岳地帯を形成している紀伊山地には、高野山・吉野・大峰・熊野三山の三霊場があり、古くから人々の信仰を集めてきた。けわしい紀伊山地を伸びる参詣道は、信者だけでなく、人々が交流する生活の道でもあった。平成十六年、「紀伊山地の霊場と参詣道」の世界遺産への登録によって、紀伊半島を巡る道路を再認識することになったが、熊野三山に通じる中辺路や大辺路に対しては、世界遺産の登録以前から関心を持つ地元の人々による研究が進められていた(1)。

熊野地方へ通じる主要幹線は、修験と関係ある小辺路を含め文献的には中辺路は古く、院政期までさかのぼることはできるが、大辺路の初出は近世初頭の「醒睡笑」であるのは周知のことである。近世に入って、伝馬継ぎが発達し、その道筋も明らかにできるようになったが、屈指の多雨地帯であるだけに崖崩れや土砂の埋没による付け換えも再三行われている。

田辺から本宮への中辺路は、近世には和歌山と熊野三山および木本浦の奥熊野郡奉行所や新宮水野家を結ぶ幹線道路であり、本宮、新宮間は「船次」＝舟伝馬でつないでいた。新宮で伊勢路へつなぎ、木本の奥熊野郡奉行・御代官所から奥熊野の尾鷲・長島を経て伊勢田丸へつながっていた。

田辺から海岸に沿う大辺路も険しい山道であったが、近世中期から熊野参詣の帰途に通行した三宝院門跡一行や熊野地方を巡見した紀伊国領主が通っている。また「文人墨客の道」といわれるように、風光明媚な大自然に魅せられた文人・墨客が訪れて、広く世間に知られるようになったが、一般的には通行する人も比較的少なかった。(2) 田辺・日置・周参見・古座・新宮・木本・尾鷲・長島など沿岸の要衝を結んだ中世以来の海路を船で行く方が便利であった。

十七世紀末から十八世紀初頭にかけて、口熊野の内陸部の古座川や安宅川の上流部の開発が手がけられると、遠距離である古座浦から、口熊野郡奉行・御代官所を周参見浦へ移転した。(3) 大辺路の各所の「馬次」(伝馬所)も整備され、紀伊南部一帯の様相も大きく変化した。とりわけ異国船の紀伊半島への接近により、海防問題にかかわって大辺路の関心は高まり、人馬の往来も激しくなった。

近世の大辺路は、中辺路とともに和歌山と熊野地方を結ぶ幹線道路として位置づけられ、熊野地方の統治にはたした役割は大きい。本稿は、中辺路・大辺路の馬次の広がりと田辺馬次の役割や機能を考察し、『紀伊続風土記』の編さん過程で編者たちが、「辺路」、「辺地」にどういう認識を持っていたかも検討したい。また幕末期、異国船の接近が頻繁となる中で、海防意識の高まりがあり、翻弄される大辺路の状況を見ることにする。

一　中辺路・大辺路の伝馬所

慶長十五年（一六一〇）四月に浅野幸長が発布した「伝馬定」に、和歌山城下と伊都・那賀筋や熊野方面を往復する伝馬、人足、継飛脚などに公認の印判が与えられていたことが記されており、浅野時代に伝馬制が成立していた[4]。元和期以後の紀伊徳川家の所領は、紀勢両国にまたがり、口六郡と両熊野および、伊勢三領に大別され、それぞれ郡奉行・御代官を配置したが、統治支配の徹底をはかるため、紀伊徳川家の和歌山役所と郡奉行・御代官所との間の書簡の往復が頻繁となった。

紀伊国の国絵図が六種類存在するという。国絵図は幕府の巡見使が廻国するのを目的に作成されているから、その国の主要な地名、河川や道路などが描かれているが、省略もあり、全体としての方位や通行しない所の距離などは不正確な記述になっている。寛永十年（一六三三）に巡見使の制度が始まったというから、その都度写し換えられていったのであろう[5]。岡山本が享保元年（一七一六）、尾張本が明和九年（一七七二）と書写した年代のわかる絵図である。長州本のみが街道を描いていないが、他の絵図は描かれている。紀伊半島の西側の沿岸に沿って南下する熊野街道は、田辺で中辺路と大辺路に分かれるが、いずれもの街道にも「馬次」（伝馬所）が記されている。絵図の作成者は、中辺路と大辺路が馬次の整備された熊野地方の主要な二街道であると認識していた。

奥書に、延宝四年（一六七六）夏に書写したと記されている「紀陽道法記」は、街道について記述した絵図のうちで古い部類に入るが、それを基に描写してみよう。和歌山城下の広瀬を出発した熊野街道の馬次に、棟数（本役数）、馬数、次の馬次までの距離が書かれている。また中辺路の馬次の上三栖・芝・高原・近露・野中・三越の六か所の馬数・駄賃・人足賃や馬次間の距離・街道の状況が記されており、熊野街道と中辺路には馬が配置されていた。「本宮ヨリ辰ノ方ニ当テ那知（智）ノ御山有、此間九里八町順礼ナラテハ不通、大雲鳥小雲鳥（取）トテ大小有」と、雲取越えの陸路は巡礼者以外は通らなかった。そのため、本宮から新宮までの八里を水主三人乗りの川船で下った。上りは二日、下りは一日の行程で、運賃銀は船一艘一二匁、乗合いは一人銀三匁、乗掛荷は二匁、一駄荷は三匁であった。新宮まで「舟次」七か所（請川・敷屋・川合・楊子・日足（能城）・浅里・桧杖）があった。川合で北山川を渡って新宮や木本迄、馬引きで入鹿越えの道もあった。

新宮では権現下の新宮川原から対岸の成川へ渡り、伊勢路へとつなぎ、成川を基点にして熊野灘沿いに北上した。有馬村の池部の馬次まで五里二町であった。そのうち、二里は石道と砂道、三里二町は平道で、駄賃銭一四一文である。次の木本馬次までは一七町半あり、砂道で駄賃銭一六文、乗物一挺銭四〇文であった。

木本から次の新鹿村馬次まで一里三二町は、乗物一二二文、人足一人銭四三文である。途中一六町の坂道を越えて大泊村、二一町の坂道を越えて波田須村と三一町の平道などを通って行く。次の二木島村馬次まで一里二町、その間、曽根次郎峠（三〇町）を越えた。乗物銭一五九文、人足銭三一文である。二木島村から加田村馬次まで一里一六町、乗物銭二一八文、人足銭四二文である。次の三木里・名柄村馬次まで一里七町の山腰峠を越えた。乗物銭一三九文、人足銭二七文である。三木里村から尾鷲村馬次まで二里半であるが、その途中で最大の難所八鬼山（一里二四町）を越えた。乗物銭三七二文、人足銭七二文である。尾鷲村は高九二七石、棟数五一七軒で、奥熊野最大の村で物資の集散地である。尾鷲村から粉本馬次までは一里一三町、乗物銭一六四文、人足銭三二文、間越峠（三十町）を越え、次の馬瀬村馬次まで船津川に沿う小石の平道を通って行く。駄賃銭四五文、人足銭二二文である。紀伊領の伊勢路もいくつも峠を越えては海沿いの村に出てはまた越えて行く。馬瀬村から桝峠を越え、一里で三浦村馬次に着く。この間駄賃銭三七文、人足銭一八文である。次の長島馬次まで一里二七町、三浦峠など三か所三〇町の坂道と三三町の平坦な石道と砂道を通って行く。長島馬次は紀伊領の終着であるが、伊勢路は田丸まで続いている。新宮馬次から長島まで一一か所の馬次が設けられているが、馬が置かれているのは有馬村池部馬次のみで、奥熊野の村々の馬次は馬の維持は困難であった。

　奥熊野は多い入江に集落が点在していて脇街道が延びている。内陸部と沿岸部の物流に利用された。奥熊野奉行・代官所から管内巡見の役人も脇街道を通ったが、入江内は船で渡ることも多かった。

　明治二年（一八六九）二月に牟婁下郡民政知局事に就任した堀内信は、「在郡日記一」で、郡内の往還について、「道路と見做すべきは村中のみにて、山路者巨巌峡岩を僅に切り割たるままにて道とは名付けかたし、旅客足に悩むも輿・馬なき故畚（ふご）に乗り二人之を舁（かく）く、国道如此山分は殆ど道なく、地形上自然降雨渓水の流通跡により、山民通行の処を強て道と称する也」と記している[6]。これは堀内信が歩いた明治初年の奥熊野の道路のみでなく、山岳地帯を通る熊野地方の人里を離れたあたりの街道すべての状態であったと考えられる。

「紀陽道法記」には、「紀伊州牟婁郡熊野山大邊知海道法、但従新宮田邊迄」と記されていて、新宮から田辺までの海岸沿いの街道を大邊路とする認識である。それより十年余のちに書かれた「紀南郷導記」[7]によると、新宮城下を出発した児玉荘左衛門は、大辺路に沿う「馬次」の村々を、「近年……何レモ伝馬ナシ、自然之レ有レドモ弱馬ユヱ旅人の扶トナラズ」と、馬の保持者が少なくなり、伝馬継ぎ所に支障を生じている状況を伝えている。浜ノ宮から那智川に沿って左岸を井関・市野々へとさかのぼり、天満へ出るのが本来の大辺路であるが、「浜ノ宮ヨリ此所(天満)ニ往クニ、直路ハ砂浜ヲ通ルナリ」と、歩行距離の短い砂浜を通って来る人も多かった。天満からは湯川・二河・市屋と上下五町と五町半の坂を二つ越えて、市屋から川幅一町の大田川を渡って、和田から庄へと道は続くが、架橋がないため大水ごとに通行できなくなった。浦神から下田原へ進むと、「浜辺順道ナリ」と、海岸に沿って平坦な道が続いていた。下田原から古座までを荘左衛門は、どう通ったかを記していないが、荘左衛門より十数年前の天和二年(一六八二)に、大辺路を旅した河内国の俳人寺内安林が書き留めた「熊野案内記」[8]には、「下だはら(下田原)よりこざ(古座)迄一里半、此間海辺とをる。あら海にて大浪、打浪の引間をかんがへて、岩連はなをはしりてとをる。面白くも有、おそろしくも有」と、およそ道路の体をなしておらず、通行するには波打ち際の岩場や砂浜を波が引いたときに走って渡った状況を述べている。荘左衛門が通った頃は、道路ができていたのだろうか。

「古座村、馬次ナリ、高八石、棟数百五十九軒有り」とあり、古座は古座川の川口に開けた街場で、家数が多いが村高は少ない。古座川を流下する木材・薪炭などの山産物や近海の漁獲物の集散地となっている。「在所の中程、札ノ辻ヨリ神ノ川浦へ船渡シ有リ」、「古座川ハ幅二町有リ、船渡シ常ニ之レ有リ、旅人ハ船賃定ラズ、近里ノ者ハ秋米ヲ出シテ之ヲ価フ」と、左岸の札ノ辻（中湊）から右岸の神ノ川へ船渡しがあり、往来には重要な役割をはたしていたが、渡船賃は決まっていなかった。地元の人々は、毎年収穫した米を船賃に支払っていた。「此順道ノ側ニ屋敷ガマへ有リ、是ハ和歌山ヨリ百日代リニシテ、口熊野御目附一人ヅツ爰ニ来リ勤番スル所ナリ、同じ辺ニ郡奉行御代官ノ屋敷之レ有リ、是レ又交代勤之レ有リ」と、御目附役所と郡奉行・御代官所が別々に建ってあり、諸役人が勤務替えで古座へ転勤して来ると、古座は口熊野の要衝である状況を伝えている。なお元禄期の紀伊国の状況を伝える「諸色覚帳写」(9)には、「一郡奉行役家ハ古座西向浦ニ有、一御代官役家古座中湊村ニ有、一御目附役家右同断」と記されており、荘左衛門の記述と少し一致しない。また古座は、大辺路の主要な馬次でもあった。

西向から神野川・伊串・姫と漁村集落を通り過ぎると、海岸の平坦な道路が続く。馬次の鬮ノ川まで海を隔てた大嶋を眺めて進むが、ここから海岸を離れて谷間の道へ入り、川幅一二間の鬮野川を渡って四町と二町余の小坂を越え、二色へ出る。海沿いに馬次の有田から、三町と六町の坂二か所を越えて田並へ入る。里方三四軒、浦方九七軒の大きい村（浦）である。北へ江田から十町と二町と三町の坂を越えて田子へ至る。さらに馬次の和深まで中坂八か所と十町程の大きい坂がある。海辺の谷が険阻で大岩が立っていて、峻岩がせまる高台に道が通じているが狭い。「鬮ノ川村ヨリ和深浦ノ間ニ統テ小坂八か所ありと云ヒ伝フ」とあり、街道の状況を記している。

里野では、近辺の山に薪柴伐木が多く、伐り出して船で各地へ売り出す。里野から江住まで坂六か所、六町あり、江住から見老津までのうち、坂が六か所で五町である。見老津から内陸に入り、四十八町の長井坂を越え、とくに険しい所は上り一二町、下り六町であるが、次に海岸沿いの馬次である口和深へ入る。九町あるという馬倒(転び)坂を越えて馬次の周参見に着く。

周参見は諸廻船の出入りが多く、御城米改めの南三十郎が常住している。周参見川は三方から流れており、『紀伊続風土記』は「川は小にして舟楫の便なく、海は湊形あれとも舟掛りなきを以って人民富をなすへき資なし」と記している。地形的には、あまり優れた場所とは言いがたいが、元禄末~宝永期に、口熊野の主要な役所を古座から移転してきた[10]。

周参見からは仏坂の険しいところまで四町あり、坂全体で三〇町である。カツラ松ノ坂を一五、六町を下って安宅川に到達して、川を渡って安居に着く、安居は馬次である。「是ハ中辺路越ノ近露川ノ下ナリ」と、安宅川の下流域である。

「村ノハツレニ水ナキ川三、四か所通ルナリ」と、蛇行する安宅川に沿う複雑な地形を示している。安居坂を登り三町半、ついで富田坂一里六町、大辺路最大の坂所を越えれば、富田川下流域の高瀬である。富田は馬次で里方と浦方からなっている。「在所ノハズレニ富田川有リ、幅一町、瀬多クシテ洪水ニハ越エニクシ」とある。左岸を上流へ向かって十九淵から朝来へと向う。川を越えて馬次の朝来へ入り、新庄を通って闘雞神社を参拝して田辺城下へ着く。荘左衛門は実際に通らなかったが、「周参見浦ヨリ海浜ヲ通リテ富田ノ高須へ出ヅルニ、スサミヨリ日置村、シハラ(志原)、カサンボ(笠甫)、市江、朝来帰浦」と、海岸沿いに別の街道のあることを記している。荘左衛門は、瀬戸鉛山など田辺周辺の村々の状況に触れて筆を置いている。

『紀南郷導記』に記されている馬次の村々には、田辺・朝来・富田・安居・周参見・和深川（口和深）・見老津・和深・有田・鬮ノ川・古座・下田原・荘・和田・市屋・浜ノ宮・新宮の一七か所が記されている。

紀伊半島をめぐる伝馬所の機能が発揮されて、紀伊徳川政権は熊野の掌握はさらに可能になったが、伝馬所は馬の確保に苦労をしていた。

二　田辺伝馬所の役割

近世の中辺路と大辺路は、熊野地方の統治に重要な役割をはたしてきた。和歌山の勘定奉行所から口熊野や奥熊野の郡奉行・御代官所へ送られる通達なども増えたため、馬次（伝馬所）の機能も重要となり、馬や人足の確保など伝馬庄屋の負担も増加した。馬次が機能を発揮するにともない、馬次が置かれていない脇街道沿いの村々では、各村々の庄屋が村次ぎの持ち送りを携わるようになった。村々には、その費用が設定されていない場合が多く、庄屋が庄屋小遣いなど持ち出し分を記帳しておき一年毎に郡全体で割賦して勘定した。

中辺路と大辺路の分岐点になる田辺の馬次は、領内最大の馬次ぎで、双方の地域から運ばれて来た和歌山への荷物を積み合わせ、また逆に、和歌山から送られてきた荷物を、中辺路と大辺路に仕分けをする繁雑な任務があった。

享保三年（一七一八）七月五日、口熊野と奥熊野から和歌山の役所へ送る「御銀」六四箱が、馬次ぎで田辺馬次所へ送られてきた。しかし、町・江川には馬が不足していたので、西ノ谷村から一疋、伊作田村から四疋を借りうけて対応している。西ノ谷村と伊作田村へは、大庄屋田所弥三左衛門が御定どおり駄賃を支払うから、田辺町伝馬庄屋の本町甚兵衛宅まで来るようにとの直々の書状が届けられている[11]。田辺町の馬次では馬の用意に苦慮し、大庄屋に対して再三「御加役御赦免」を願い出ている[12]。馬次の任務は繁雑で責任があり、負担は過重であった。

馬次では手違いや紛失がよく発生して混乱した。享保七年三月二十三日に周参見の口熊野郡奉行・御代官所から、田辺領家老安藤小兵衛にあてての書状が届いている[13]。それには、和歌山の役所から届いた莚包みの御高札のうち、口熊野江田浦へ送る一札が不明になっていた。奥熊野郡奉行・御代官所へ問いあわせたが間違っていないとの返事があったので、田辺町馬次所で間違いがないかと問うていた。調査の結果、田辺の仕分けのときに間違えて中辺路越えで本宮馬次まで送られていることが判明した。至急返送してもらって、すぐ周参見の口熊野郡奉行、御代官所へ廻送して解決した。その責任を問われて田辺町伝馬次庄屋甚兵衛が役目を罷免された。跡役には七郎右衛門が伝馬継庄屋に就任している[14]。

明和五年（一七六八）七月十七日、口熊野日置に清国福州から琉球へ向う「砂糖商之船」が漂着した。船幅四間ほど、船長一三・四間ほどで四方に彩色絵の奇麗な船であった[15]。紀州領家中が多数和歌山から駆けつけ、日置浦に詰めて対応策を講じた。九月二十八日に「右乗組之人数等此度肥州長崎迄御送らせ、同所奉行衆へ御引渡させ被成候筈ニ候」との通達が届いている。日置浦から海士郡塩津浦までの浦々庄屋中にあてて一一か条の作法が出されており、十月七日に日置浦を出船したが、漕船が三〇艘ほど付き添い、夜は浦々で滞船した。十月十日の夕刻（暮六ツ）田辺文里浦に停泊し、十日朝まで四日間停船した。和歌山から添奉行、御目附と口熊野郡奉行見習、御代官の他に一〇人ほどの役人と江田、周参見、古座三組の大庄屋や地士、他に田辺領の郡奉行・御代官、御徒目付など六人、南部・芳養・秋津・三栖・朝来・富田の六組の大庄屋と地士、近辺の村々の庄屋が多数集められた。徴発された船舶は、富田浦一〇艘、江川浦一七艘、敷浦八艘、芳養浦一四艘、敷浦六艘の五五艘であった。この間大辺路では、三か月にわたり福州船への対応に苦慮したが、情報伝達に伝馬継ぎが機能を発揮した。

その後、安永九年（一七八〇）三月、熊野への常式伝馬継ぎの出発日の変更が発表された[16]。「両熊野往来伝馬継是迄一ケ月四度ヅ、有之候処、自今三度ニ相成」とあり、常式伝馬の和歌山の出発日は七日・十七日・二十七日とし、口熊野と奥熊野からの伝馬継ぎは、六日・十六日・二十六日に和歌山へ到着するように出発した。また「若山ゟ両熊野へ之伝馬継ハ田辺伝馬所迄一所（緒）ニ出、田辺ゟ両熊野へ仕分候筈ニ候、両熊野ゟ出候ハ田辺伝馬所ニて打合、若山へ持送り候義是迄之通」と記されており、中辺路と大辺路の分岐点である田辺馬次の役割は大きかった。

往来する人々も次第に増え、物資の搬送量も増加する中で、従来の往来の整備や拡幅などが各所で行われて、街道の景観も変わりつつあった。紀伊徳川家は、熊野往還の道筋の改修・付け替え箇所を調査して報告するようにとの通達を出している。領内の街道の現状の正確な把握が必要となっていた。

三　『紀伊続風土記』に見る大辺路

『紀伊続風土記』の牟婁郡富田荘の項に[17]、「富田坂」として、高瀬村より南へ一里程登り、これを下れば安宅荘安居村に至るが、「坂道総て二里二十八町と云ふ、坂路石高・路険にして大辺地街道の内坂道の険にして大なるは此坂を第一とす」とある。街道沿いの村浦の記述をみると、(1)十九淵村では、「保呂村庄川村領より富田川に添ひ……本村に至るを大辺地街道とす」、(2)高瀬村では「熊野大辺地街道にして富田坂の北の麓に村居す」、(3)安居村では、「大辺地往還なり土地稍広し」、(4)見老津浦では「大辺地の街道にあり、海に浜して村居す」、(5)江住浦では、「東の方里野浦に至りて大辺地街道にして海に浜す」とあり、「大辺地」と記されている[18]。

紀伊半島東側の熊野灘に沿う九か村浦については、(1)鬮野川村では「当村大辺路なれとも此道険しくして往来少く、旅人皆小石橋杭の方を往来す」、(2)神川村では「村の南、海辺大辺路往還は悉西向浦領」、(3)津荷村では「大辺路本街道なれとも難路なれは、村の巽の方、海辺を以て往来す」、(4)下田原浦では「大辺路往還にして海浜なり」、(5)浦神村では「北は大辺路の街道にして是を本村とし」、(6)荘村では「大辺路の往還なり」と、六か浦村は「大辺路」であるが、(7)市屋村では「大田川を隔てゝ相対す、大辺地街道なり」、(8)二河村では「村居川に添ひて両岸にあり、大辺地の往還なり」、(9)湯ノ川村では「大辺地の往還なり」と、三か村では「大辺地」となっている[19]。

旧潮崎荘のうちの鬮野川・和深・旧三前郷のうちの神川、津荷、および旧太田荘のうちの下田原・浦神・荘を合わせた七か村浦では「大辺路」となっており、紀伊半島最南端部は「大辺路」が使用されている。それに対して、十九淵・高瀬・安居・見老津・江住の五か村浦と大田荘北部の市屋・那智荘の二河・湯ノ川の三か村は、「大辺地」となっていて、「大辺地」、「大辺路」の二通りの使われ方があった。

ちなみに「万呂荘の項に「万呂三栖総て九箇村一渓の内にして中辺路往還なり」とあり、[20]「三里郷」一一か村のうちの三越に「中辺路往還」、伏拝、大居に「中辺路街道」と、「中辺路」が使われている。しかし、「栗栖川荘」の項では「熊野街道中辺路を行くもの潮見嶺を越えて此荘に入る」、「潮見に至るまで槙山の半腰に一線路を開きて中辺地の街道とす」と、「熊野街道中辺路」と「中辺地の街道」の二通りを使用している。また、牟婁郡の「総論」[21]に、「熊野の街道二條ありて、一は中辺地といひ、一は大辺地といふ、大辺地、中辺地と両道に分るゝは大塔峯中央を隔る故に由るなり」とあり、「辺路」も「辺地」も街道と解釈している。『紀伊続風土記』の編者は「辺路」と「辺地」の明確な区別をしていない。

日本国語大辞典（小学館）の「へち」の項や『大漢和辞典』（大修館書店）の「辺地」の項によると、「辺地」の厳密な語源は、辺境、辺土、辺鄙であって、街道を指すものではない。しかし、杉中浩一郎氏は、「ヘチ」の「チ」は、「ミチ」の「チ」で道のことであり、「ヘチ」の「へ」は辺、すなわち辺僻なところを指す。したがって「辺境の道」ということになると明解に解釈する。[22]つまり熊野では、人々は「ヘチ」と呼んでいた辺境の道を漢字で「辺路」「辺地」と表現したということになる。「辺路」なのか、「辺地」なのか。たいへん悩ましい問題であるが、『梁塵秘抄』に「四国の辺道」、『今昔物語』に「四国の辺地」、

『山家集』に「伊勢のいそのへち」などと記され、「辺路」の初出は近世初期（元和期）の小咄集『醒睡笑』に記された「大辺路・小辺路」である。「峰高う岩けわしく、つづら折りなるつたい道」、「人馬の往来たやすからぬ」険路として記されている。

『紀州田辺万代記』文化五年四月の項に、「同二日、風土記調、大庄屋中会合」とある。[23]『紀伊続風土記』の編さんのための資料蒐集について、田辺組の大庄屋も動き出したようである。編さんは各村々から報告された調査報告に基づいて、編さん担当者が来訪して調査再点検をする方法で行われていた。この頃、村々では「ヘチ」を漢字にあてて「辺地」か「辺路」かは統一されていなかったのである。

ところで、『紀伊続風土記』第二輯に折り込まれている牟婁郡関係の絵地図を見ると、三葉に「熊野街道中辺路」、五葉に「熊野街道大辺路」と記されている。また、「大辺路」と「中辺路」の両方を書き込んだ一葉もある。このことから、編さんにたずさわった編者が、すべて「中辺路」と「大辺路」に統一し、描画の絵師に描かせたと推定される。

四　海防と大辺路

寛政三年（一七九一）三月二十六日の夕刻、樫野崎の沖合にアメリカ船のレディワシントン号とグレース号が碇泊した。これを見ていた村民は、小船を漕ぎ出して近づき、両船は嵐に会い風待ちのため大島の島陰で碇泊していることを知った。

この情報が和歌山へ伝えられたので、四月五日朝、御目附岸和田伊兵衛、添奉行伊藤又左衛門・宇野善右衛門・郡奉行太田吟平・小出才太郎・御鉄砲役勝野甚之進ら六人に海士郡の地士九人を付けて一五人が現地へ向った。一行は大辺路を駆け抜け、八日に串本に到着したが、すでに二隻とも六日の夜半に出航して、船影はどこにも見られなかった。一行は和歌山へ帰った。[24]

この事件は、一〇代紀州領主として襲封間もない徳川治宝の江戸参勤中のできごとであった。同年四月十六日付の御触書で両熊野の「伝馬持届」は、刻限を延着をしないように命じ、弐つ印は急御用、三つ印は、大切な至急の御用であることを伝馬庄屋と伝馬人足に徹底させた。[25] 和歌山・周参見間は、往復とも二つ印は二四時、三つ印は一八時、和歌山～木本間は、往復とも二つ印は四二時、三つ印は三〇時と所要の時間を決めている。また五月三日に、異国船を見かけたならば、すぐ三つ印の伝馬で報告し、漁船の番船を仕立てて、船の形・模様・人物・衣類などに注意して詳細に報告させた。もし潮懸りしておれば、その場所の図取りをし、およその里数も記しておき、漂流している船であれば、近くの山で篝火を燃やして深夜まで警戒体制をとるようにとの触書も出している。[26] 大辺路一帯の異国船の警戒の動きは激しくなった。

紀伊領内の船数改めは、和歌山城下近辺の浦々から日高郡比井浦までは、御船手方による調査が実施されているが、同郡和田浦から両熊野にかけては実施されていなかった。そこで寛政四年七月、以後は廻船・いさわ・漁船・伝馬船・川艜について比井浦以北と同じように船改めを実施し、二分口役所の手代を派遣して、船改め終了の焼印を押させるようにした。[27] さらに同五年三月には、異国船が漂着したならば、穏便に対応して、正確に船形や乗組員数を把握して、すみやかに和歌山へ報告するように命じた。[28] 各浦組もそれに対応して浦々では「出人」と「在浦」に人員を分けて警備体制を取るようにした。それにともなって大辺路の村々では、海岸沿いの街道の整備が必要となった。

同六年五月に江戸より帰国した徳川治宝は、十一月十九日に熊野三山の参詣のため和歌山を出発し、熊野地方を巡見した。治宝にとっては初めての熊野地方の見分であったが、奥熊野木本浦まで足を延ばしている。帰路は大辺路を通って一九日振りに和歌山へ戻っているが[29]、頻発する異国船の接近を意識しての熊野地方の巡見であった。

同十年の年末、大坂にいた信州高遠の砲術家坂本天山が、太地浦の捕鯨の見学に宇久井浦の廻船徳若丸で初めて熊野地方へ足を入れた。その手記「紀南遊囊」[30]には、異国船の来航に備えて、いかに海防策を考えていくべきかを述べている。坂本天山は、下里村の儒者伊達秀俊から、寛政三年のアメリカ船の来航のときのようすを聞いている。「紀公ノ警軍、陸路バカリヨリ押来リシガ、跡の祭ニテ聞トシテ踪跡ナケレバ空シク引取リヌ、其後紀州九十九浦ニ七十五ケ処の烽火台ヲ設ケテ、異国船ノ注進ヲ速ニスル手当出来タリト秀俊語レリ」と記しており、海岸沿いに多くの烽火台を設置する必要があると伊達秀俊は述べていた。大辺路の村浦でも海防の重要性が喫緊の課題となってきた。

文化三、四年（一八〇六、七）のロシア軍艦の蝦夷地襲撃事件や、翌五年に起こったイギリス軍艦フェートン号の長崎港内侵入事件も大辺路の村浦へ伝わっていた。公儀の命令により、紀伊領では、同八年三月に海岸防備を厳重にするため、これまでの浦組を増強する「浦組御増補」を発表して、海辺の固場へ周辺地域からの「出人」を増強させている[31]。この軍団を統率する地士・帯刀人も決め、内陸部の村々から鉄砲打ち・鳶口使いを掌握している。

大辺路は、海岸線が長いだけに紀州領にとってたいへん厄介な存在であった。この広範囲の海岸線の警備は、紀伊徳川家の正規軍のみでは不可能であったから、田辺の安藤家や新宮の水野家にも自領以外の紀伊領の警備を命じていたが、それでも不十分であったから、在地の領民で編成する浦組の軍事力に大きな期待をよせていた。とくに嘉永六年（一八五三）のペリーの開国要求以後、海防のための軍備強化がさらにすすめられると、大庄屋・地士・帯刀人たち村々の有力層が、浦組の中核に組み入れられて浦組の軍事組織は強化された。

紀州では、嘉永六年十一月、地方役人として郡代官を務め、とくに熊野方面の地勢・風土にも明かるい仁井田源一郎や御書物方の宇佐美三郎兵衛、軍学家の山田九助ら三人に命じて紀勢領内の海辺の巡見をさせている。彼らは十か月に及ぶ調査を終えて、その結果を同年十二月に、「有田日高両熊野伊勢三領海防議」を、その一年後の安政二年一月に「海防雑策」を提出している。(32) それには、大砲の鋳造と砲台場の設定の緊急なことを述べ、和歌山城下と周辺の海士郡の海防は家中で編成する正規軍で備えるが、有田・日高は、郡代官が浦組を指揮して固場を守る。口熊野は、瀬戸・周参見・大島・古座が最要地であり、周参見に郡代官、古座に御目付が詰めて、周参見・江田・古座三組の浦組で守るとしている。奥熊野は、木本・新鹿・尾鷲・相賀・長島の五組の浦組が約二〇里の海岸を守るが、木本浦の奥熊野御代官所だけでは統轄はできないので、宝暦年間に廃止した尾鷲浦の御目付を復活して尾鷲以東紀勢国境までを支配させ、奥熊野代官所には、北山・入鹿両組や和州北山辺の山産物が集荷する木本浦を中心に支配して警備にあたらせた。

伊勢田丸領は、田丸御代官、田丸五十人物頭、田丸御目付が浦組の指揮をとり、海防体制を固めた。松坂領白子領は内海であるため、以前から浦組は置かなかったが、天保期に編成をした。松坂領の海防は松坂御代官のみで十分であるが、白子領は白子御代官、白子五十人物頭、白子御目付が浦組を指揮した。

仁井田源一郎の建議を紀伊徳川政権は、そのまま採用したわけではなかったが、和歌山城下と海士・名草・有田・日高の口四郡と両熊野・伊勢三領に田辺領・新宮領が一体となって浦組を基盤にした海防策をとった。異国船の接近が頻繁と発生する中で、家中も領民も海防の意識が高まった。

まとめ

紀伊半島の海岸部に沿う大辺路は、田辺で分かれて山間部を通る中辺路とともに、浅野氏によって慶長期には交通路としての機能を発揮していた。しかし、急峻な坂道や波打ち際など道路の体をなしていない場所も多々あった。田辺から本宮へ通じる中辺路は、中世以来熊野参詣道として利用されて来たが、近世に入っても和歌山と熊野地方を結ぶ主要街道で、幕府の巡見使が通行する街道であった。

一方大辺路は、十七世紀後半には馬次（伝馬所）も設置されているが、関連する文献史料は少ない。元禄期に大辺路を歩いた児玉荘左衛門の日記が貴重である。中辺路に比して大辺路の馬次の馬数も少なく、人馬の往来も少ない。近世後半まで知名度も低かったと考えられる。

中辺路と大辺路の書簡・搬送物を仕分ける田辺馬次の占める位置は大きかった。和歌山の勘定奉行所と口熊野・奥熊野郡奉行・御代官所の間の書信など公用物を預かっており、普通の民間の委託物と一緒に搬送した。至急便も含まれていたから各馬次とも引継ぎなど繁雑であったが、対応できる伝馬組織が確立して十分に機能していた。

明和五年の福州船の日置浦漂着と寛政三年のアメリカ船の樫野崎沖の碇泊など十八世紀後半になって発生した異国船の紀伊半島沿岸への接近は、紀伊領の政権担当者に衝撃を与え、海防政策をとおして大辺路に対する認識を改めさせた。紀伊半島南部沿岸の詳細な知識と把握が必要となっていた。嘉永六年に調査をさせて、その結果を「有田日高両熊野伊勢三領海防議」として提出し、ついで「海防雑策」として提言している。それを紀伊徳川政権は直接採用したわけではなかったが、大辺路の認識が高まり、道路改修が盛んに行われている。大辺路の注目度が急速に高まったと考えられる。

文化年間以降実施された『紀伊続風土記』の編さんで、当時の熊野地方の街道周辺の各地に「中辺路」「大辺路」と「中辺地」「大辺地」の異なった呼称のあることを調査している。「辺地」なのか、「辺路」なのか、『紀伊続風土記』の編者たちは「辺路」に統一して解釈したようである。

〔注〕

（1） 田辺市・新宮市を中心に熊野地方全域に熊野に関心を持つ人々がおり、紀南文化財研究会『くちくまの』（二〇〇六年五月刊の一三〇号より誌名を『熊野』に改称）、熊野地方史研究会・新宮市立図書館『熊野誌』で、研究が見られる。

（2）杉中浩一郎『南紀熊野の諸相―古道・民俗・文化―』（清文堂出版　二〇一二年刊）の「1熊野参詣道の呼称　2大辺路の変遷」。

（3）拙著『紀州藩の政治と社会』（清文堂出版　二〇〇二年刊）八五頁。

（4）『日高郡誌』（日高郡役所　大正十二年刊）五三九頁。なお、本多隆成著『近世の東海道』（清文堂出版　二〇一四年刊）によると、慶長六年（一六〇一）正月付けで、東海道の各宿にいっせいに伝馬朱印式、伝馬定書が出されているが、近世宿駅制度が始まったことになるとある。

（5）前田正明「諸藩で書写された『諸国絵図』について―川村博忠・黒田日出男の国絵図研究に対する検討―」（『和歌山県立博物館研究紀要』第五号　二〇〇〇年刊）。

（6）『南紀徳川史』十一冊（名著出版　一九七一年刊）三七六頁。

（7）児玉荘左衛門『紀南郷導記』（紀南文化財研究会　一九六七年刊）。

（8）『松原市史研究紀要』第六号（松原市役所　一九九六年刊）。

（9）『和歌山県史』近世史料三（和歌山県　昭和五十六年刊）六九頁。

（10）拙著『紀州藩の政治と社会』（清文堂　二〇〇二年刊）八五頁。なお『日置川町史』第二巻（平成一六年日置川町）八四八頁にも記されている。

（11）『紀州田辺万代記』第二巻（清文堂出版　一九九一年刊）二一〇頁。

（12）前掲『紀州田辺万代記』第二巻　二七八～二七九頁。

（13）前掲『紀州田辺万代記』第二巻　三二六頁。

（14）前掲『紀州田辺万代記』第二巻　三二七～三三〇頁。

（15）『田辺市史』第八巻（田辺市　一九九六年刊）六六五～六七二頁。

（16）『紀州田辺万代記』（清文堂出版　一九九二年刊）三二五頁。

(17)『紀伊続風土記』㈡（復刻版）（歴史図書社　一九七〇年刊）六七九頁。
(18)前掲『紀伊続風土記』㈡　六八五頁、六八六頁、七一八頁、七五七頁、七五八頁。
(19)前掲『紀伊続風土記』㈡　七六五頁、『紀伊続風土記』㈢（復刻版）（歴史図書社　一九七〇年刊）三頁、五頁、三五頁、三六頁、三七頁、三八頁、四七頁、四八頁。
(20)前掲『紀伊続風土記』㈡　六七一頁、六九七頁、前掲『紀伊続風土記』㈢　一八一頁。
(21)前掲『紀伊続風土記』㈡　六〇五頁。
(22)前掲『南紀熊野の諸相』一七頁。
(23)『紀州田辺万代記』第十一巻（清文堂出版　一九九三年刊）五六二頁。
(24)『南紀徳川史』第二巻（復刻版）（名著出版　一九七〇年刊）四一九〜四二〇頁。
(25)『紀州田辺町大帳』第七巻（清文堂出版　一九八八年刊）四九〜五〇頁。
(26)前掲『紀州田辺万代記』第八巻　二七四頁。
(27)前掲『紀州田辺万代記』第八巻　四四四頁。
(28)『紀州田辺万代記』第九巻（清文堂出版　一九九二年刊）一八〜一九頁。
(29)前掲『南紀徳川史』第二巻　四三〇頁。
(30)坂本天山「紀南遊嚢」（孔版）（新宮市立図書館刊行）。
(31)『下津町史』史料編下（下津町　一九七四年刊）三四八〜三五〇頁。
(32)『南紀徳川史』一三冊（名著出版　一九七〇年刊）一七三〜一七四頁。

終　章

紀伊徳川家と田辺安藤家および新宮水野家が統治していた熊野地方について、序章に提示している問題意識（熊野地方で生活している民衆と地域社会の動向）に基づいて考察をしたが、取りあげているそれぞれの論考に関しての概要を総括しておきたい。

第一章では、紀伊徳川政権の統治基盤の確立という観点から考察した。第一節は、「口熊野」と「奥熊野」の成立過程を考えた。中世遺制が強く残る複雑な熊野へ安藤直次と水野重仲を配置して田辺領、新宮領を設けたので、紀伊徳川家の所領が口熊野と奥熊野に二分し、熊野は四分割された支配機構ができあがった。それぞれ地勢的にも風土的にも差異があり、統治形態は一様ではなかった。

第二節は、元禄十二年（一六九九）に作成された精度の高い調査記録の「御国并勢州三領共郡々覚記」と、「諸色覚帳写」の内容を検討して、元禄期という領国統治の転換期にある紀伊徳川政権が、領国の実態を把握して統治方針を打ち出そうとしているのを理解することができる。

第三節は、宝暦十年（一七六〇）十二月末から翌年正月にかけて新宮領を見分した公儀巡見使の問題である。大庄屋が配下の村々に指示をして対処しているが、郡を越えて大庄屋の連帯が強固で、来訪する日程や複雑な接待の作法などの情報も次々と伝えられており混乱は生じなかった。受け入れる村々の負担は過酷であったが、新宮領内の統治は安定している。

第四節の、『紀伊続風土記』は、紀州在住の儒学・国学・本草学の学者を動員した紀伊徳川政権の威信をかけた編さんである。財政上の悪化から中断を繰り返しながら編さんした。そのうちの熊野地方の調査を考察したが、和歌山から遠い僻遠の熊野は、調査も苦労が多く、長期間を要して仕上げている。近世後期の熊野を知る好記録である。

第五節は、全国的に例を見ない県域の飛び地の発生について述べた。廃藩置県時に新宮川（熊野川）と支流の北山川を境にし、右岸を和歌山県、左岸を度会県とする明治政府の方針にもとづき牟婁郡は分割された。従来の地域社会の慣習を否定されながらも人々はたくましく生きている。

第二章では、紀伊徳川政権（含新宮水野領）の産業政策による領国経済の発展という視点から、考察した。第一節は、近世初頭の二十数年間に熊野の山中から大量に巨木が伐採された問題を考えた。天正期に豊臣政権が城郭や大寺院の用材に着眼し、伐採したので熊野の山林は荒廃した。浅野政権も伐採は続き、筏出しや流木の回収を流域の村々に課して熊野の支配を強化した。その後の紀伊徳川政権は、「留山」、「六木の制」を定めて山林保護育成による国土保全の林業政策をすすめて山林の荒廃を防いだ。

第二節は、紀州有田郡の栖原角兵衛家が、奥熊野の御仕入方の御用炭を江戸市場へ結びつけた過程を取りあげた。深川の炭商人をとおしての販路の拡張は、国産御用炭による商品流通の道を拡大した。

第三節は、新宮水野家の御用炭の江戸市場販売についてである。水野家の江戸屋敷では、諸費用に充当するために熊野炭の販売を始めたが、新宮水野家の主要財源となった。新宮の池田御炭役所が、出炭体制を確立して領内の山村に炭を焼かせた。それは、たび重なる飢饉で疲弊している山村の救恤策となっていた。

第四節は、口熊野の近露、下川下、西川に設置された御仕入方や奥熊野の本宮御仕入方の経営について考えた。飯米の不足に苦しむ山間地帯では、御仕入方が川船で運び上げた米麦を村々へ貸与したり、貸付銀を給付して「御救」の機能を発揮している。御仕入方には有能な役人がおり、飢饉で疲弊する農村の破綻を食い止めていた。

第三章では、産業発展と人の交流や商品流通の広がりの中で変貌する社会という視点から考察した。第一節で平地の乏しい熊野の水稲栽培の展開について「丸山の千枚田」で述べた。慶長検地時の丸山村は、山の斜面を広域に水田を開墾しており、それ以後も新田開発が続いている。奥熊野地方の稲作は中世末期から始まり、近世初期には広範に行われていた。熊野は決して特殊な地域ではない。

第二節は、熊野の山中深く入って木地椀生産にたずさわった木地師の生活を考えた。家族単位で入山し、地域社会とも隔絶して木地椀を生産する木地師の生活も、村々での入山交渉や木地椀を買い集める木地商人との接触などにより地域社会との交流も深くなり、木地師の生活も大きく変化する。黒江漆器の発展は、大量の木地椀の需要を生じ、熊野の木地椀の生産を拡大した。

第三節の西国三十三所巡礼の隆盛は、道路の整備を促し、宿泊施設も整った。平穏で旅行ができるようになった近世社会の安定が、庶民の物見遊山を呼び起した。熊野へは西国巡礼者が多く訪れた。

第四節では、庶民生活のゆとりが、病気の療養所的性格の色濃い湯治場を娯楽的な保養所に変えて行った。古代の大宮人が訪ずれた湯崎温泉は、近世においても紀伊徳川家の保養所があった。一方山間幽谷にある湯峯・川湯・龍神の温泉は、むしろ庶民の湯治場であった。「信・不信を選ばず、浄・不浄を嫌わず」すべての人が救われると説いた時宗の教えにより、乞食・非人など社会的弱者を受け入れて来た湯峯温泉は、熊野の名泉でもある。

第五節では大辺路が熊野の幹線道路となって行く過程を考えた。政治、経済の変化が紀伊徳川家の領国統治に影響を及ぼした。幕末期の異国船の渡来は太平洋沿岸一帯を激動させ、大辺路の伝馬制の重要度が増した。

熊野は、近世においても口六郡に比較して経済発展に格差があり、民情、風俗においても差異があった。そうした実態を踏まえた紀伊徳川政権の熊野統治の解明は、熊野を知る第一の課題である。次に熊野の産業開発と流通の拡大を検証するのが第二の課題である。また、その熊野で人々が生活する社会の構造と人々の生きざまを確かめるのが第三の課題である。

そうした観点から、本書に近世の熊野に関する一四点の愚説を所収して構成し、熊野地域の社会構造とそこに生きる民衆の姿を明らかにしたが、これ以外にも解明すべき問題がいくつも存在している。今後の熊野研究の発展のためにも、これまで研究対象となることの少なかった近世史料からの解明が必要であることはいうまでもない。より丹念な史料分析によって新たな問題を見出すことができるであろう。そうした作業を積み重ねていく中で、近世の熊野がさらに鮮明となってくるものと思われる。

あとがき

本書は、これまで発表した拙稿を基に構成しているが、本書をまとめるにあたり、重複した箇所の調整や論旨・用語の不統一もあり書き改めた。また内容を補充するための追記や新稿も加え、大幅な削除もしたため、当初の論旨と変更を生じている部分もある。

しかし、これらの研究の蓄積があって本書がまとめられたのであるから、その原型となっている論文を列記した。とくに論文の発表の機会を与えていただいた鈴鹿国際大学に御礼申しあげたい。

第一章　領国統治と熊野の地域性

第一節　「口熊野」と「奥熊野」の成立（『和歌山地理』第5号　和歌山地理学会　一九八五年刊）

第二節　元禄期の所領調査と熊野・伊勢（『鈴鹿国際大学紀要』17号　二〇一一年三月刊）

第三節　宝暦十年の巡見使と熊野（『鈴鹿国際大学紀要』13号　二〇〇六年三月刊）

第四節　『紀伊続風土記』の編さんと熊野（書きおろし）

第五節　度会県の設置と紀伊牟婁郡の分割（『鈴鹿国際大学紀要』15号　二〇〇八年刊）

第二章　生産・流通の発展と山村の開発

第一節　近世初期の森林資源の開発と熊野（『鈴鹿国際大学紀要』12号　二〇〇五年刊）

第二節　栖原角兵衛家の熊野炭販売と深川炭商人（安藤精一編『紀州史研究』4　国書刊行会　一九八九年刊）

第三節　新宮領の木炭政策と山方農民（『鈴鹿国際大学紀要』14号　二〇〇七年刊）

第四節　熊野地方の御仕入方役所と山村（安藤精一・高嶋雅明・天野雅敏編『近世近代の歴史と社会』（清文堂　二〇〇九年七月刊）

第三章　交流と地域社会の動向

第一節　「熊野の縄文文化論」と近世の熊野（書きおろし）

第二節　近世の熊野三山と西国三十三所巡礼（『鈴鹿国際大学紀要』11号　二〇〇四年刊）

第三節　熊野地方の木地師の生活（書きおろし）

第四節　保養施設としての南紀の温泉―湯﨑・湯峯・川湯・龍神の湯治場―（書きおろし）

第五節　海防と大辺路の整備（『くちくまの』一二〇・一二一号　紀南文化財研究会　二〇〇一年九月刊）

私が熊野とかかわりができたのは、和歌山県教育委員会が、昭和四十年代に全県下の古文書調査を実施したときに、熊野川流域の調査員として参加したときからである。夏休みなどで勤務校での授業が休業になった間隙をぬって行われたのを思い出す。現在と違って道路の状況も悪く、和歌山から本宮まで県教委の自動車で約七時間くらいかかる遠い地であった。

現地に入って目にした古文書は、それまで見慣れている和歌山周辺のものとは少し雰囲気の違うことを知り、たいへん興味をもったのを覚えている。その後、和歌山県史編さん室で五年間勤務して史料調査で足を運ぶことも多くなり、熊野に対する関心はさらに大きくなった。

熊野地方では、自治体の合併を控えて昭和五十年代から自治体史(誌)の編さんが始まり、六十年代から平成十年代にかけて最盛期を迎えたが、定年退職を迎えていたので、いくつかの自治体から依頼されて編さんに参加する機会に恵まれた。そのお陰で幅広く史料を見ることができ、熊野に関する様々な問題に気づかされたことは、歴史の勉強を続けてきた者にとってこの上もない喜びであった。

熊野は、昨年一七回忌をつとめた父親の出身地であり、私も熊野は限りなく愛着のある土地である。その熊野には、土地の状況を熟知し、いろんなことを知っている人が各地におられる。そうした方々から多くを教えられ、また、史料をとおして熊野で生活を営んで来た人々の生きざまを知りながら、変化する熊野の多様な社会の状況が少しずつわかってくると、どうしても自治体史の枠組みのみでは描ききれないことに気がついた。本書の執筆を思いついた理由はそこにある。

しかし本書の刊行は、当初の計画より大幅におくれてしまった。それは、平成五年ごろから認知症を発病した妻の看病が一六年間も続いたことと、その妻を同二十一年二月に見送った四か月後、今度は、私自身に肺がんが見つかり、手術を受けた大変苦しい時期があったからである。

やっと刊行にこぎ着けることができたが、ここでどうしても記しておきたいのは、一〇年余の長期にわたり妻の介護に携ってくれた社会福祉法人平成福祉会特別養護老人ホーム「かぐのみ苑」(海南市下津町)

の奥野為次苑長をはじめとするケアマネージャー、看護師、ヘルパーのみなさまの暖かい支援と、親身になって妻の治療にあたってくれた西本病院の安村知加先生に助けていただいたお陰で、研究を途切れることなく続けて来られたことである。

また、絶対に忘れてはならないことは、私の肺がんを手術により一命を取りとめてくださった日本赤十字和歌山医療センターの呼吸器外科部長住友伸一先生と、その後、現在まで五年間に及び治療をしてくださっている呼吸器内科部長の杉田孝和先生による最先端の治療をうけられたことである。もし両先生に出会っていなかったならば、本書の刊行はなかったのではないか。両先生と日赤和歌山医療センターのみなさまに衷心から御礼を申しあげたい。

本書に所収した各論のほとんどは、私の二冊の先著(『近世漁村の史的研究—紀州漁村を素材として—』と、『紀州藩の政治と社会』)と同様に、安藤精一先生の研究会で発表して諸先生から助言、指導をいただいて書き直し作成している。また研究会では、常に励ましをうけて来た。苦しいことの連続であったが、細々と勉強を続けられたのは研究会での先生方の暖かい激励があったからである。上村雅洋先生には本書の内容に関して大変有意義な助言をうけたことに感謝したい。解明を要する問題も多く残されているが、ひとまずここで、熊野の研究についての一つの区切りとしたいと思う。

田辺組大庄屋で田辺町大庄屋も兼ねていた田所家の代々が書き留めた『万代記』や『御用留』などから、私は多くを学んで来た。田所家の末裔にあたられる田所顕平氏が、本書の校正に応援をしてくれた。その友情と田辺組大庄屋文書との「御縁」を今後も大切にしたいと思っている。

出版事情がますます厳しくなって来た中で、本書の刊行を引きうけてくださった清文堂出版前田博雄社長と編集を担当した松田良弘氏に御礼申したい。

本書の刊行を見ることなく逝去した、熊野が大好きであった妻の霊に本書を供えたい。

【な行】

【は行】

【ま行】

【や・ら行】

人名索引

【や行】

【ら・わ行】

【た行】

【な行】

【は行】

【ま行】

【さ行】

事項索引

索引

笠原正夫（かさはら　まさお）

〈略　歴〉
昭和９年（1934）、和歌山県に生まれる
和歌山大学学芸学部卒業後、和歌山県内の国公立中学校、県立高等学校、和歌山県史編さん室、鈴鹿国際大学等を歴任

〈主　著〉
「紀州加太浦漁民の関東出漁」
（安藤精一編『和歌山の研究』第３巻「近世・近代篇」清文堂出版、1978年）
『近世漁村の史的研究—紀州の漁村を素材として—』（名著出版、1993年）
『紀州藩の政治と社会』（清文堂出版、2002年）

〈共　著〉
街道の日本史36『南紀と熊野古道』（吉川弘文館、2003年）
県史30『和歌山県の歴史』（山川出版社、2004年）

近世熊野の民衆と地域社会
2015年３月23日　初版発行

著　者　笠原正夫©
発行者　前田博雄
発行所　清文堂出版株式会社
〒542－0082　大阪市中央区島之内２－８－５
電話06－6211－6265　FAX06－6211－6492
ホームページ＝http://www.seibundo-pb.co.jp
メール＝seibundo@triton.ocn.ne.jp
振替00950-6-6238
印刷：亜細亜印刷　製本：渋谷文泉閣
ISBN978-4-7924-1029-2　C3021